EVIDÊNCIA INICIAL

EVIDÊNCIA INICIAL

Perspectivas Históricas e Bíblicas Sobre a Doutrina
Pentecostal do Batismo no Espírito

Editor

Gary B. McGee

Direção Executiva | Luciana Cunha *Copidesque* | Renato Cunha

Direção Editorial | Renato Cunha *Design Editorial* | Marina Avila

Tradução | Ícaro Alencar *Gráfica* | Monalisa

Revisão | Joelson Gomes

2ª Edição | 2019

Copyright © 1991 por Gary McGee originalmente publicado em inglês com o título *Initial Evidence: Historical and Biblical Perspectives on the Pentecostal Doctrine of Spirit Baptism*. Esta edição em português foi licenciada com todos os direitos reservados para Editora Carisma mediante permissão especial de Wipf and Stock Publishers. www.wipfandstock.com

De acordo com a Lei 9.610/98 fica proibida a reprodução por quaisquer meios a não ser em citações breves com indicação da fonte.

Todas as citações bíblicas, salvo indicação em contrário, foram extraídas da versão Almeida Revista e Corrigida da Sociedade Bíblica do Brasil.

Dados Internacionais de Catalogação na Publicação (CIP)

Ficha Catalográfica elaborada pela bibliotecária Maria Jucilene Silva dos Santos CRB-15/722

E93

Evidência inicial : perspectivas bíblicas e históricas sobre a doutrina pentecostal do batismo no Espírito / Editor: Gary McGee ; tradutor: Ícaro Alencar ; revisor: Joelson Gomes. – Natal, RN : Carisma, 2019.

288 p. ; 16x23cm.

ISBN 978-85-92734-04-6

1. Glossolalia. 2. Dons do Espírito Santo. 3. Pentecostalismo.

I. McGee, Gary, ed. II. Alencar, Ícaro, trad. III. Gomes, Joelson, rev.

CDU 248.214

Rua Ismael Pereira da Silva, 1664
Capim Macio, Natal - RN, CEP 59.082-000
editoracarisma.com.br | sac@editoracarisma.com.br

Em honra à minha mãe,
Velma L. Davis,
e em memória de minha
avó materna,
Lucille Hartzell,
cujos valores exemplares e
testemunho Pentecostal têm
moldado minha vida

SUMÁRIO

Dedicatória   5
Colaboradores   8
Introdução do Editor   13

Parte I: A Evidência Inicial na Perspectiva Histórica

1. A Evidência do Espírito: As Antigas Igrejas do Oriente   23
   Stanley M. Burgess

2. A Evidência do Espírito: As Igrejas do Ocidente (Medievais e Modernas)   41
   Stanley M. Burgess

3. Edward Irving e o "sinal permanente" do Batismo no Espírito   65
   David W. Dorries

4. Línguas Iniciais na Teologia de Charles Fox Parham   85
   James R. Goff, Jr.

5. William J. Seymour e "a evidência bíblica"   103
   Cecil M. Robeck, Jr.

6. A Hermenêutica Pentecostal Primitiva: Línguas como Evidência no Livro de Atos   131
   Gary B. McGee

7. Exposições Populares de Evidência
Inicial no Pentecostalismo 157
Gary B. McGee

8. A Evidência Inicial e o Movimento
Carismático: Uma Avaliação Ecumênica 175
Henry I. Lederle

Parte II: A Evidência Inicial e o Texto Bíblico: Quatro Perspectivas

9. Novas Diretrizes Hermenêuticas
na Doutrina da Evidencia Inicial do 193
Pentecostalismo Clássico.
Donald A. Johns

10. Um olhar Pentecostal Unicista 219
da Evidência Inicial
Jimmy L. Hall

11. Normal, mas não Normativo: A 241
Evidência Inicial e o Novo Testamento.
Larry. W. Hurtado

12. Evidências do Espírito, ou o Espírito
como Evidência? Algumas Reflexões 255
Não-Pentecostais
J. Ramsey Michaels

Adendo à Reimpressão de 2008 273
    Línguas Evidenciais: Um Ensaio
    sobre o Método Teológico
Robert P. Menzies

COLABORADORES

Larry Hurtado (1943-2019), **PhD (Edimburgh University)** era professor Emérito de Língua, Literatura e Teologia do Novo Testamento na mesma instituição. As pesquisas de Hurtado são consideradas como as mais completas sobre as origens e desenvolvimentos da devoção a Jesus e no estudo dos primeiros manuscritos cristãos.

Stanley Burgess, PhD (University of Missouri-Columbia), tendo lecionado a disciplina de Estudos Religiosos na *Southwest Missouri State University*, é uma das maiores autoridades em História do Pentecostalismo e Cristianismo Antigo.

David Dorries, PhD (Aberdeen University), lecionou História da Igreja na *School of Theology and Missions* da *Oral Roberts University*. Sua Dissertação se concentrou na controvérsia cristológica mantida na Inglaterra do século 19. É o mais conceituado especialista na teologia de Edward Irving.

James Goff Jr., PhD (University of Arkansas) foi professor de História na *Apalachian State University*. Tem artigos publicados em diversos periódicos renomados nos EUA como a *Christianity Today* e *Kansas History*. Escreveu prolificamente sobre as origens do Pentecostalismo e seus desdobramentos históricos.

Jimmy Hall, MA (Emporia University) foi Editor para a *United Pentecostal Church International*. Hall também serviu como editor do *Pentecostal Herald*, órgão oficial de Imprensa desta denominação. É um dos teólogos mais proeminentes do Pentecostalismo Unicista.

Donald A. Johns possui MDiv pelo *Central Bible College*, MA pelo *Trinity Evangelical Divinity Scholl* e PhD em Línguas e Literatura Bíblicas pela *Saint Louis University*. É membro das *Society of Biblical Literature*, e *Society for Pentecostal Studies*. Atualmente é professor residente na *Evangel University*.

Henry Lederle, DTh (University of South Africa). Foi professor de Teologia Sistemática na *School of Theology and Missions* da *Oral Roberts University*.

J. Ramsey Michaels, ThD (Harvard University) foi professor de Estudos Religiosos na *Southwest Missouri State University*. É um dos mais respeitados estudiosos do NT, tendo contribuído com obras relevantes como o premiado *The New Testament Speaks*.

Cecil M. Robeck Jr., PhD (Fuller Theological Seminary), é professor de História da Igreja no *Fuller Theological Seminary*, Pasadena, California. É um dos mais respeitados e prolíficos teólogos Pentecostais atualmente em atividade. É autor de diversas obras Pentecostais, dentre elas, *Witness to Pentecost: The Life of Frank Bartleman*.

Gary McGee (1945-2008), **PhD (Saint Louis University)**, foi um prestigiado professor de História da Igreja no *Assemblies of God Seminary*, Springfield/Missouri. McGee publicou dezenas de artigos no *Assemblies of God Heritage*, tendo igualmente publicado como autor e coautor vários livros sobre a história do Pentecostalismo, dentre eles, *Azusa Street and Beyond* (1986).

Robert Menzies é MDiv pelo Fuller Theological Seminary e PhD em Novo Testamento pela Aberdeen University, Escócia. Seu doutorado foi concluído sob a supervisão de I. Howard Marshall, em 1989. Menzies é autor de vários livros, dentre eles, *Glossolalia*, publicado pela Editora Carisma.

PARTE I

A Evidência Inicial

na Perspectiva Histórica

INTRODUÇÃO DO EDITOR

Em 1969 um astuto observador do cristianismo ao redor do mundo, asseverou: "Quando falamos dos Pentecostais, não estamos lidando com uma 'seita' obscura, nascida quase setenta anos atrás numa pequena cidade do centro-oeste dos Estados Unidos; estamos lidando com um movimento que abraça o mundo inteiro. [...]"[1] De fato, quando visto duma perspectiva internacional, o Pentecostalismo pode ser considerado como o reavivamento mais influente do Século XX.[2] É interessante notar, entretanto, que poucos poderiam ter previsto na primeira década deste século que suas energias espirituais um dia agitariam as confortáveis pretensões de muitos cristãos sobre o ministério do Espírito Santo, acendendo uma significativa dispersão missionária, ou dominando a atenção de especialistas em crescimento de igreja e oficiais denominacionais das igrejas históricas. Ainda, este movimento de renovação do Espírito superou barreiras raciais, culturais, e sociais, redespertando a vida da igreja focando na necessidade de todo crente ser batizando no Espírito

---

[1] P. Damboriena, S. J. *Tongues as on Fire: Pentecostalism in Contemporary Christianity* [Línguas como que de Fogo: O Pentecostalismo no Cristianismo Contemporâneo], (Washington, D.C.: Corpus Book, 1969), vii.

[2] E. E. Cairns, *An Endless Line of Splendor: Revivals and their Leaders from the Great Awakening to the Present* [Uma Linha Infinda de Esplendor: Avivamentos e seus Líderes do Grande Despartamento ao Presente], (Wheaton: Tyndale House Publishers, 1986), p. 177; G. B. McBee, "The Azusa Street Revival and 20th Century Missions" [O Avivamento da Rua Azusa e as Missões Mundiais do Século XX], *International Bulletin of Missionary Research* 12 (Abril de 1988): pp. 58-61.

para o testemunho cristão, e encorajou o ministério dos dons do Espírito (1Co 12,14) dentro de muitas comunidades de fé.

No cenário norte-americano, ele veio a ser identificado com rótulos como Apostólico, Fé Apostólica, Assembleias de Deus, Igreja de Deus (Cleveland, Tennessee), Igreja de Deus da Profecia, Igreja de Deus em Cristo, Comunhão das Assembleias Cristãs, Evangelho Quadrangular, Evangelho Pleno, Estandarte Bíblia Aberta, Assembleias Pentecostais do Canadá, Holiness Pentecostal e Pentecostal Unida. A estes, poderíamos ter adicionado os nomes de milhares de congregações independentes.

A ocorrência do reavivamento no Bethel Bible School (Escola Bíblica Betel) em Topeka, Kansas, em janeiro de 1901, mergulhou o radical pregador holiness Charles F. Parham e seus seguidores num movimento de renovação que logo se espalhou por todo o centro-oeste. Os reavivamentos subsequentes extraíram sua inspiração dos acontecimentos em Topeka, porém, mais notavelmente, do influente reavivamento da Rua Azusa, em Los Angeles. Mas, apesar das origens imprecisas do avivamento, a notícia se espalhou com uma velocidade surpreendente, especialmente depois de 1906. Apoiadores zelosos logo anunciaram a notícia de que a "chuva serôdia" pentecostal estava sendo derramada nos últimos dias antes do retorno iminente de Cristo, tal qual o profeta veterotestamentário Joel havia predito (Jl 2.28-29). Reavivamentos importantes no País de Gales (1904), na Índia (1905) e na Coréia (1907) foram considerados amostras quando comparados com a chuva de poder do Espírito Santo, que os crentes logo relataram de lugares tão distantes como o Chile, a África do Sul, Estônia, Alemanha, Escandinávia e Inglaterra. Os participantes no movimento incipiente testemunharam receber o batismo do Espírito exatamente como os cristãos primitivos também o tinham no livro de Atos.

Para os primeiros Pentecostais, a igreja do Novo Testamento em todo seu poder apostólico e pureza estava sendo restaurada. A edição de setembro de 1906 de *The Apostolic Faith* [A Fé Apostólica], publicada por líderes na missão da Rua Azusa, de onde o jovem movimento começou a adquirir dimensões internacionais, anunciou animadamente que "o Pentecostes certamente veio e com ele as evidências bíblicas estão seguindo, muitos sendo convertidos, santificados e cheios do Espírito Santo, falando em línguas como fizeram no dia de Pentecostes [...] e o verdadeiro avivamento apenas começou".[3] De fato, em apenas algumas décadas, o pentecostalismo provou

---

[3] Pentecost Has Come [O Pentecostes Chegou], *Apostolic Faith* (Los Angeles), Setembro de 1906, p.1.

ser uma espantosa e vigorosa nova força na cristandade, notável por seus extraordinários resultados na evangelização.

As raízes históricas do pentecostalismo são atribuídas a John Wesley e John Fletcher, que sustentavam que cada crente deveria ter uma experiência de graça pós-conversão. Os defensores Holiness wesleyanos definiram isso como a santificação do crente, proporcionando a libertação do defeito na natureza moral que provoca o comportamento pecaminoso. Os cristãos, portanto, poderiam espelhar o "perfeito amor" de Jesus, tendo recebido uma perfeição de motivos e desejos (1Co 13). Rotulado como o batismo no Espírito Santo (a "segunda bênção"), ele elevou os cristãos a um patamar de maturidade espiritual (gradualmente ascendente). Seguidores da controversa marca da santidade do batismo pelo Fogo consideraram três experiências de graça, com a segunda à santificação e a terceira, batismo do Espírito Santo e fogo, à capacitação espiritual. Alguns da tradição Reformada, no entanto, discernindo a santificação como um processo ao longo da vida, aconselharam que a experiência subsequente (batismo no Espírito Santo) equipa os crentes com poder para o testemunho cristão.

Enquanto muitos adotaram vários tons da teologia holiness no século XIX e professaram ser "santificados", surgiram naturalmente perguntas sobre as "evidências" (tanto internas quanto externas) dessa experiência.

Quando Parham e seus alunos de Topeka testemunharam falar em línguas (ou seja, *xenolalia* [línguas estrangeiras não aprendidas]), eles acreditavam ter encontrado a solução para a questão da evidência, tendo sido providos com línguas estrangeiras para agilizar a evangelização do mundo. Junto com as línguas veio um amor maior pelos perdidos, bem como a capacitação para testemunhar. Tendo discernido um paradigma para a expansão da igreja no livro de Atos, os Pentecostais concluíram que os dados bíblicos confirmam a necessidade de línguas (mais tarde consideradas por muitos como sendo *glossolalia*). Embora Marcos 16.17-18 e 1 Coríntios 12 e 14 também tenham servido como fontes vitais no desenvolvimento da teologia pentecostal, o apelo ao "padrão" no livro de Atos permaneceu primordial, fornecendo o modelo apostólico para este movimento mundial.

O pentecostalismo, portanto, é certamente mais do que as designações de seus seguidores, a composição sociológica de seus constituintes, o misto de políticas que caracterizam suas estruturas organizacionais e o culto entusiástico que marcou suas reuniões. Independentemente de outras características que possam ser legitimamente citadas, não se pode compreender inteiramente a dinâmica subjacente ao movimento sem examinar o seu ritmo espiritual: o núcleo enfatiza o batismo no Espírito Santo e "sinais e maravilhas" (exorcismos, curas, profecia, línguas e interpretações, palavra de conhecimento, *etc*.). Para milhões de Pentecostais, o batismo do Espírito significa capacitação para o testemunho cristão; e uma grande parte deles insiste em que esta obra da graça deve ser acompanhada do falar em línguas como exemplificado pelos primeiros discípulos em Atos 2, 10 e 19. De fato, as oportunidades de liderança em muitas denominações Pentecostais e congregações locais são frequentemente oferecidas apenas àqueles que tiveram a experiência com a *glossolalia*, talvez marcando o único momento na história cristã, quando este tipo de experiência carismática foi institucionalizada em uma escala tão grande.

Deste ponto de vista, a glossolalia representa uma "linguagem de espiritualidade experiencial, em vez de teológica",[4] catalisando uma percepção mais profunda da orientação e dos dons do Espírito na consciência do indivíduo para glorificar a Jesus Cristo e construir sua igreja. Como então a teologia pentecostal e a teologia evangélica diferem? Obviamente, eles compartilham muitas crenças: a segurança na confiabilidade e autoridade das Escrituras, a compreensão forense da justificação pela fé, a Trindade (com exceção do Pentecostalismo Unicista), o nascimento virginal, a ressurreição e a segunda vinda de Cristo, bem como outras doutrinas padrão que podem ser traçadas à igreja primitiva, a Reforma Protestante e, mais tarde, ao reavivamento Protestante. As crenças pentecostais sobre o batismo do Espírito e as manifestações contemporâneas dos dons do Espírito, no entanto, geralmente se recusaram a encaixar confortavelmente dentro dos limites racionalistas de grande parte da teologia e da espiritualidade evangélica.

Além disso, os Pentecostais precisam se envolver em mais reflexão teológica para explorar todas as dimensões da obra do Espírito Santo na teologia bíblica, corrigindo a dimensão negligenciada do ministério do Espírito na teologia cristã.[5] No entanto, os Pentecostais foram levados por uma urgência escatológica de evangelizar e tiveram pouco tempo ou interesse em discussões acadêmicas de teologia. Com notáveis exceções nos últimos anos, eles geralmente deixaram a exposição bíblica e teológica a estudiosos

---

[4] Para uma breve descrição dos movimentos pentecostais e carismáticos, suas semelhanças e diferenças, bem como as tensões entre eles, veja S. M. Burgess, G. B. McGee, e P. H. Alexander, The Pentecostal and Charismatic Movements [Os Movimentos Pentecostal e Carismático], *Dictionary of Pentecostal and Charismatic Movements* (Grand Rapids: Zondervan, 1988), DPCM, pp. 1-6.

[5] Para uma discussão detalhada, veja P. A. Pomerville, *The Third Force in Missions* [A Terceria Força em Missões], (Peabody, Mass.: Hendrickson, 1985), pp. 79-104.

evangélicos, confiantes de sua integridade ao lidar com as questões cotidianas, mas assumindo ingenuamente que os ensinamentos pentecostais poderiam ser facilmente integrados com algumas dessas formulações sem minar as crenças pentecostais. Ainda mais prejudicial, ao negligenciar a reflexão e a pesquisa e ao continuar a enfatizar a experiência pessoal acima da pesquisa acadêmica, os Pentecostais permitem que um anti-intelectualismo subjacente continue a permear o movimento.[6]

Assim como a qualidade da vida humana é aprimorada pela nutrição e pelo exercício, a continuidade da vitalidade das doutrinas-chave (ex., o batismo no Espírito Santo) nas comunidades de crentes é sustentada através do estudo contínuo das Escrituras e da reflexão teológica, além da prática da piedade. Vários fatores importantes, portanto, estão por trás da publicação desta coleção de ensaios.

Primeiro, o papel da *glossolalia* no batismo do Espírito permaneceu um ponto de controvérsia ao longo dos anos. Enquanto isso, os historiadores obtiveram mais clareza sobre movimentos carismáticos do passado. Eles examinaram de novo as perspectivas teológicas das figuras imponentes do Pentecostalismo primitivo, Charles F. Parham e William J. Seymour; e estudaram o desenvolvimento dos ensinamentos distintivos do Pentecostalismo e os pontos de vista dos carismáticos - os parentes mais próximos dos Pentecostais - sobre o papel da *glossolalia* na vida do crente. Além disso, uma nova geração de estudiosos bíblicos pentecostais aborda sua tarefa com um conhecimento muito mais teológico e exegético do que seus antepassados, sem diferenciar necessariamente as marcas da doutrina. Por conseguinte, esses estudos podem enriquecer a autocompreensão doutrinária do movimento pentecostal.

Segundo, enquanto as declarações confessionais da maioria das denominações e agências pentecostais citam as línguas como a evidência inicial do batismo no Espírito, a prática real de falar em línguas diminuiu dentro das fileiras. O estatístico David B. Barrett sugere que somente 35% de todos os membros das denominações pentecostais realmente falaram em línguas ou a continuaram como uma experiência contínua.[7] Se essa porcentagem é apenas remotamente precisa, ela ainda demonstra certa ambivalência

---

[6] Para uma descrição do Pentecostalismo clássico, veja H. V. Synan, "Classical Pentecostalism" [Pentecostalismo Clássico], *DPCM*, pp. 219-21. Veja também Gary B. McGee, "The Indispensable Calling of the Pentecostal Scholar" [O Chamado Indispensável do Edurito Pentecostal], *Assemblies of God Educator* 35 (Julho a Setembro de 1990): pp. 1, 3-5, 16.

[7] D. B. Barrett, "Statistics, Global" [Estatísticas, Globais] *DPCM*, p. 820.

sobre a natureza constitutiva das línguas mesmo dentro das fileiras do clero, a hesitação foi detectada - uma pesquisa recente de ministros dentro das Assembleias Pentecostais do Canadá encontrou:

> Um grupo de ministros pentecostais emergente, que é visivelmente diferente da norma tradicional. Eles têm 35 anos ou menos e são bem educados nas áreas de teologia. Eles basicamente afirmam todas as doutrinas importantes, mas são menos dogmáticos em seu apoio a eles. Por exemplo, alguns deles não insistiriam que alguém não é cheio do Espírito, a menos que ele ou ela tenha falado em línguas.[8]

E de importância considerável é o fato de que os líderes da igreja nas denominações como as Assembleias de Deus (EUA), Igreja de Deus (Cleveland, Tennessee) e Igrejas Bíblia Aberta têm achado necessário ao longo dos anos instarem seus ministros a permanecer fiéis na pregação e no ensino da indispensabilidade do batismo pentecostal com o falar em línguas para cada crente.

Ao analisar o impacto do pentecostalismo primitivo sobre a recente renovação carismática nas igrejas, o historiador H. Vinson Synan observa que "embora a maioria dos carismáticos não tenha adotado a teologia da evidência inicial de Parham, tendiam a orar e a cantar em línguas de modo ainda mais ardente do que os seus antigos irmãos e irmãs Pentecostais clássicos".[9] Pode-se concluir que os Pentecostais tradicionais, portanto, se tornaram frios espiritualmente e precisam ser ressuscitados. Embora esta possibilidade não deva ser ignorada, o registro da história da igreja demonstra que a certeza doutrinal também diminui quando questões cruciais não são respondidas adequadamente. Ironicamente, as doutrinas podem então deixar de ser sinalizadores de vitalidade espiritual e teológica para chiboletes aceitos sem reflexão, e potencialmente decisivas funções dentro do corpo de Cristo.

O perigo do endurecimento doutrinário é ilustrado a partir de um relato do famoso missionário jesuíta, Matteo Ricci (1552-1610). De acordo

---

[8] C. Verge, "Pentecostal Clergy and Higher Education" [O Clero Pentecostal e a Educação Superior], *Eastern Journal of Practical Theology* [Revista de Teologia Prática Oriental], (Eastern Pentecostal Bible College, Peterborough, Ontário, Canadá) 2 (Primavera de 1988), p. 44.

[9] H. V. Synan, "The Touch Felt Around the World" [O Toque Sentido ao Redor do Mundo] *Charisma* (Janeiro de 1991), p. 85.

com um historiador, quando Ricci e seu grupo chegaram à China, eles mal encontraram traços de cristianismo deixado pelo trabalho de missionários anteriores. Quando Ricci ouviu falar de pessoas que adoravam a cruz, foi-lhe dito que "nem mesmo os que o adoravam sabiam por que o fizeram, só que sobre tudo o que comiam ou bebiam, faziam o sinal da cruz com o dedo".[10] Embora os detalhes desta história estejam incompletos, eles advertem diretamente sobre o perigo da forma que ultrapassa o significado. A probabilidade de a *glossolalia* desaparecer completamente ou sobreviver somente na forma - a trágica paródia dos crentes recitando sílabas glossolálicas sem a exibição do fruto e do poder do Espírito em suas vidas - deve trazer a cada pentecostal hesitação. Felizmente, os dons da erudição podem fornecer discernimento sobre o batismo do Espírito que podem melhorar a nossa compreensão desta pedra angular da crença e da experiência pentecostais.

Terceiro, a maior parte do mundo eclesiástico sabe pouco deste distintivo pneumatológico. A maioria dos cristãos não acredita numa experiência pós-conversão do Espírito Santo e provavelmente não está familiarizada com o ensino. Eles também podem não estar cientes de que milhões de crentes em todo o mundo, compreendendo um enorme setor do cristianismo contemporâneo, professam fervorosamente que o batismo do Espírito será inevitavelmente sinalizado por declarações glossolálicas – denotando um fator crucial em sua ligação espiritual e comunhão ecumênica única. Espera-se que esses ensaios históricos e bíblicos ajudem os observadores externos a entenderem a dinâmica espiritual deste movimento em rápido crescimento e a compreender melhor as questões que se relacionam com seu ensino mais distintivo.

Explorar a doutrina pentecostal do batismo do Espírito e as evidências iniciais requer cuidadosa reflexão e avaliações honestas de sua formulação histórica e fundamentos exegéticos. Por esta razão, os contribuintes deste volume apresentam uma variedade de opiniões, particularmente nos ensaios bíblicos. Todos os escritores vêm de um contexto pentecostal, com exceção de David W. Dorries (Batista do Sul), Henry I. Lederle (Presbiteriano Reformado) e J. Ramsey Michaels (Batista Americano). Cada um foi convidado a expressar livremente as conclusões de sua própria pesquisa; por essa razão, as opiniões não representam necessariamente as dos outros contribuintes, do editor ou do publicador.

A primeira unidade do livro concentra-se no desenvolvimento histórico

---

[10] A. C. Moule, *Christians in China Before the Year 1550* [Cristãos na China Antes do Ano de 1550], (New York: Macmillan, 1930), p. 4.

da doutrina. Apesar da orientação restauracionista do pentecostalismo, os apologistas pentecostais, começando por Charles Parham, se voltaram rapidamente para as páginas da história da igreja para se identificarem com os predecessores movimentos carismáticos dos Montanistas aos Irvingitas.[11] Em dois capítulos, Stanley M. Burgess acessa precedentes históricos e faz o link com o pentecostalismo moderno. David W. Dorries examina a pneumatologia de Edward Irving, uma figura significativa do século 19 que testemunhou um renascimento do *charismata*, incluindo as línguas, que Irving viu como o "sinal permanente" do batismo do Espírito. James R. Goff Jr. fornece uma visão perspicaz da evolução teológica de Charles F. Parham. Com suas amarras pré-milenistas e sua confiança em línguas *xenolalicas* como prova do batismo no Espírito Santo, Parham imaginou a rápida evangelização do mundo. Ao traçar essa conexão entre o batismo do Espírito, as línguas e a escatologia, ele moldou o curso do movimento pentecostal, embora a influência real de sua liderança em outros aspectos diminua rapidamente. Não obstante, a importância de William J. Seymour, pastor da Missão de Fé Apostólica na Rua Azusa em Los Angeles, rivaliza com o de Parham. Cecil M. Robeck, Jr., revisa cuidadosamente os passos da peregrinação espiritual de Seymour e os contornos de seus pensamentos sobre as evidências iniciais.

Meu primeiro capítulo examina as maneiras pelas quais os primeiros Pentecostais, de acordo com o precedente hermenêutico de outros restauracionistas, olharam para o livro de Atos para a verdade teológica. Através de sua análise de passagens-chave, Atos tornou-se um modelo de fé e prática. Embora os Pentecostais tenham chegado a conclusões diferentes sobre a importância da *glossolalia* no batismo no Espírito, aqueles que alegaram que Lucas está ensinando evidências iniciais (através de implicações) em sua narrativa desafiaram as perspectivas tradicionais sobre a interpretação bíblica moldada pela escolástica protestante. O capítulo seguinte permite que antigos apologistas pentecostais falem por si mesmos e contenham excertos de uma variedade de publicações. Finalmente, Henry Lederle levanta perspectivas carismáticas sobre a questão e apela ao diálogo entre os Pentecostais e os carismáticos para encorajar uma maior unidade no corpo de Cristo – um objetivo lógico dado ao seu estreito parentesco.

---

[11] C. F. Parham, *A Voice Crying in the Wilderness* [Uma Voz Clamando no Deserto], (Baxter Springs, Kan.: Apostolic Faith Bible College, reimpr. da 2ª ed., 1910), p. 29; B. F. Lawrence, *The Apostolic Faith Restored* [A Fé Apostólica Restaurada], (St. Louis: Gospel Publishing House, 1916), pp. 32-37; S. H. Frodsham, *With Signs Following* [Com os Sinais que se Seguiram] (Springfield, Mo.: Gospel Publishing House, 1926), pp. 230-36.

A segunda unidade inclui quatro ensaios exegéticos sobre a evidência inicial por diferentes ângulos. O capítulo de Donald A. Johns contém uma análise contemporânea e pentecostal clássica da doutrina e oferece alguns caminhos-chave hermenêuticos que devem ser considerados para um estudo mais aprofundado. A visão do batismo do Espírito ensinada por muitos (mas não por todos) dentro da grande família do Pentecostalismo Unicista é fornecida por Jimmy Louis Hall.[12] Não adotando o batismo no Espírito Santo como subsequente à conversão, Hall liga o evento ao arrependimento do pecado e ao batismo em água na salvação do crente. O capítulo de Larry W. Hurtado, ao mesmo tempo em que defende as manifestações atuais dos dons do Espírito, desafia os fundamentos bíblicos de uma obra de graça subsequente e a afirmação de que as línguas devem acompanhá-la. Ele sugere que a glossolalia pode ser normal na vida dos cristãos, mas não deve ser esperada para todos. Finalmente, J. Ramsey Michaels, olhando para o debate a partir da posição de um nãopentecostal, expressa calorosamente o apreço pelo testemunho do pentecostalismo do poder do Espírito. Ele sugere, no entanto, que ao invés de apelar a um fenômeno particular como prova (ex., *glossolalia*), os escritores do Novo Testamento afirmaram a posse do Espírito pelos cristãos como a evidência empírica para a realidade de Deus e seu trabalho em indivíduos e Comunidades de crentes.

Esses ensaios, sem dúvida, desencadeiam muitas respostas. A fé e os pressupostos de alguns serão confrontados com descobertas históricas recentes ou em oposição às exposições bíblicas da doutrina. Outros, no entanto, podem descobrir um novo significado para suas experiências carismáticas de *glossolalia*, ou talvez possam ser forçados a reconsiderar suas suposições sobre o batismo do Espírito. Em todo caso, se este exame limitado do batismo pentecostal e da doutrina da evidência inicial suscitar mais discussões, diálogo, pesquisa e melhor entendimento dentro do corpo de Cristo, e terá cumprido seu propósito.

---

[12] J. L. Hall, *The United Pentecostal Church and the Evangelical Movement* [A Igreja Pentecostal Unida e o Movimento Evangélico], (Hazelwood, Mo.: Word Aflame Press, 1990); para crentes unicistas ("Apostólicos", "Pentecostais") sem relação com a Igreja Pentecostal Unida Internacional, consulte *Clarion*, a publicação oficial do *Apostolic World Christian Fellowship* [Comunidade Cristã Apostólica Mundial] com sede em South Bend, Indiana.

1. A EVIDÊNCIA DO ESPÍRITO NAS ANTIGAS IGREJAS DO ORIENTE

Stanley Burgess

Ao estudar o moderno Pentecostalismo, eu fiquei ciente de que a singularidade do movimento não é apenas que ele enfatiza a *glossolalia* (o falar em línguas) ou um batismo no/com o Espírito Santo. Reconhecidamente, a ênfase nas línguas é um tanto rara, mas as línguas de fato existiram antes em vários contextos cristãos. A expectativa de um batismo no Espírito de fato tem sido bastante comum na história cristã, embora para a maioria dos cristãos logo se tornou sacramentalmente institucionalizada. Em vez disso, parece-me que o real distintivo histórico do moderno Pentecostalismo é sua insistência de as línguas serem vistas como a "evidência física inicial" do batismo no Espírito.

Meu propósito então não é nem estudar a história do falar em línguas,[13] nem simplesmente examinar a história da experiência que os Pentecostais e muitos Carismáticos chamam de "o batismo do Espírito Santo." Pelo contrário, meu propósito é procurar precedentes históricos para a ligação que esses entusiastas modernos fazem entre os dois e examinar o que os cristãos do passado aceitaram como evidência do batismo no Espírito ou a habitação do Espírito.

---

[13] O estudo padrão é G. H. Williams and E. Waldvogel [Blumhofer], "A History of Speaking in Tongues and Related Gifts," [Uma História do Falar em Línguas e Dons Correlatos], em M. P. Hamilton, ed., *The Charismatic Movement* (Grand Rapids: Eerdmans, 1975), pp. 61-113.

O RECEBIMENTO DO ESPÍRITO SANTO: O RELATO ANTIGO

À partir do segundo século, os cristãos eram ensinados que uma pessoa recebia o Espírito Santo nas águas do batismo.[14] Pode ter havido um rito separável do batismo que envolvia a oração e a imposição das mãos (Atos 8.14-20) pelo que o Espírito era conferido, mas não dispomos de testemunhos pós-escriturísticos disto para antes do terceiro século. Neste século, os ensinamentos cristãos diretamente identificaram o tempo do recebimento do Espírito com um rito separado que era posterior ao batismo. Foi algum tempo depois que os termos específicos, "crisma" nas igrejas orientais e "confirmação" no ocidente, foram introduzidos.

A Antiga Igreja Ocidental

Na igreja ocidental Primitiva, ninguém insistiu numa manifestação física dramática da mudança espiritual que acompanhava o recebimento do Espírito divino. Isto era simplesmente aceito por fé, tanto quanto o pentecostal moderno aceita a experiência de salvação pela fé, sem exigir-se evidência adicional para validação. Uma crescente graça santificadora era antecipada, de modo que o recebedor pudesse destemidamente professar a fé e resistir à tentação. Além disso, à pessoa confirmada se esperava que recebesse dons do Espírito Santo – que na Igreja Romana tendia a ser identificado com a lista de dons de Isaías 11.2 (sabedoria, inteligência, conselho, fortaleza, conhecimento, temor do Senhor).

É Tertuliano, teólogo do fim do segundo e início do terceiro séculos, no Norte da África, quem parece ter sido o antigo Pai da igreja mais consciente da atividade do Espírito Santo, e quem, tarde na vida, ajuntou-se à seita Montanista, sendo o primeiro a identificar um rito separado do batismo que marcava o recebimento do Espírito divino. Em sua obra, *Sobre o Batismo*, Tertuliano ensina que na água o crente é lavado e preparado para o Espírito Santo. Após ter vindo à fonte, o recém-batizado é "inteiramente ungido com uma bendita

---

[14] K. McDonnell e G. T. Montague, em *Christian Iniation and Baptism in the Holy Spirit from the First Eight Centuries* [Iniciação Cristã e o Batismo no Espírito Santo dos Primeiros Oito Séculos] (Collegeville, Minn.: Liturgical Press, 1991), insistem que o batismo no Espírito Santo era essencial para a iniciação cristã na igreja primitiva. Eles assim fundamentam que ele deve ser visto como normativo, tanto naquele tempo como agora.

unção [...] e a mão é imposta [sobre o tal], invocando e convidando o Espírito Santo pela bênção." Para tal, ele apoia-se na tipologia de Gênesis 48.14, quando Jacó impõe suas mãos sobre as cabeças de Efraim e Manasses abençoando-os, e pelo incidente dos discípulos em Éfeso em Atos 19.2.[15]

E o que era uma evidência identificável do recebimento do Espírito para esse antigo proto-Pentecostal? Tertuliano afirma que a pomba do Espírito trará a paz de Deus e uma harmonia divina. Também, deste ponto em diante, a alma será iluminada pelo Espírito.[16] O último é consistente com as inclinações Montanistas de Tertuliano, que incluíram a relembrança de que Jesus informou seus discípulos na medida em que eles estavam capacitados a testificar, mas ele havia prometido que quando o Espírito da verdade viesse, o Espírito divino conduziria então a toda a verdade (Jo 16. 12-13).[17] Os Montanistas viram isso cumprido com a Nova Profecia deles mesmos.

Nossa primeira evidência da igreja em Roma origina-se na *Tradição Apostólica* de Hipólito (morto em 235 d.C.). Enquanto Hipólito por vezes associa o recebimento do Espírito com o batismo, de vez em quando ele associa-o com a imposição da mão do bispo com a oração e unção com óleo. Ele associa especialmente este último com o ungir dos novos líderes eclesiásticos, incluindo o bispo, o presbítero e o diácono.[18] Claramente aqui, o efeito de receber o Espírito é a capacitação para o serviço.

Cipriano (morto em 258 d.C.), outro importante pai (da igreja) norte-africano, identifica mais claramente a unção com óleo após o batismo como o momento do ingresso do Espírito. Ele afirma que "agora... aqueles que foram batizados na Igreja são trazidos aos prelados da Igreja, e por nossas orações e pela imposição das mãos recebem o Espírito Santo." Novamente, ele declara a distinção entre o batismo e a crisma: "Dois sacramentos presidem sobre o perfeito nascimento de um cristão, o primeiro regenerando o homem, que é o batismo, o outro lhe comunicando o Espírito Santo." O resultado do batismo no Espírito é que os recebedores são "aperfeiçoados com o selo do Senhor".[19]

Hilário de Poitiers (morto por volta de 367 d.C.) também distingue entre

---

[15] Tertuliano, *On Baptism* [Sobre o Batismo], pp.7-8, em *Ante-Nicene Fathers* (Grand Rapids: Eerd- mans, 1976), 3: pp. 672, 673 (daqui para frente ANF).

[16] Tertuliano, *On the Resurrection of the Flesh* [Sobre a Ressurreição da Carne] 9, ANF 3: p. 551.

[17] Tertuliano, *On the Veiling of Virgins* [Sobre o Véu das Virgens] 3.1, ANF 4: p. 27.

[18] Hipólito, *Apostolic Traditions* [Tradições Apostólicas] 2.1, 3.1-7, 7.2-5, em Burton Scott Easton, trad. (Cambridge: Cambridge University Press, 1934), pp. 33-39.

[19] Cipriano, *Letters* [Cartas] 72, 73; ANF 5: pp. 381, 388.

"os sacramentos do batismo e do Espírito",[20] mas nunca identifica diretamente o último como crisma ou unção. Ele faz de fato uma única sugestão conjecturando que o batismo do Espírito Santo na verdade aguarda-nos no futuro, quer na purificação ou no martírio ou no fogo purificador além-túmulo.[21]

Ambrósio, bispo de Milão (morto em 397 d.C.), declara que aonde o Espírito de Deus está, há vida. O Espírito traz ao recebedor uma mais abundante vida de santidade, pureza, inovação, e conformidade à imagem de Deus. O Espírito é a corrente fluindo da fonte de vida de Deus, que traz a bênção de Deus à raça humana.

Para Ambrósio, a vida no Espírito começa com os sacramentos. No batismo o Espírito renova e ressuscita; na confirmação, o Espírito sela a alma e provê seu dom sétuplo (Is 11.2); e na eucaristia o Espírito atualiza a Encarnação e antecipa a Ressurreição.[22]

As Antigas Igrejas Orientais

Os antigos Cristãos Orientais entenderam a crisma como sendo uma extensão do Pentecostes. O mesmo Espírito que visivelmente desceu sobre os apóstolos agora invisivelmente descia sobre o recém-batizado. Por meio da crisma todo membro torna-se um profeta e recebe uma porção no sacerdócio real de Cristo. Com o recebimento do Espírito, todos são chamados a agir como testemunhas conscientes para a verdade ("sabeis tudo" [1João 2.20, ARC]).

Os pais orientais cristãos tendem a ver a obra do Espírito Santo primeiramente como de aperfeiçoamento dos santos. Isso pode ser visto nos escritos de Cirilo de Jerusalém (morto em 386 d.C.), uma das grandes autoridades cristãs orientais sobre o batismo e a crisma. Ele relata que após subir das águas batismais, o recebedor adquire uma unção que é o Espírito Santo. "O corpo é ungido com unguento visível, mas a alma é santificada pelo

---

[20] Hilário de Poitiers, *Commentary on Matthew* [Comentário Sobre Mateus] 3.14; PL 9: col. 926.

[21] Hilário de Poitiers, *Homilies on the Psalms* [Homilias sobre os Salmos] 118; PL 9: col. 519.

[22] Ambrósio, *On the Mysteries* [Sobre os Mistérios] 7.42, 9.59, em *Nicene and Post-Nicene Fathers*, 2d series (Grand Rapids: Eerdmans, 1975), 10: pp. 322, 325 (daqui para frente NPF); *On the Holy Spirit* [Sobre o Espírito Santo] 3.10.68, NPF 2d series 10: p. 144; *On the Sacraments* [Sobre os Sacramentos] 5.17, em *Corpus scriptorum ecclesiasticorum latinorum* (Vindobonae, apud C. Geroldi filium, 1866-1913), 73: p. 65.

Santo e vivificador Espírito." O indivíduo é ungido na testa para ser liberto da vergonha do pecado, nos ouvidos para ouvir os mistérios de Deus, nas narinas para cheirar o doce sabor de Cristo, e no peito para que se coloque a couraça da justiça para permanecer contra as forças malignas.[23] Assim, o recebimento do divino Espírito, resulta num crescimento em santidade, em sensibilidade espiritual, e em fortalecimento para combater poderes nefastos.

Incluído num Missal ou Sacramentário conferido a Serapião, bispo de Tmuis no Egito (cerca de 360 d.C.), está uma oração sobre a crisma com a qual aqueles que já foram batizados são ungidos. Deus é invocado para fazer da crisma uma divina e celestial operação, de maneira que todo poder adverso é vencido, e, pelo recebimento do dom do Espírito Santo, o recebedor pode permanecer firme e inabalável, ileso e inviolável.[24]

Basílio de Capadócia (morto em 379 d.C.), que acerca do Espírito foi o mais importante escritor primitivo Oriental, não faz distinção entre batismo e crisma. Para ele, o batismo, ou o ingresso do divino Espírito, marca o início da vida no Espírito. Todos os cristãos são batizados em um corpo num Espírito.[25] Mas o tal deve estar apartado do mundo antes de ser possível receber o Espírito Santo. Uma vez que o Espírito é recebido o primeiro estágio é a purgação ou a purificação pelo Espírito, seguido pela divina iluminação também pelo Espírito; e, finalmente, a alma é levantada por este a um estado de união perfeita com Deus.[26] Além disso, todos os dons divinos são derramados naqueles que são possuídos pelo Espírito – mas estes são sempre instrumentos de virtude, a fim de serem usados para benefício e bem para os outros.[27] De acordo com Basílio, o recebimento do Espírito Santo é o começo de um processo de aperfeiçoamento ou crescimento espiritual, bem como de um início de uma vida como um *pneumatóforo* – um portador do Espírito – vivido no Espírito para outros.

Um velho amigo de Basílio, Gregório de Nazianzo (330-389 d.C.) faz distinção entre o batismo com água de João e o batismo com o Espírito

---

[23] Cirilo de Jerusalém, *Catechetical Lectures* [Sermões Catequéticos] 21 ("On the Mysteries III: On Chrism"), NPF 2d series, 7: pp. 149-50.

[24] J. Wordsworth, ed., *Bishop Serapion's Prayer-Book* [Livro de Oração do Bispo Serapião], em Early Christian Classics (London: SPCK, 1899; New York and Toronto: Macmillan, 1923), pp. 74-78.

[25] Basil da Capadócia, *On the Holy Spirit* [Sobre o Espírito Santo] 26.61, NPF 2d series, 8: p. 39.

[26] *Ibid*, 9.23; NPF 2d séries 8.16.

[27] Basil da Capadócia, *The Small Asceticism* [O Pequeno Acetismo] 3, em Jacques Paul Migne, ed., *Patrologia cursus completus. Series Latina* (Paris, J. P. Migne, 1844-1904), CIII: col. 495.

que Jesus dá. O último é o batismo perfeito.[28] O Espírito interior cria uma *koinonia* espiritual, revelando as coisas de Deus. Daqui em diante o recebedor do Espírito abre sua boca para atrair no Espírito, e falar mistérios divinos, palavras de sabedoria, e conhecimento divino. Ele vive, movimenta-se, fala, ou silencia, em obediência ao acenar do Espírito.[29] Tal qual Basílio, Gregório de Nazianzo entende o batismo do Espírito como uma entrada na vida do Espírito.

O altamente místico Efrém da Síria (por volta de 306-373 d.C.), chamado a "Harpa do Espírito" por seus concidadãos, ensina que o recebedor do Espírito está habilitado para transcender o reino temporal, entrando assim no tempo (eternidade) sagrado ou litúrgico. O Batismo, que para Efrém é o momento de ingresso do Espírito, é a entrada para o paraíso ou o reino do céu, no qual o "ainda não" se torna o "já".[30] A vida no Espírito está permitindo à divina Terceira Pessoa afetar este ingresso ao tempo sagrado em todo momento da vida. Ao mesmo tempo, o Espírito remove as escamas dos olhos de maneira que o cristão pode reconhecer o mundo como transfigurado e o reino de Deus como existindo no íntimo. O Espírito vivificante é central na mistura entre o céu e a terra, do tempo com o atemporal, e do conhecido com o desconhecido.

Efrém não limitou a operação do Espírito aos sacramentos. Ele reconhece que as operações do Espírito vão para além de definições; elas transbordam todos os limites da expectação humana. Aqueles batizados no Espírito gozam da "medicina da vida" e de vários dons. Do próprio Efrém é dito ter recebido o dom de lágrimas em tamanha abundância que para ele era natural chorar tal qual aos outros era o respirar.[31]

Os Escritos de Pseudo-Macário (que pode ou não ter sido o famoso anacoreta, Macário do Egito, do fim do quarto século) estão preocupados com a vida espiritual, e especialmente a obra do Espírito Santo na Igreja. Pseudo-Macário reconhece que um indivíduo começa a vida cristã com o

---

[28] Gregório de Nazianzo, *Oration on the Holy Lights* [Oração sobre as Santas Luzes] 8, NPF 2d series 7: p. 381.

[29] Gregório de Nazianzo, *Oration* [Oração] 12: "To his father" 1, NPF 2d series 7: p. 245.

[30] Veja S. M. Burgess, *The Holy Spirit: Eastern Christian Traditions* [O Espírito Santo: Tradições Cristãs Orientais] (Peabody, Mass.: Hendrickson, 1989), p. 178.

[31] Gregório de Nissa, *Vita atque eucomium*, em Jacques Paul Migne, ed. *Patrologia cursus completus. Series Graeca* (Paris, J. P. Migne, 1859-87), 46: col. 830.

desprezar do pecado e a colocação da "alma do Espírito Santo".[32] Neste ponto, o cristão começa uma nova vida na habitação ou casa celeste do divino Espírito, e se coloca em Cristo, a Pérola Celeste, que não pode ser usada por alguém que não foi nascido pelo Espírito.[33]

Para Pseudo-Macário, a evidência da nova vida no Espírito inclui a metacognição espiritual ou a consciência do processo divino em si mesmo.[34] Isso também inclui os dons espirituais e a embriguez dada pelo Espírito. Insatisfeito com o mero conhecimento intelectual, Pseudo-Macário insiste que o Espírito vivificante de Deus deve ser experimentado. Afinal, a mente cristã está na chama celestial por causa da interna luz do Espírito vivificante.[35] As experiências espirituais vão desde a grande alegria, como da noiva com seu noivo, leveza do corpo à intoxicação espiritual, ao choro e lamentação pelos seus semelhantes, ao amor consumidor pela humanidade.[36] Finalmente, o recebimento do Espírito é o começo do caminho para perfeição, no qual alguém é trasladado de glória em glória, da alegria para a alegria perfeita.

Isaque, bispo de Nínive (fim do sétimo século), é um dos líderes espirituais do Oriente Sírio ou Assírio (popularmente conhecido como "Nestoriano"). Ele reconhece que Deus está além do intelecto humano. Pelo Espírito, se ganha conhecimento espiritual e começa a viver uma vida virtuosa, lutando vitoriosamente com as paixões. Pelo Espírito, a alma é levantada para Deus, entra em estado de êxtase ou embriaguês espiritual e recebe o dom de lágrimas. A Palavra de Deus torna-se viva. Finalmente, quando alguém recebe o dom do Consolador e é secretamente ensinado pelo Espírito, não há necessidade de coisas materiais.[37]

Parece ser óbvio ao leitor que os escritores cristãos primitivos não estão excessivamente preocupados com a evidência externa do enchimento do Espírito. Enquanto descrevem os efeitos da presença do Espírito na vida cristã, não são destinadas como provas do batismo no Espírito – porque não

---

[32] Pseudo-Macário, *Homily* [Homilia] 1.9, em A. J. Mason, *Fifty Spiritual Homilies of St. Macarius the Egyptian* (London: SPCK, 1921), p. 8.

[33] Pseudo-Macário, *Homily* [Homilia] 32.1, ver Mason, p. 172.

[34] *Ibid.*, 5.5, e Mason, p. 42.

[35] *Ibid.*, 5.4, 27. 12; Manson 40, pp. 206-7.

[36] *Ibid.*, 18.7, e Mason, pp. 154-55.

[37] A. J. Wensinck. *Mystical Treatises of Isaac of Nineveh* [Tratamentos Místicos de Isaque de Nínive] (Amsterdam: Verhandelingen der K. Akademies, 1923), pp. 36, 117, 330, Cf., Burgess, *Holy Spirit: Eastern Christian Traditions* [Espírito Santo: Tradições Cristãs Orientais], pp. 102-9.

precisavam de tal prova. Como uma matéria de fé eles entenderam que o Espírito Santo entra nos sacramentos iniciais, seja no batismo ou subsequentemente na confirmação/crisma. Nenhuma evidência era necessária além daquela demonstrada no caráter e espiritualidade do recebedor.

AGOSTINHO: UMA REJEIÇÃO DAS LÍNGUAS COMO EVIDÊNCIA INICIAL

Não estou sugerindo que os antigos Pais ignoraram totalmente a questão das línguas acompanhando o Batismo no Espírito. Na verdade, o maior dos pais ocidentais, Agostinho de Hipona, realmente lida diretamente com essa relação em várias oportunidades. Mas cada referência sugere uma correlação negativa, ao invés de positiva, para a Igreja de seus dias. Enquanto a descida do Espírito em Pentecostes foi marcada "pelas línguas de muitas nações," Agostinho especialmente nega que o dom de línguas continua como um sinal do recebimento do divino Espírito para os seus dias. "Na imposição de mãos, agora, para que as pessoas recebam o Espírito Santo, vemos se falem em línguas?" "[...] Quando colocamos a mão sobre esses infantes, cada um de vocês olha para ver se eles falam em línguas, e, ao ver que não falam em línguas, algum de vocês estava tão equivocado ao ponto de dizerem: Estes não receberam o Espírito Santo?"[38]

Agostinho vai mesmo um passo adiante. Ele argumenta que uma obra espiritual não precisa de provas externas. "É entendido que invisível e imperceptivelmente, por causa do vínculo da paz, o amor divino é soprado em seus corações, para que eles possam ser capazes de dizer: 'Porquanto o amor de Deus está derramado em nossos corações pelo Espírito Santo que nos foi dado'"[39]. Agostinho diz que a própria ideia de que deve haver um sinal da recepção do Espírito suscita uma forte reação: "Deus nos livre de que nosso coração seja tentado por essa infidelidade". Além disso, as línguas não são mais necessárias porque "a própria Igreja fala agora nas línguas de todas as nações".[40]

Que Agostinho em pelo menos cinco ocasiões rejeita o conceito de que as línguas devem ser antecipadas como um sinal do recebimento do Espírito

---

[38] Agostinho, *Homily* [Homilia] 6.10 (sobre as Epístolas de São João), NPF 1st series 7: pp. 497-8; *On Baptism* [Sobre o Batismo] 3.16.21, NPF 1ªs séries 4: p. 443.

[39] Agostinho, *On Baptism* [Sobre o Batismo], *loc.cit.*

[40] Agostinho, *On the Gospel of St. John* [Sobre o Evangelho de São João] 32.7, NPF 1ªs séries 7: p. 195.

é altamente sugestivo. Claramente ele não rejeita os dons do Espírito em geral, pois relata positivamente uma variedade de milagres, incluindo curas divinas, em sua própria congregação de Hipona. Pode-se apenas especular que, ao negar especificamente a "evidência" de línguas, ele poderia ter reagido contra os entusiastas contemporâneos dos quais não temos registro histórico.

OS DUALISTAS RADICAIS BATISMO NO ESPÍRITO COM EVIDÊNCIA ACOMPANHANTE

Embora a noção de que, o recebimento do Espírito Santo deveria ser evidenciado por línguas ou outros dons extraordinários tenha sido rejeitada por Agostinho e parece não ter ocorrido a outros conhecidos pais da igreja, foi levada a sério por outra categoria de cristãos. Estes eram os dualistas radicais – indivíduos que acreditavam que o *cosmo* estava experimentando um grande conflito em curso entre as forças do bem e do mal. Os chamados dualistas atenuados acreditavam que a força do mal era uma criatura inferior a Deus, mas os dualistas absolutos postulavam duas divindades iguais e coeternas.

De acordo com os dualistas radicais, os seres humanos estavam em uma posição difícil; suas almas eram espirituais e, portanto, boas, mas deveriam procurar libertar suas almas da carne o mais eficazmente possível. Vivendo a vida correta, eles poderiam escapar da carne. Portanto, os dualistas exageraram e distorceram os textos ascéticos das Escrituras, de renúncia ao mundo, e postularam uma criação material má. Para muitos dualistas, a carne era em si mesma uma criação de um Deus mau ou uma criação caída. A matéria era inferior ao espiritual – aquilo que estava além da percepção sensorial humana. O propósito último da existência era escapar do mundo material mal.

Consequentemente, os dualistas radicais ao longo da história rejeitaram o mundo ao seu redor, incluindo a igreja em geral, como ímpios. Eles viram a igreja como apóstata e certamente impotente para lidar com a grande luta cósmica contra o mal. Isso resultou na crença de que era impossível viver no mundo sem se tornar parte dele. O ascetismo radical era praticado – especialmente na rejeição ao casamento que perpetuaria o corpo humano. Normalmente, os dualistas extremos eram divididos em duas classes, ou seja, aqueles que cumpriam as práticas ascéticas de seu grupo, e aqueles que não podiam ou não o fariam e, portanto, eram meramente adeptos.

Os dualistas radicais também tendiam a negar a Encarnação – Deus tomando carne humana – a obra propiciatória de Jesus Cristo na cruz e a ressurreição (por que alguém iria querer ressuscitar algo tão vil como a carne humana?). Eles também rejeitaram os sacramentos da igreja, na medida em que eles usam a matéria má – água no batismo, bem como pão e vinho na Eucaristia embora eu não tenha encontrado nenhuma rejeição aberta do óleo da crisma). Em outras palavras, os "meios da graça" da igreja eram defeituosos e ineficazes contra as poderosas hordas do mal.

Para vários grupos de dualistas radicais, o que era necessário era um ato extrassacramental – um batismo separado, não da água, mas do Espírito. Somente o fogo do Espírito divino podia conter as hordas das trevas. E, claro, com tanta coisa em jogo, era razoável para eles que houvesse evidência do batismo do Espírito.

Gnósticos

Os gnósticos cristãos foram os primeiros dualistas a distinguir entre batismo na água e no Espírito. No *Evangelho de Filipe*, por exemplo, lemos:

> Se alguém entrar na água e subir sem ter nada e dizer: "Eu sou um cristão", ele tomou o nome com juros. Mas se ele receber o Espírito Santo, ele tem o nome como um dom. Aquele que recebeu um dom não precisa devolvê-lo, mas daquele que o tomou emprestado por juros, o pagamento é exigido.[41]

Novamente, a crisma ou a unção do Espírito Santo é vista como superior ao batismo com água. O autor chega mesmo a sugerir que os cristãos ganham esse nome com a palavra "crisma".[42]

Mas os textos gnósticos existentes, que incluem passagens[43] sobre glossolalia não estabelecem uma conexão específica entre o batismo do Espírito e as línguas. Eles sugerem, no entanto, que os dons do Espírito divino são exercidos por aqueles que receberam *"gnosis"* ou conhecimento especial.[44]

---

[41] *Gospel of Philip* [O Evangelho de Filipe] 2.3.64.12-30; em James M. Robinson, ed., *The Nag Hammadi Library in English* [A Biblioteca de Nag Hammadi em Inglês] (New York: Harper & Row, 1981), 139 (daqui para frente NHL).

[42] *Ibid.*, 2.3.74.12-23, NHL, p. 144.

[43] Veja S. M. Burges, *The Spirit and the Church; Antiquity* [O Espírito e a Igreja; Antiguidade] (Peabody, Mass.: Hendrickson, 1984), p. 41.

[44] *The Interpretation of Knowledge* [A Interpretação do Conhecimento] 9.1.15-17, 20; NHL, pp. 432-4.

Montanistas

Os Montanistas que surgiram por volta de 155 d.C. era outro grupo com tendências fortemente dualistas. Seu fundador, Montano, segundo se diz, um sacerdote pagão de Cibele, foi convertido ao Cristianismo e logo depois, afirmando ser possuído pelo Espírito Santo, começou a profetizar. Eusébio de Cesareia, mais tarde, relata que Montano "ficou fora de si, e de repente em uma espécie de frenesi e êxtase, ele delirou, e começou a balbuciar e dizer coisas estranhas, profetizando de uma maneira contrária ao constante costume da igreja proferida por tradição, desde o início". Outro crítico, Epifânio de Salamina, sugere que Montano fingiu ter uma revelação mais completa do Espírito do que a possuída pela igreja.[45]

Montano era acompanhado por duas mulheres, Maximila e Prisca (ou Priscila), que também profetizaram, "falando descontroladamente, irracionalmente e estranhamente".[46] Juntamente com Montano, ensinaram um estilo de vida severamente ascético, baseado em sua crença apocalíptica de que a Nova Era do Paráclito tinha chegado com eles e que a *parousia* deveria ocorrer pouco tempo depois em Papuza na Ásia Menor. Eles alegaram que os apóstolos tinham recebido a perfeição do Espírito em medida limitada, mas que o dom total e final do Espírito estava reservado para seu próprio grupo.

Os Montanistas rejeitaram como sendo fornicação o segundo casamento para os cristãos. Eles aumentaram o número de dias de jejum em que se abstinham de comida fresca, frutas suculentas e vinho, bem como de banhos. A idolatria, o homicídio, a fornicação e o adultério eram pecados irreconciliáveis para os quais a absolvição nunca deveria ser concedida.[47]

Tal estilo de vida perfeccionista foi acompanhado por um espírito de exclusividade intolerante. Os Montanistas entenderam que o Espírito Santo lhes tinha sido dado em medida ainda maior do que aos apóstolos e também negaram que os dons do Espírito estavam presentes na igreja por causa de sua permissividade moral. Além disso, somente a "igreja do Espírito" perdoaria os pecados, não a igreja institucional corrompida.[48]

Para os Montanistas, o recebimento do Espírito Santo significava

---

[45] Eusébio, *Church History* [História da Igreja] 5.16.7-9, NPF 2d séries 1:231; PG 40: col. 875.
[46] *Ibid.*, 5.16.8, NPF 2ª série 1: p. 231.
[47] Tertuliano, *On Modesty* [Sobre a Modéstia] *1*, pp. 4-5; ANF 4: pp. 75, 77-78.
[48] *Ibid.*, p. 21, ANF 4: p. 100.

que uma nova era, a Era do Paráclito, tinha amanhecido. Isso, por sua vez, inauguraria a segunda vinda de Cristo. Além disso, a vinda do Espírito foi evidenciada por suas próprias expressões proféticas, que se tornaram para eles um novo cânon, substituindo tanto o Antigo quanto o Novo Testamentos. Embora alguns Pentecostais modernos encontrem "línguas" na descrição de Eusébio a Montano "balbuciando e proferindo coisas estranhas"[49], isso pode simplesmente ter sido uma referência a suas profecias, que devem ter parecido absurdas e estranhas àqueles que não se identificaram com aquelas manifestações. Em qualquer caso, não há indicação segura de que as línguas desempenharam um papel real no Montanismo, muito menos que serviram como uma evidência da presença do Espírito entre eles.

Messalianos

Outra seita herética dualista, os Messalianos, originaram-se no leste da Síria (em Edessa e partes circunvizinhas da Mesopotâmia) por volta de 360 d.C., e sobreviveram até o nono século. Eles também eram conhecidos como Euquitas, ou "povo orando". Os Messalianos acreditavam que toda pessoa era possuída desde o nascimento por um demônio pessoal, e para eles, mesmo o corpo de Cristo teve que ser purificado dos demônios pelo Logos (a Segunda Pessoa da Trindade), apesar de que através da glorificação Cristo se tornou como o Pai.

O batismo com água, que a igreja em geral via como um antídoto para as forças demoníacas, não satisfazia os Messalianos. O sacramento do batismo não era suficiente porque anulava apenas os pecados anteriores, deixando intocada a raiz da iniquidade. Eles acreditavam ser possível que Satanás e o Espírito Santo morassem juntos num ser humano - presumivelmente após o batismo.[50] Eventualmente, o demônio individual deve ser expulso através do ascetismo e da oração fervorosa incessante.

Os Messalianos esperavam evidências diretas, tanto para a expulsão

---

[49] Ex., W. H. Horton, ed., *The Glossolalia Phenomenon* [O Fenômeno da Glossolalia] (Cleveland, Tenn.: Pathway Press, 1966), p. 77.

[50] Timóteo de Constantinopla, *De iis, qui ad Ecclesiam accedunt* ("The Reception of Heretics" [O Recebimento de Heresias] 2, 7), em *Patrologia Syriaca* (Paris, ediderunt Firmin- Didot et socii, 1926), 3/1:cols. ccxiii, ccxxiv; João de Damasco, *De Haeresi- bus Compendio* 80.3, 5, trad. inglesa em E H. Chase, Jr., *St. John of Damascus: Writings* [S. João de Damasco: Escritos], vol. 37 de *The Fathers of the Church* [Os Pais da Igreja] (Washington, D.C.: Catholic University of America, 1958, 1970), p. 132; Agostinho, *De haeresibus ad quod- vultdeum liber unus* 57, PL 42: col. 41.

do espírito maligno como para a entrada do Espírito Santo. A primeira era percebida visualmente, com a aparência de imagens como fumaça, serpentes negras ou uma porca com a sua ninhada.[51] Mas a habitação do Espírito divino também foi percebida através de experiências sensoriais que eram comparadas à relação sexual: "É necessário que a alma sinta uma tal comunhão com o noivo celestial como a esposa sente ao ter relações com o marido".[52] Na ocasião, o Espírito Santo foi visto entrar na alma com a aparecimento de um "fogo inócuo.[53]

Não era suficiente para os crentes confessarem que possuíam o Espírito Santo em fé através do batismo. Os Messalianos recusaram-se a admitir qualquer atividade divina não presente à consciência. O batismo na água era ineficaz porque não provocava mudança no estado psicológico da pessoa batizada. Deve haver evidência experimental de que o Espírito havia sido recebido "com toda a certeza e em todas as operações".[54] Os verdadeiros cristãos receberiam por meio da oração e da imposição das mãos num batismo impetuoso apenas "uma parte da sensação do Espírito"[55] Só depois de terem uma experiência direta e reconhecível do Espírito, poderiam ser considerados "cheios do Espírito Santo" e libertos de seus demônios.

Tendo participado deste rito de passagem, o Messaliano reivindicava ser capaz de discernir espíritos malignos e ter dons proféticos para ler os corações dos outros. Dedicando-se completamente à oração e às obras ascéticas, não tinham tempo para o trabalho – uma atividade que consideravam inadequada para os verdadeiros cristãos. Eles tinham desprezo pelas igrejas, das quais não sentiam necessidade. Afinal, eles não tinham experimentado pessoalmente o Espírito Santo? Em tal estado de graça, reivindicavam ser participantes da natureza divina e capazes de alcançar tal nível de perfeição que eram iguais a Deus e incapazes de cometer pecados.[56]

Por causa de seus ensinamentos radicais, os Messalianos sofreram intensa perseguição. Estampado no mundo oriental do Mediterrâneo no

---

[51] Agostinho, *ibid.*, p. 57, PL 42: cols. 40-41; Timóteo 3, PS 3/1:col. ccxxii; João de Damasco 80, PS c/1: col. ccxxxvi, Chase, p. 133.

[52] João de Damasco, *ibid.*, 80, PS 3/1: col. ccxxxii, Chase, p.132; Timóteo 4, PS 3/1: cols. ccxxiii—ccxxiv.

[53] Agostinho, 57, PL 42: cols. 40-41.

[54] João de Damasco 80.17, PS 3/1: col. cxxxv, Chase, p.133.

[55] *Ibid.*, 80; PS 3/1: col. cxxxvi; Chase, p. 134.

[56] Jerônimo, *Prologue in Dialogum adversus Pelagianos* [Prólogo em Dialogum adversus Pelagianos], PS 3/1: cols. clxxix— clxxx, NPF 2ª série 6: pp. 448-449.

século IX, o movimento reapareceu na Armênia e em torno de Bizâncio sob o nome de Paulicianos, e nos Bálcãs sob o nome de Bogomilos.[57]

SIMÃO O NOVO TEÓLOGO DO "BATISMO NO ESPÍRITO SANTO"

Os dualistas radicais invocaram o batismo do Espírito porque, na opinião deles, o batismo em águas da igreja institucional era falho e inadequado para equipar um cristão para participar da luta cósmica contra o mal. Em contraste, o grande espiritualista oriental, Simão o Novo Teólogo (949-1022 d.C.), argumenta a necessidade tanto da água quanto do batismo no Espírito. Simão reconhece que o batismo em água confere graça através da habitação de toda a Santíssima Trindade. No entanto, uma posse mais completa do Espírito vem através de uma vida de fé, através de provações e tribulações, e através dum segundo batismo, que ele chama de "batismo no Espírito Santo". Ele baseou esta teologia de dois batismos por conta dos apóstolos em Jerusalém que enviaram Pedro e João a Samaria para orar pelos que já haviam sido batizados (na água) para que eles pudessem receber o Espírito Santo, "porque sobre nenhum deles tinha ainda descido" (At 8. 14-17)

Simão concordou com os Messalianos que uma pessoa não estava na graça sem experimentar diretamente Deus. Não basta que o cristão acredite que Cristo ou a Trindade vive dentro de si. Essa presença divina deve operar de uma maneira que seja conscientemente vivida. Para Simão, uma experiência contínua e pessoal de Deus era essencial. A maior heresia de seu tempo era a noção de que os cristãos não podiam mais intimamente experimentar Deus como experimentaram na igreja primitiva.

Simão ilustra o batismo no Espírito Santo com a Alegoria Platônica da Caverna em *A República*.[58] O grande filósofo grego retrata um prisioneiro trancado em uma masmorra escura depois do nascimento. A prisão é iluminada por uma pequena lâmpada, de modo que é difícil enxergar até mesmo os objetos mais próximos. Ele está totalmente inconsciente do sol glorioso que brilha lá fora e também de outros objetos iluminados pelo sol. Mas depois de muitos anos nesta cela escura, o prisioneiro é libertado para

---

[57] S. Runciman, *The Medieval Manichee: A Study of the Christian Dualistic Heresy* [O Maniqueu Medieval: Um Estudo sobre a Heresia Dualística Cristã] (Cambridge: Cambridge University Press, 1947), capítulos 2, 4, e 5.

[58] Simão o Novo Teólogo, "Traites Ethiques", 1, 12, 350-378, em Jean Darrouzes, ed., *Sources Chretiennes* (Paris: Les Editions du Cerf, 1967), 129: pp. 298-300.

sair à luz do sol, onde ele experimenta a realidade final. Assim é com a vida no Espírito. De repente, o cristão toma consciência da luz divina que habita dentro de si a qual o possui.

Em seus *Discursos*, Simão relata inúmeras experiências pessoais com Deus. Como um homem de vinte anos, ele se prostrou em oração, derramando lágrimas em abundância na medida em que ele procurava Deus para ter misericórdia dele e para conceder visão espiritual à sua alma. Ele então experimentou sua primeira visão de Deus como luz.

> Ele perdeu a consciência de seu entorno e esqueceu se estava numa casa ou que se estava sob um telhado. Ele não viu nada além de luz ao seu redor e não sabia se estava de pé no chão [...] Em vez disso, ele estava totalmente na presença de luz imaterial e parecia a si mesmo ter se transformado em luz. Ignorando todo o mundo, se encheu de lágrimas e de alegria e alegria inefáveis.[59]

Aparentemente Simão continuou a desfrutar de teofanias semelhantes durante toda a sua vida.

Não satisfeito em desfrutar de sua nova vida no Espírito solitariamente, Simão exortou seus irmãos companheiros a se arrependerem e conhecerem uma conversão do coração. Eles então poderiam experimentar um batismo no Espírito Santo, como evidenciado pelo dom das lágrimas.[60] "Buscai o Espírito!" ele declara; "Deixe o mundo [...] não se preocupe com a vida presente".[61]

Os esforços de Simão para reformar seus companheiros e encorajá-los a uma vida no Espírito encontraram resistência considerável. Sua teologia, que implicava que a liderança espiritual poderia ser baseada apenas na experiência pessoal do Espírito, em vez de baseada na posição eclesiástica, ameaçava a igreja institucional. Ele foi acusado de ser um Messaliano. Em

---

[59] Simão o Novo Teólogo, "The Discourses" [Os Discursos] 22.89-105, em *Classics of Western Spirituality* [Clássicos da Espiritualidade Ocidental], ed. C. J. de Catauzara (New York: Paulist Press, 1980), pp. 244-46.

[60] *Discourses* [Discursos] 29.5, 313. Veja G. A. Maloney, *Symeon the New Theologian: The Mystic of Fire and Light* [Simão o Novo Teólogo: O Místico do Fogo e da Luz] (Denville, N.J.: Dimension Books, 1975), capítulo 2 "Baptism in the Holy Spirit" [Batismo no Espírito Santo] e Burgess, *Holy Spirit: Eastern Christian Traditions* [Espírito Santo: Tradições Cristãs Orientais], pp. 58-61, para discussão mais aprofundada.

[61] G. A. Maloney, trad., *Hymns of Divine Love by St. Symeon the New Theologian* [Hinos de Amor Divino por S. Simão o Novo Teólogo] (Denville, N.J.: Dimension Books, 1976), p. 98.

1009 ele foi forçado ao exílio por um arcebispo anticarismático, agindo sobre as denúncias dos monges de Simão. Quando finalmente libertado do exílio, decidiu terminar os seus dias guiando outros e escrevendo, em vez de assumir responsabilidades administrativas que lhe eram oferecidas.

Quais foram, então, as evidências deste batismo no Espírito Santo? Claramente, as línguas não estavam na mente de Simeão, embora ele próprio falasse em línguas.[62] O batismo no Espírito resulta em uma intensificada experiência ou sensação da Trindade interior. Além disso, o destinatário da habitação do Espírito experimenta o dom das lágrimas e uma sensação elevada de compunção ou remorso pelos pecados. Além disso, o fruto do Espírito (aqueles em Gálatas 5 e outras virtudes ascéticas) acompanharão a presença do Espírito Santo, pois estes também são seus dons.[63] Sob o poder do Espírito, o cristão poderá guardar os mandamentos de Cristo e será capaz de compreender melhor as coisas de Deus. Finalmente, a recepção do Espírito abre a porta para uma vida interior nova e vital e para todas as graças divinas. Simão associa essas graças com a *theosis* ou deificação do cristão (tornando-se como Deus).

A ênfase de Simão em um batismo no Espírito Santo e seu chamado para que os cristãos retornem à vida radical do evangelho – para a vida carismática e profética da igreja primitiva – têm uma semelhança impressionante com as ênfases modernas pentecostais e carismáticas. Mas a evidência que ele oferece para a vida cheia do Espírito é muito mais ampla do que a "evidência inicial" pentecostal das línguas. É mais próxima à de muitos carismáticos modernos.

O CRISTIANISMO ORIENTAL
UMA CASA DIVIDIDA ENTRE ÊNFASES
EXPERIMENTAIS E SACRAMENTAIS

A divisão na cristandade oriental entre aqueles que sustentam que o Espírito divino opera em e através dos sacramentos (ou "mistérios") e aqueles que insistem em doações místicas extrassacramentais do Espírito continuaram até os tempos modernos. O primeiro grupo é representado por Nicolau Cabásilas, enquanto o segundo, por Serafim de Sarov.

---

[62] P. Thompson, "A Prayer to God of St. Symeon the New Theologian" [Uma oração a Deus de S. Simão o Novo Teólogo], *Sobornost*, n.s. 6 (June 1936), p. 2.

[63] *Discourses* [Discursos] 10.50-59, p. 163.

Nicolau Cabásilas

De todos os Pais Orientais, Nicolau Cabásilas (morto por volta de 1731) está mais preocupado com a obra do Espírito Santo nos sacramentos ou "mistérios". Como Simão, o Novo Teólogo, e seu sucessor espiritual, Gregório Palamas (um defensor no século XIV dos Hesicastos experienciais), Cabásilas ensinou o conceito de Deus como a Luz Incriada. Mas ele o fez de forma moderada. Deus deve ser experimentado como luz nos mistérios, e não em experiências místicas extrassacramentais como ensinado por Simão e Palamas.[64] Segundo Cabásilas, a união mística com Cristo ou uma experiência pessoal de transfiguração ocorre nos mistérios do batismo, da crisma e da eucaristia. Aqueles que são espiritualmente nascidos no batismo, também devem ser energizados e animados. Isso ocorre na crisma que Nicolau chama de "participação no Espírito Santo". O efeito da crisma é a transmissão das energias do Espírito divino. Como foi no dia de Pentecostes, alguns indivíduos recebem a habilidade de prever o futuro, expulsar demônios e curar doenças através de suas orações. Mas todos os cristãos recebem dons na crisma, incluindo a piedade, a oração, o amor e a sobriedade. Infelizmente, muitos indivíduos não percebem ou exercem os dons divinos recebidos na crisma.

    O Espírito também compartilha seus dons durante a eucaristia, depois de ser invocado na *epíclese*. Ele transforma pão e vinho no Corpo e Sangue de Cristo, e transforma os participantes enquanto lhes concede a remissão dos pecados.

    Para Cabásilas, a evidência da presença do Espírito é a perfeição dos santos, conhecida como *theosis* – tornando-se um com a luz divina (literalmente, "deificação", embora com a distinção de Gregório Palamas entre "essência" divina e "energias", é claro que o que se entende aqui é tornar-se semelhante a Deus, não compartilhar a "essência" divina). O recebimento do Espírito divino traz o caráter de Deus. O cristão é santo por causa do Espírito Santo que lhe habita.[65]

---

[64] Nicolau Cabásilas, *The Lift in Christ* [O Levantar em Cristo] (Crestwood, N.Y.: St. Vladimir's Seminary Press, 1974), pp. 103-7.

[65] *Ibid.*, book 6, pp. 176-89.

Serafim de Sarov

Um dos grandes santos da igreja russa, Prokhor Moshnin - mais conhecido como Serafim de Sarov (1759-1833) – praticou o experimentalismo de Simão, o Novo Teólogo. De corpo fraco, ele frequentemente experimentou curas miraculosas, como aconteceu a muitos que procuraram suas orações. A ele foi concedido um poderoso dom de profecia, bem como a capacidade de conhecer as necessidades de seus suplicantes antes que eles lhe dissessem. Mas a maior importância para nosso estudo é sua conversa registrada em novembro de 1831 com Nikolay Motovilov sobre o recebimento do Espírito Santo.[66]

O piedoso Motovilov pergunta a Serafim sobre o objetivo da vida cristã. O último respondeu que a oração, o jejum e as obras de misericórdia eram apenas os meios, não o fim da vida cristã. O verdadeiro fim é a aquisição do Espírito Santo. A presença do Espírito traz ao recebedor o reino de Deus e todas as bênçãos da vida presente e futura. O Espírito é dado somente na condição de que o crente saiba como adquiri-lo. Isso é feito principalmente pela oração. É preciso orar até que Deus o Espírito Santo desça.

Motovilov pergunta como era possível saber que o Espírito Santo estava presente numa pessoa ou não. Por sua vez, Serafim pergunta por que seu visitante não está olhando para ele. Motovilov responde que não pode, porque o rosto e os olhos de Serafim são mais brilhantes do que o sol e, consequentemente, está deslumbrado. Serafim relatou que seu visitante também estava brilhando da mesma maneira transfigurada, e que Motovilov não teria podido vê-lo como tal se não tivesse recebido a plenitude do Espírito.[67]

A "evidência" de Serafim para um batismo no Espírito, então, é uma experiência de transfiguração – sendo transformado ainda em carne na luz divina. Isto para o místico oriental é o processo pelo qual a *theosis* é alcançada. O Espírito Santo, então, é o agente divino que retorna a humanidade como imagem de Deus.

---

[66] V. Zander, *St. Seraphim of Sarov* [S. Serafim de Sarov] (Crestwood, N.Y.: St. Vladimir's Seminary Press, 1975), pp. 83-94; A. F. Dobbie-Bateman, trad., *St. Seraphim of Sarov: Concerning the Aim of the Christian Life* [São Serafim de Sarov: Sobre o Objetivo da Vida Cristã] (London: SPCK, 1936), pp. 42-60.

[67] Zander, *St. Seraphim* [S. Serafim], p. 95; Dobbie-Bateman, *St. Seraphim* [S. Serafim], p. 58.

2. A EVIDÊNCIA DO ESPÍRITO: AS IGREJAS OCIDENTAIS MEDIEVAIS E MODERNAS

Stanley M. Burgess

Os grandes teólogos católicos romanos da Idade Média tiveram muito pouco a acrescentar à síntese agostiniana em relação ao batismo do Espírito e a qualquer "evidência" que pudesse acompanhar o enchimento do Espírito divino. Em parte, isso pode ter resultado de sua veneração a Agostinho. Também decorreu de sua preocupação com a controvérsia *filioque* – ou seja, se o Espírito Santo procedia do Pai através do Filho (a posição cristã oriental) ou do Pai e do Filho (a posição ocidental). Mais uma vez, o Espírito divino foi visto como um agente de Cristo na redenção e, portanto, enfatizado menos do que nas igrejas orientais, onde o Espírito era o agente para aperfeiçoar os santos. Finalmente, para a maioria dos teólogos – à exceção dos místicos – parece haver mais preocupação pela investigação escolástica do que pela espiritualidade experimental. Naturalmente, além dos místicos, vários grupos marginais, incluindo os dualistas radicais, demonstraram considerável interesse por uma pneumatologia experimental.

Os dons espirituais descritos por Paulo em 1 Coríntios 12 foram exercidos amplamente no Ocidente Católico durante a Idade Média. Mas a maioria dos teólogos católicos ensinou que não era de se esperar que eles funcionassem em todos os crentes. Em vez disso, estes eram dons extraordinários reservados para os ministérios dos mais piedosos, e assim eles marcaram a vida dos santos. Certamente alguns dos santos falaram em línguas terrenas, não as deles próprios, e alguns supostamente falaram na língua dos anjos.[68] Além disso, outros dons carismáticos foram visíveis na vida dos santos – incluindo dons de conhecimento e discernimento, de cura e de profecia. Estes frequentemente receberam posição elevada por parte da Igreja Romana, que os enumerou em apoio à ascensão destes indivíduos ao *status* de santos. Apesar de serem frequentemente citados como indicadores da vida espiritual, eles nunca são vistos como "evidência" de enchimento do Espírito. Isso pode ser ilustrado na vida de Hildegarda de Bingen.

MÍSTICOS CATÓLICOS MEDIEVAIS

Hildegarda de Bingen (1098-1179)

A mística alemã Hildegarda tornou-se a líder de um convento perto de Bingen. Diz-se dela que exerceu muitos dons espirituais, incluindo cantar em línguas desconhecidas, na medida em que seu biógrafo se refere a essas ocasiões como "concertos".[69] Ela também experimentou visões, que aumentaram em frequência na medida em que ela crescia. Uma delas é retratada na primeira miniatura do famoso manuscrito iluminado de Rupertsberg, no qual a cabeça de Hildegarda é perfurada pelas chamas do Espírito Santo enquanto escreve suas visões numa tábua de cera.[70] Esse é um autorretrato notável de seu enchimento com o Espírito Santo, com referência óbvia à experiência daqueles que receberam o Espírito no dia de Pentecostes. Ela relata que isso ocorreu quando ela tinha quarenta e dois anos e sete meses de idade. Uma luz ardente de tremendo brilho vinda do céu se derramou em sua mente inteira. Era como uma chama que não queima, mas inflama. Isso acendeu todo o seu coração. Como resultado do recebimento do Espírito, ela escreve conforme o Espírito a dirige.

Scivias, o principal escrito de Hildegarda, conta vinte e seis visões e evidencia uma ênfase apocalíptica que trata da criação, redenção, e a igreja.

---

[68] Para exemplos, veja S. M. Burgess, "Medieval Examples of Charismatic Piety in the Roman Catholic Church" [Exemplos Medievais de Piedade Carismática na Igreja Católica Romana], ed. Russell P. Spittler, *Perspectives on the New Pentecostalism* (Grand Rapids: Baker, 1976), pp. 15-25.

[69] *Acta Sanctorum* (AASS), Setembro V, p. 683.

[70] M. Fox, trad., *Illuminations of Hildegard of Bingen* [Iluminações de Hildegarda de Bingen], (Santa Fe, N.M.: Bear, 1985), pp. 26-27.

Além disso, ela escreveu sobre as vidas de santos, dois livros de medicina e de história natural, homilias e hinos. Vários desses livros são escritos em latim, uma língua praticamente desconhecida para ela. Entre seus hinos publicados está *De Spiritu Sancto*, que expressa sua profunda compreensão da obra criativa e recriativa do Espírito divino:

> O Espírito Santo, tornando viva a vida,
> movendo-se em todas as coisas, raiz de todo ser criado,
> purificando o cosmos de toda impureza,
> apagando a culpa, ungindo as feridas.
> Tu és vida reluzente e louvável,
> tu despertas e redespertas tudo o que há.[71]

Se Hildegarda tivesse sido questionada sobre quais evidências existem para a presença do Espírito Santo, sua resposta não teria se centrado em dons espirituais. Em vez disso, ela teria falado de seus escritos, que ela acreditava serem dirigidos pelo Espírito divino. No entanto, ela também teria reconhecido que a presença do Espírito não se restringe a qualquer indivíduo, mas é de caráter cósmico. Portanto, apontaria toda a natureza – para o universo que foi criado em conjunto pela Trindade e que é sustentado pelo Espírito divino.

> Espírito Santo.
> Através de ti nuvens crescem, brisas sopram,
> pedras pingam com ribeiros gotejantes,
> ribeiros que são a fonte do exuberante verde da terra. Da mesma forma, tu és a fonte da compreensão humana, Tu abençoas com o sopro da sabedoria.
> Assim, todo o nosso louvor é vosso,
> vós que sois a própria melodia do louvor,
> da alegria da vida, da grande honra,
> da esperança daqueles a quem dais os dons da luz.[72]

---

[71] *Ibid.*, 9. Para *Scivias* de Hildegarda, veja a tradução em inglês de B. Hozeski's (Santa Fe, N.M.: Bear, 1986), ou C. Hart e J. Bishop, trad., *Hildegard of Bingen: Scivias* [Hildegarda de Bingen: Scivias], em *Classics of Western Spirituality* (New York: Paulist Press, 1990).

[72] G. Uhlein, ed., *Meditations with Hildegard of Bingen* [Meditações com Hildegarda de Bingen], (Santa Fe, N.M.: Bear, 1983), p. 42.

Boaventura (por volta de 1217-74)

Boaventura era o chefe entre os místicos ocidentais medievais, cujo principal objetivo como escritor era retratar o caminho do eu interior para o íntimo e crescente mistério do Deus triuno. Para ele, essa jornada foi um crescimento no Espírito, uma expansão do coração em amor e outras grandes virtudes através dos três estágios de purgação, iluminação e perfeição.[73] Boaventura lutou pessoalmente com o Espírito e recebeu um êxtase místico que deu descanso para seu intelecto e fez as afeições naturais de pouco interesse para ele.

Boaventura reverenciou grandemente seu mentor, Francisco de Assis, e as obras do Espírito em e através dele. Em sua biografia de Francisco,[74] ele retrata o santo como um homem do Espírito. A primeira experiência com o Espírito de Francisco veio quando ele adquiriu segurança de que seus pecados haviam sido completamente perdoados. Boaventura estava arrebatado em êxtase e totalmente absorvido por uma luz maravilhosa. Neste estado, foi capaz de ver o que aconteceria com ele e seus seguidores no futuro.

Francisco aprendeu que a presença do Espírito por quem ele ansiava foi concedida mais intimamente àqueles que o procuram e se afastam do ruído dos assuntos mundanos. Ele era frequentemente levado pelo Espírito ao êxtase (também descrito como "embriagado no Espírito"), e assim ganhou uma maior devoção ao Cristo crucificado. Para Francisco, conhecer a Cristo e a ele crucificado era um dom do Espírito. Onde quer que Francisco fosse, exercia dons de sabedoria, conhecimento e profecia, bem como fazia milagres de grande poder.

Juliana de Norwich (1343-1413)
e Margery Kempe (por volta de 1373 - pós 1439)

Entre os místicos católicos mais influentes da Alta Idade Média estavam Juliana de Norwich e sua discípula, Margery Kempe. Provavelmente, Juliana era uma ermitã, vivendo fora dos muros da igreja de Sta. Juliana em Norwich. Em 8 de maio de 1373, quando permaneceu em estado de êxtase por cinco horas, recebeu uma série de quinze revelações. Outra visão seguiu-se no dia seguinte. Vinte anos mais tarde, Juliana relatou suas meditações sobre

---

[73] E. Cousins, trad., *Bonaventure: The Soul's Journey into God* [Boaventura: A Jornada da Alma em Deus], em Classics of Western Spirituality (New York: Paulist Press, 1978), pp. 53-116.

[74] *Ibid.*, pp. 179-327.

essas visões num livro, *The Sixteen Revelations of Divine Love* [As Dezesseis Revelações do Amor Divino] *(As Aparições)*.[75] Ela se tornou famosa em seu próprio tempo e foi procurada, especialmente por aqueles que também tiveram experiências místicas semelhantes. Entre eles estava Margery Kempe.

Depois de quase vinte anos de casamento e quatorze filhos, aos quarenta anos de idade, Margery Kempe começou a ter visões de Cristo, assim como também se sentia compelida a viver uma vida celibatária, em preparação para uma peregrinação a pé até Jerusalém. Sempre que Margery ouvia a pregação sobre a crucificação de Cristo, ela explodia em lágrimas. Alguns clérigos queixaram-se de suas explosões emocionais. Como consequência, Margery visitou Juliana de Norwich em sua cela para determinar se suas lágrimas eram de Deus ou meramente de emoções humanas. Em sua autobiografia, Margery relata esta visita afirmando que Juliana dera a Margery um apoio real, confirmando que o seu dom de lágrimas não era contra o Espírito, mas um sinal da habitação do Espírito: "[...] quando Deus visita uma criatura com lágrimas de contrição, devoção e compaixão, pode e deve acreditar que o Espírito Santo está em sua alma [...]".[76] Além disso, Juliana insiste que aqueles que são castos são propriamente chamados templos do Espírito Santo.

Sons de Milagres de Ensley

Eddie Ensley argumenta que, do nono ao décimo-sexto séculos, a espontaneidade de adoração, canções de júbilo, aplauso de mãos e até movimentos de dança eram aparentes na vida de muitos crentes comuns.[77] Ensley usa o termo "júbilo" para referir-se à linguagem de inebriação espiritual – indo além do discurso ordinário em uma linguagem transcendente de louvor – que ele vê como equivalente a falar em línguas. Ensley também sugere que era comum ouvir grupos cantando no Espírito, como praticado na atual renovação carismática.

Isto foi acompanhado pela devoção popular ao Espírito Santo, com

---

[75] E. Colledge e James Walsh, trad., *Julian of Norwich: Showings* [Juliana de Norwich: Aparições], em Classics of Western Spirituality (New York: Paulist Press, 1978).

[76] *The Book of Margery Kempe* [O Livro de Margery Jempe] em E. Clark e H. Richardson, eds., *Women and Religion: A Feminist Sourcebook of Christian Thought* (New York Harper & Row, 1977), pp. 112-13.

[77] E. Ensley, *Sons de Milagres: Uma História Popular do Falar em Línguas na Tradição Católica.* (São Paulo: Editora Ecclesiae, 2018).

a escrita de hinos como *"Veni, Creator"* [Vem, Criador] e *"Veni, Sancte Spiritus"* [Vem, Santo Espírito]. Igrejas, hospitais, hospícios e até cidades foram dedicadas a terceira Pessoa divina neste período. Irmandades do Espírito Santo para cuidar dos pobres e das crianças órfãs, apareceram na Auvérnia.

Se se aceita a tese de "jubilação como línguas" de Ensley, é manifestamente claro que a igreja medieval ocidental teve uma participação não negligenciável na atividade do Espírito. Porém, em nenhuma parte, a *glossolalia* está ligada à recepção do Espírito.

Joaquim de Fiore: A Era Apocalíptica do Espírito

Talvez a figura profética mais importante do cristianismo medieval ocidental, Joaquim de Fiore (cerca de 1130-1202), experimentou uma série de visões que o ajudaram a entender o significado das Escrituras, e a partir delas desenvolveu um sistema dispensacional que ele, Joaquim, aplicou a história humana.[78] Joaquim divida a história da humanidade em três períodos: a idade do Pai (desde a criação até Cristo), a idade do Filho (dos séculos IX ou VII a.C. até 1260 d.C.) e a idade do Espírito (cerca de 500 d.C até o fim do mundo). As três eras representam um contínuo progresso espiritual.

Pelo fato de a dispensação do Espírito ser um tempo em que a igreja corporativa será abençoada por uma atividade mais intensa do Espírito, esta era não equivale a um batismo da Terceira Pessoa divina, que normalmente é entendida em termos altamente individualistas. Mas Joaquim vê as graças espirituais emergindo no corpo completo de Cristo com o advento do Espírito – graças que são notavelmente semelhantes àquelas antecipadas pela igreja quando um indivíduo é cheio com o Espírito Santo.

Durante esta era, o Espírito Santo completará os ensinamentos de Cristo e dará a cada um o conhecimento e a graça para alcançar a perfeição e perseverar nela. Tanto a humanidade quanto a igreja serão aperfeiçoadas, e o mundo será evangelizado. Todos os povos aprenderão a desprezar este mundo e as coisas mundanas. A pessoa espiritual conhecerá a verdade sem véu e receberá diretamente do Espírito Santo todos os dons carismáticos necessários para a perfeição. A igreja institucional será transformada na

---

[78] Veja a discussão do apocaliptismo de Joaquim em Stanley M. Burgess, "Medieval Models of Perfectionism" [Modelos Medievais de Perfeccionismo], em *Reaching Beyond: Chapters in the History of Perfectionism* (Peabody, Mass.: Hendrickson, 1986), pp. 155-63.

verdadeira igreja espiritual, e os reinos deste mundo se renderão ao reino de Deus. Em resumo, o céu descerá sobre a terra.

Em um sentido muito real, Joaquim compreende que a era do Espírito será "evidenciada" em dimensões corporativas e individuais. Sua vinda levará à perfeição da igreja e de seus membros, com o exercício de todos os dons espirituais (para o bem de todos). Curiosamente, isso está de acordo com a espiritualidade cristã oriental, e não ocidental.

OS CÁTAROS DUALISTAS RADICAIS DO OCIDENTE MEDIEVAL

O Catarismo, que parece ter ligações com as heresias dualistas anteriores, como o Paulicianismo (e talvez também com o Bogomilismo), apareceu na Europa ocidental no século XI.[79] Devido ao seu proselitismo, tornou-se a heresia mais poderosa do Ocidente no século XIII. No quarto Concílio de Latrão (1215), a Igreja Romana iniciou uma cruzada contra os Cátaros. Sob perseguição, o movimento começou a declinar, desaparecendo completamente durante o século XIV.

Como outros dualistas radicais, os Cátaros postularam duas forças opostas no mundo, uma boa e outra má. O Deus do Antigo Testamento criou o mundo (a matéria) e foi, portanto, o deus mal. O Antigo Testamento deveria ser rejeitado, exceto por certas declarações proféticas que se acreditava terem predito a vinda de Cristo.

Os Cátaros eram docetistas, argumentando que Cristo não poderia ter tido um verdadeiro corpo humano, visto que o divino não se vestiria com um manto de carne má. Seu sofrimento na cruz foi, portanto, uma ilusão, assim como sua ressurreição. Como os gnósticos, os cátaros também consideravam Jesus como menos do que o próprio Deus; assim, a doutrina da Trindade foi negada. A missão de Jesus não era redimir os seres humanos através de

---

[79] Entre as melhores introduções aos Cátaros estão S. Runciman, *The Medieval Manichee: A Study of the Christian Dualistic Heresy* [O Maniqueu Medieval: Um Estudo da Heresia Dualista Cristã], (Cambridge: Cambridge University Press, 1947), cap. 6; e M. Lambert, *Medieval Heresy: Popular Movements from Bogomil to Hus* [Heresia Medieval: Movimentos Populares dos Bogomilos a Hus], (New York: Holmes and Meier, 1976), cap. 8. Sobre o *Consolamentum*, veja J. B. Russell, *Religious Dissent in the Middle Ages* [Dissidência Religiosa na Idade Média] (New York: Wiley, 1971), pp. 59-68.

sua paixão, mas sim comunicar-lhes nstruções para escapar do corpo os que eram prisioneiros da carne.

Pelo fato do corpo de Cristo ter sido uma ilusão e a Eucaristia ser matéria, aquele sacramento era uma ilusão. A cruz e todas as imagens católicas eram matéria, portanto, desprezíveis. O batismo nas águas também foi considerado como inútil para a salvação. Em vez disso, os Cátaros acreditavam que para entrar na companhia de sua elite, o *perfecti* ou *cátar*, era necessário tomar o *consolamentum* ou o sacramento iniciatório. Este era um batismo com fogo e o Espírito Santo, exercido pela imposição de mãos.

O *consolamentum* combinou o batismo, a confirmação e a ordenação em uma casta sacerdotal, com confissão, penitência, absolvição e até extrema-unção para os moribundos. Através deste rito, os Cátaros acreditavam que os pecados mortais eram perdoados e o Espírito Santo era recebido. A expectativa deste batismo com o Espírito era que os recebedores se tornassem membros do *cátar* (ou do "perfeito").

Os preparativos para alcançar este *status* eram árduos. O candidato tinha que ser aprovado por outros *perfecti* e tinha que demonstrar aptidão para assumir a vida por uma provação de um ano. Durante este tempo, eram aplicados severos jejuns de comida, assim como se impunha proibição de todo contato sexual; e especialmente nos últimos dias do Movimento, mesmo o mais inofensivo contato físico entre homem e mulher foi rigorosamente excluído. Se fosse casado, o candidato era obrigado a abandonar o seu cônjuge; se não, o celibato vitalício era a regra.

Durante a cerimônia, o candidato prometia nunca tocar o sexo oposto novamente, nunca matar um animal ou comer carne, ovos ou qualquer coisa feita com leite. O candidato concordava ainda em não fazer nada sem primeiro fazer oração ao Senhor, e nunca viajar, passar a noite em qualquer lugar, ou mesmo se alimentar sem estar acompanhado de outro companheiro. Além disso, o candidato nunca deveria dormir sem roupa; e, finalmente, o iniciado se comprometia a nunca trair a fé, mesmo sob o risco de enfrentar a pior das mortes.

Tendo passado pelo *consolamentum*, os Cátaros eram autorizados a orar o *Pater Noster* ("Pai Nosso") e participar plenamente na vida dos *perfecti*. Ao mesmo tempo, eles enfrentavam uma vida de rígida observância dos preceitos desta vida. Reuniam-se regularmente para encorajamento mútuo, autoexame e confissão de pecados, enquanto lutavam pela perfeição em seu modo de vida. Nenhuma violação em seu código era permitida para os "perfeitos". Para os Cátaros, o ascetismo não era, como nos Católicos Romanos, apenas um meio para a perfeição, mas era o único meio de salvação.

O batismo do Espírito e fogo, então, era o ingresso numa rígida vida ascética, cujo exercício levaria à perfeição e, finalmente, à salvação. Eles são particularmente importantes para o nosso estudo por sua ligação do enchimento do Espírito e uma vida de santidade.

A ERA DA REFORMA

Os Reformadores Magisteriais

A revolta protestante do século XVI trouxe uma nova ênfase sobre as Escrituras, e com isso uma ênfase no primado da fé para a salvação. Em sua recuperação do evangelho, tanto Lutero quanto Calvino ressaltaram o papel indispensável do Espírito Santo no caso da justificação. O Espírito torna Cristo, seu sacrifício expiatório e justiça imputada disponível a todo crente. Portanto, a santificação segue necessariamente da justificação, e ambas são obras do Espírito de Deus. Para Lutero e Calvino, portanto, a presença do Espírito é evidenciada tanto pela salvação como pela justificação.

Martinho Lutero (1483-1546)

Para Lutero, o derramamento do Espírito Santo no dia de Pentecostes libertou os discípulos do seu medo e tristeza, mudando e renovando seus corações, e inflamando-os com ousadia para pregar a Cristo. Isso também ocorreria aos cristãos posteriores, na medida em que são confrontados pelo Espírito através da pregação. Eles são chamados, reunidos, iluminados, santificados e preservados.[80] Eles são equipados pelo Espírito com a palavra de proclamação e com a coragem e o poder para combater o Diabo.[81] O Espírito media o Cristo vivo e ressuscitado de tal maneira que este se torna o novo sujeito da vida do crente. O Pentecostes também trouxe um novo

---

[80] M. E. Stortz, "Let the Spirit Come: Lutheran Interpretation of the Holy Spirit" [Deixe o Espírito vir: Interpretação Luterana do Espírito Santo], GOTR 31 (3-4, 1986), p. 311.

[81] Martinho Lutero, "Against the Heavenly Prophets in the Matter of Images and Sacraments" [Contra os Profetas Celestiais em Matéria de Imagens e Sacramentos], em Conrad Bergendorff, ed., Works (St. Louis: Concordia, 1958), 40: pp. 146-149.

significado para a oração; a partir do Pentecostes, a oração foi oferecida com espírito de súplica.[82]

Seguindo Agostinho, Lutero argumentou que "as novas línguas" haviam sido um sinal e um testemunho para os judeus. Entretanto, no tempo dele mesmo, o cristianismo já não exigia confirmação por tais sinais. As línguas haviam cessado, mas os cristãos poderiam esperar receber um dentre vários outros dons do Espírito Santo, embora apenas "espíritos fanáticos e sectários" procurem ter todos esses dons.[83]

Um dos contemporâneos de Lutero, Andreas Bodenstein von Carlstadt, argumentou que as diretrizes de Paulo aos Coríntios sobre as línguas excluem a pregação em latim. Lutero, em resposta, insistiu que Paulo não proibia falar em línguas (para Lutero isso significava ler, ensinar ou pregar numa língua estrangeira) quando era acompanhado por uma interpretação. Na ausência de um intérprete, não deve ser utilizada nenhuma linguagem que não o vernáculo apropriado.[84]

De acordo com Lutero, o Espírito Santo é dado apenas ao coração ansioso e angustiado. Obviamente, ninguém deve se vangloriar por possuir o Espírito divino – como certos fanáticos orgulhosos faziam – porque mesmo os mais piedosos ainda devem lutar contra o pecado.[85] Esses autoproclamados "profetas" (incluindo Carlstadt e os três profetas de Zwickau) não têm os "sinais" de Pentecostes. De fato, Lutero declara, não há revelação do Espírito Santo fora das Escrituras.[86]

João Calvino (1509-1564)

Para o Reformador genebrino, o Espírito Santo serve para gerar fé em Cristo

---

[82] Lutero, "Sermons on the Gospel of St. John" [Sermões sobre o Evangelho de S. João], em Jaroslav Pelikan, ed., *Works* (St. Louis: Concordia, 1961), 24: p. 405.

[83] Lutero, "Selected Psalms" [Salmos Selecionados], em J. Pelikan, ed., *Works* (St. Louis: Concordia, 1955), 12: p. 295.

[84] Lutero, *"Against the Heavenly Prophets"* [Contra os Profetas Celestiais], em Conrad Bergendorff, ed., *Works* (St. Louis: Concordia, 1958), 40: p. 142.

[85] Lutero, "Sermon on Pentecost 13-15" [Sermão sobre o Pentecostes 13-15], em John N. Lenker, ed., *Sermons of Martin Luther* (Grand Rapids: Baker, 1983) 7: pp. 334-35.

[86] Lutero, *"Against the Heavenly Prophets"* [Contra os Profetas Celestiais], em Conrad Bergendorff, ed., *Works* (St. Louis: Concordia, 1958), 40: pp. 146-49.

através da palavra de Deus no coração da pessoa predestinada. O Espírito também concede "testemunho interior" para autenticar a Escritura.

Para Calvino, as evidências para a obra do Espírito, então, são fé em Cristo e nas Escrituras, mas não em dons espirituais explícitos. Como Lutero, João Calvino parece não ter sido pessoalmente familiarizado com os dons espirituais mais "visíveis", incluindo a *glossolalia*. Na igreja do Novo Testamento, as línguas haviam facilitado a pregação em línguas estrangeiras, mas, na visão de Calvino, havia corrompido a ambição humana em Corinto. Deus, portanto, optou por remover tais expressões da igreja, em vez de agravá-los por tais abusos.[87] Calvino conclui que o Espírito divino nos é dado para um melhor uso, a saber, que podemos crer com o coração para a justiça.

Calvino insiste que o fruto genuíno do Espírito – amor, gozo, paz, longanimidade, benignidade, bondade, fé, mansidão e temperança (Gl 5. 22-26) – são a base operacional na prática para o exercício genuíno dos dons. E, de fato, certos dons (não visíveis) permanecem, incluindo a palavra de conhecimento, a palavra de sabedoria e o discernimento de espíritos verdadeiros e falsos. Talvez o mais atraente para Calvino seja o dom da profecia, que ele correlaciona com a excelente pregação inspirada. Todavia, mais importante que todos eles para Calvino é o testemunho interno do Espírito, que convence os cristãos de que devem ouvir obedientemente às Escrituras.[88]

Os Reformadores Radicais

Ao contrário dos ensinos dos Reformadores, os reformadores radicais (Entusiastas, Anabatistas, e outros grupos) enfatizaram a "voz interior" do Espírito e deram menos crédito a qualquer "palavra externa", e para alguns incluiria também a Bíblia.[89] De uma maneira muito peculiar aos Montanistas, ensinavam que o advento do Espírito evocava a profecia, que trazia prescrições para a vida cristã e novos entendimentos escatológicos. Por exemplo, os Huteritas

---

[87] João Calvino, *Commentaries: The Acts of the Apostles* [Comentários: Os Atos dos Apóstolos] (1965), 1.51.

[88] Calvino, "Commentaries: I Corinthians 5.24-32" [Comentários: I Coríntios 5.24-32]; em Ford Lewis Battles, trad., *Institutes of the Christian Religion* 4.8.9 (Philadelphia: Westminster, 1960), pp. 1155-56.

[89] O melhor tratado está em George H. Williams, *The Radical Reformation* [A Reforma Radical] (Philadelphia: Westminster, 1962).

(seguidores de Jakob Hutter) ensinaram a propriedade comum e a utilização compartilhada de bens. Os Melquioritas (seguidores de Melchor Hoffmann) profetizaram o último julgamento que se aproxima. Um Melquiorita da segunda geração, Jan Matthys, era um violento fanático que tomou a cidade de Münster, declarando que era a Nova Jerusalém e que ele governaria como rei-profeta.

Outros reformadores radicais incluíram Sebastian Franck ensinando que os cristãos devem seguir rigorosamente as orientações interiores do Espírito Santo. Franck distinguia entre "a verdadeira igreja" – o corpo invisível de Cristo – e todas as igrejas organizadas, que eram más. Kasper von Schwenckfeld também enfatizou as experiências internas, especialmente aquela do renascimento (um cristão "nascido de novo" do século XVI), que era efetuada pelo Espírito divino. O pacifista Menno Simons (1496-1561) ensinou que o Espírito guia em toda a verdade, justificando, purificando, santificando, reconciliando, confortando, reprovando, alegrando e encorajando os filhos de Deus.[90]

Deve-se notar que a *glossolalia* irrompeu entre alguns grupos durante a Reforma Radical, incluindo aqueles em Appenzell, St. Gall, Fulda e Münster.[91] Mas a *glossolalia* permaneceu incidental e ocasional, com a profecia e a "luz/voz" interior, sendo as evidências esperadas para a vinda do Espírito.

O SÉCULO 17

As últimas décadas da Era da Reforma encontraram a Igreja Ocidental, tanto Católica Romana quanto Protestante, engajadas em produzir declarações confessionais detalhadas. Ao mesmo tempo, grande parte de sua energia estava reduzida por lutar guerras religiosas prolongadas. O Espírito Santo, considerado de primordial importância pelos primeiros Reformadores, estava agora obscurecido em longos debates sobre minuciosos detalhes doutrinários. Mas vários grupos marginais cristãos que se desenvolveram durante este período concentraram-se fortemente no trabalho da Terceira Pessoa divina. Estes incluíram os Quakers e os Profetas das Cevenas (Camisards).

---

[90] Menno Simons, *The Complete Works of Menno Simons* [As Obras Completas de Menno Simons], ed. H. S. Bender, et al. (Scottsdale, Pa.: Herald Press, 1956), pp. 495-96.

[91] Williams, *The Radical Reformation* [A Reforma Radical], pp. 133, 443.

Os Quakers ("Sociedade Religiosa dos Amigos")

A Sociedade dos Amigos foi fundada por George Fox (1624-1690) em meados do século XVII na Inglaterra, que tinha sido dilacerada pela guerra civil e considerável fermentação religiosa. Como com muitos de seus precursores entre os Reformadores Radicais, a doutrina central dos Quakers era a "luz interior" (ou "palavra interior"), na qual o Espírito fala diretamente à mente humana. Através da "palavra interior", Cristo é revelado, assim como o relacionamento do cristão com Deus, a natureza da doutrina cristã e a correta interpretação da Escritura ("a palavra exterior").

Os Quakers desenvolveram uma forma única de adoração corporativa, sentados em silêncio e esperando que Deus falasse através de um ou mais deles. A literatura Quaker primitiva registra visões, curas e profecias que eles compararam ao dia de Pentecostes. Há mesmo provas do falar de línguas entre eles, embora Fox eventualmente desencorajasse tais expressões extáticas.

Em contraste com os Puritanos contemporâneos - que eram altamente biblicistas – os Quakers ensinaram que experimentar o Espírito divino era a única base para o verdadeiro cristianismo. Robert Barclay, seu proeminente teólogo da primeira geração, declarou que, sem o Espírito, o cristianismo não era mais que um cadáver, uma vez que a alma e o espírito partiram.[92] Todo verdadeiro ministro cristão, ordenado ou não, é dotado pelo Espírito divino. Para o Quaker, então, a presença do Espírito Santo traz a verdade revelada concernente a todas as coisas relacionadas à vida cristã.

Os Profetas das Cevenas (Camisards)[93]

Os Camisards eram combatentes da resistência Protestante francesa, provocados à revolta pela brutal repressão de todas as práticas públicas de sua fé após a revogação do Edito de Nantes em 1685. Eles foram perseguidos sem piedade pelo governo francês e sua revolta foi finalmente suprimida em 1705.

---

[92] D. Freiday, *Barclay's Apology in Modern English* [Apologia de Barclay], (Philadelphia: Friends Book Store, 1967), p. 32. Uma excelente introdução aos ensinamentos dos Quakers é Douglas V. Steere, ed., *Quaker Spirituality: Selected Writings* [Espiritualidade dos Quakers], Classics of Western Spirituality (New York: Paulist Press, 1984).

[93] Também conhecidos como Calvinistas das Cévennes [N. do E.].

Alguns encontraram um santuário na Inglaterra e formaram uma pequena seita conhecida como "Profetas Franceses".

Os Camisards alegaram estar diretamente inspirados pelo Espírito Santo. Seus profetas foram inspirados por escritos apocalípticos e revelações pessoais para prever o fim dos tempos e para fazer guerra contra o rei Luís XIV (1643-1715). Entre seus líderes estava um respeitável intelectual, *Pierre Jurieu*, e um serrador de vidro, *M. du Serre*. Conta-se que eles reuniram crianças pequenas de ambos os sexos do campesinato, e sopraram em suas bocas o dom de Pentecostes. Eventualmente, um grande número dessas crianças (de seis meses para cima) relatou ter profetizado. O Espírito também foi recebido depois que os indivíduos jejuaram vários dias e depois receberam um ósculo santo.

Os Camisards sustentavam que "Deus não tem em lugar algum das Escrituras decidido não dispensar novamente os dons extraordinários de seu Espírito aos homens". A profecia de Joel deveria ter um cumprimento ainda maior em seu tempo do que na igreja primitiva.[94]

Relata-se que os entusiastas *Camisard* eram apanhados pela inspiração extática, e quando encostava, uns nos outros, caíam de costas com os olhos fechados. Depois de permanecer em transe, levantavam em contrações expressando coisas estranhas e muitas vezes surpreendentes. Às vezes falavam em línguas humanas de que não tinham conhecimento, mas mais frequentemente em línguas desconhecidas.[95]

O SÉCULO 18

Os Jansenistas (séculos 17-18)

Aproximadamente vinte anos depois que os Camisards foram finalmente dispersos em 1710, um entusiasmo semelhante estourou dentro da comunidade

---

[94] F. M. Mission, *A Cry from the Desert* [Um Clamor no Deserto], (London: impresso por B. Bragg na Black Raven em Pater Noster Row, 1708), v-vi. R. A. Knox, *Enthusiasm: A Chapter in the History of Religion* [Entusiasmo: Um Capítulo na História da Religião], (Oxford: Clarendon Press, 1950); cap. 15 apresenta uma visão crítica da espiritualidade Camisard. B. L. Bresson, *Studies in Ecstasy* [Estudos sobre êxtase] (New York: Vantage Press, 1966), é muito mais favorável.

[95] *Ibid.*, 32.

Jansenista. Os jansenistas, que tomaram seu nome de Cornelius Jansen, o bispo de Ipres, eram um movimento radicalmente agostiniano na Igreja Católica Romana. Seus ensinamentos anularam as reivindicações sacramentais e hierárquicas da igreja e foram condenados, em 1653, pelo Papa Inocêncio X. Os primeiros Jansenistas, especialmente os de Port-Royal, foram dados à dependência de sinais e maravilhas, mas essa tendência atingiu seu auge entre os convulsionários do século XVIII de Saint-Medard.

A Igreja Romana perseguiu vigorosamente os Jansenistas radicais em um esforço para acabar com o movimento. Eles foram chutados, pisoteados, esmagados, golpeados com tacos, perfurados com espadas e crucificados. Os perseguidos eram conhecidos por suas danças espirituais, por curas e manifestações proféticas. Quando apanhados por convulsões, alguns, aparentemente, falavam em língua desconhecida e compreendiam as línguas em que eram abordados.[96]

Embora seja impossível julgar completamente sua compreensão da obra do Espírito Santo, uma vez que a maioria de suas fontes primárias nunca foi estudada de mais criteriosa, parece provável que sua pneumatologia foi moldada em razão das perseguições que sofreram. Neste caso, a presença do Espírito Santo era evidente não apenas por dons espirituais, mas também pela capacidade de sofrer por sua verdade. Em síntese, os Jansenistas parecem ter tido a mesma compreensão que os primeiros mártires cristãos.

Isaac Watts (1674-1748)

Isaac Watts, inglês não conformista e um dos maiores escritores de hinos cristãos fez muito para tornar o cântico de hinos uma poderosa força devocional numa época em que o uso da música era considerado com absoluta suspeita. Enquanto ele parece ter tendido para o unitarianismo no fim da vida, o tema do Espírito Santo era importante em seus escritos anteriores. O mais interessante é seu ensaio, *"O Dom do Espírito"*.[97]

Watts declara que o significado do dom do Espírito era santificar os rebeldes e pecadores, bem como conferir poder sobre eles para reverter as

---

[96] D. A. de Brueys, *Histoire du fanatisme de notre temps* [História do Fanatismo do Nosso Tempo], (Paris: F. Muguet, 1692, 1737), p. 137; Knox, *Enthusiasm*, cap. 16.

[97] Em D. L. Jeffrey, A *Burning and a Shining Light: English Spirituality in the Age of Wesley* [Uma Ardente e Brilhante Luz: Espiritualidade Inglesa na Época de Wesley], (Grand Rapids: Eerdmans, 1987), pp. 61-2.

leis da natureza e imitar a criação, dando olhos aos cegos e levantando os mortos. Além disso, Watts insistia em que este mesmo Espírito faz parte de todos os assuntos divinos sem levar em conta o tempo. E onde está o Espírito, ocorrem milagres – o pecador é santificado, olhos cegos são abertos, a natureza humana é recriada, e os mortos recebem a vida divina. Ele também afirma que o Espírito "ensina o Egito, a Assíria e as Ilhas Britânicas a falar a língua de Canaã". É esse dom do Espírito que o Filho nos envia continuamente do Pai. Refletindo uma das grandes preocupações de muitos espiritualistas do século XVIII, Watts implora: "Que todas as tentações que encontramos por parte dos homens da razão, nunca, nunca confundam uma tão doce fé!"

Os Moravianos

Os irmãos Moravianos eram descendentes diretos dos Hussitas da Boêmia, um grupo que declinou após a Guerra dos Trinta Anos. Eles foram reorganizados em 1722 em Herrnhut sob a liderança de Nikolaus Ludwig Conde von Zinzendorf (1700-1760) e foram fortemente influenciados pelo Pietismo alemão e pela Igreja Luterana, da qual eles se consideravam parte. O grupo em Herrnhut mais tarde foi chamado de "Igreja de Deus no Espírito" pelo Conde Zinzendorf.

Depois de um tempo de renovação em 1727, os Moravianos se tornaram conhecidos por sua adoração emocionalmente expressiva, oração fervorosa e muito canto. Seu zelo foi canalizado para numerosos projetos missionários. Na Inglaterra, foram criticados por um John Roche por reviver as práticas Montanistas de "estranhas convulsões e posturas não naturais", falando em línguas ("que geralmente infringiram em algum jargão desconexo, frequentemente ultrapassando o vulgar, 'como os exuberantes e irresistíveis derramamentos do Espírito'...").[98]

É particularmente interessante notar que Zinzendorf acreditava (como os Pentecostais do início do século XX) que o dom de línguas havia sido dado originalmente para facilitar o empreendimento missionário. Mas a liderança dos Morávios não endossou a *glossolalia*, embora tenha ocorrido de forma esporádica em suas reuniões.

---

[98] J. Roche, *Moravian Heresy ... as taught throughout several parts of Europe and American by Count Zinzendorf, Mr Cennick, and other Moravian teachers...* [Heresia da Morávia ... como ensinado em várias partes da Europa e da América pelo Conde Zinzendorf, o Sr. Cennick e outros professores da Morávia] (Dublin: printed by the author, 1751), p. 44.

Um dos mais famosos pregadores Moravianos, John Cennick, proferiu um discurso sobre *O Dom e Função do Espírito Santo* em Little Sommerford, em Wiltshire, Inglaterra, em 1740.[99] Ele argumentou que em sua própria geração pecaminosa e degenerada, nenhuma doutrina era menos considerada do que a do Espírito Santo. Para ele, o batismo do Espírito é o único batismo verdadeiro, "sem o qual todos os outros batismos são apenas sombras fugazes".[100] Este batismo do Espírito Santo vem com o batismo nas águas, mas somente para aqueles que realmente se arrependeram de seus pecados. O batismo espiritual é evidenciado pela promessa tripla de Jesus: "E, quando ele vier, convencerá o mundo do pecado, da justiça, e do juízo" (Jo 16.8). Em outras palavras, enchimento do Espírito resulta numa maior consciência da obra de Deus dentro de seu povo. A terceira Pessoa divina "alivia os medos da morte, do inferno e do julgamento, limpa as lágrimas e nos alivia em todas as provações, tentações e fardos, e nas últimas horas nos sustenta com uma confiança inabalável".[101] Como tal, mereceu o nome de "Consolador". Finalmente, Cennick encoraja seus ouvintes a buscar o dom inefável do Espírito, quando diz: "Abri somente os vossos corações, e ele virá e ceará convosco, e vós com ele [...]. Sim, uma dupla porção deste Espírito repousará sobre vós daqui para sempre".[102]

Jonathan Edwards (1703-1758)

O teólogo mais importante do primeiro Grande Despertamento, Jonathan Edwards, reconheceu um perigo na segmentação que se desenvolveu entre os defensores emocionais do revivalismo, assim como na segmentação mantida pelos críticos racionalistas da religião revivalista. Edwards entrou na briga entre racionalistas e entusiastas em posição desconfortável por ser um defensor do Despertamento como um movimento, mas um crítico de ambos: racionalismo e entusiasmo. Parte de sua defesa era separar as verdadeiras evidências da obra do Espírito Santo das falsas.

Edwards reconhece que há épocas na história cristã ("estação primaveril") durante a qual o Espírito de Deus é derramado e a religião é reavivada.

---

[99] J. Cennick, *The Gift and Office of the Holy Ghost* [O Dom e a Função do Espírito Santo] 4ª ed. (London: H. Trapp, 1785).

[100] *Ibid.*, p. 8.

[101] *Ibid.*, p. 16.

[102] *Ibid.*, p. 18.

Infelizmente, sempre que o Espírito de Deus é derramado, Satanás introduz uma religião bastarda ou uma falsificação.[103] O mero entusiasmo não oferece nenhuma evidência do operar do Espírito. "Lágrimas, tremores, gemidos, altos gritos, agonias do corpo e falta de força corporal", bem como o "ruído" religioso, a imaginação aumentada (incluindo estados de êxtase) e a irregularidade na conduta não eram marcas da presença e operação do Espírito.[104] Mas haviam indicadores seguros. O Espírito de Deus claramente estava operando quando Jesus era exaltado, quando Satanás era atacado, quando os indivíduos obtinham maior consideração pelas Escrituras, e quando um espírito de amor, para com Deus e outros seres humanos, estava presente.[105]

Em suma, Jonathan Edwards encontra pouco valor no que ele vê como entusiasmo excessivo no Despertamento. Ele não espera nem deseja nenhuma restauração dos dons miraculosos (1 Co 12).[106] Seu entendimento da obra do Espírito Santo, então, é um precursor do Evangelicalismo moderno, mas não do Pentecostalismo.

John Wesley e os primeiros Metodistas

O fundador do Metodismo, John Wesley (1703-1791) introduziu no Protestantismo uma pneumatologia distinta – aquela consciência da pessoa do Espírito Santo e da operação do Espírito em toda a experiência humana – que era diferente de qualquer outro no cristianismo ocidental na época. Na verdade, os escritos de Wesley sobre a Terceira Pessoa divina se assemelham muito aos de espiritualistas orientais anteriores, como Clemente de Alexandria, Macário do Egito, dos Capadócios e de Efrém da Síria.[107] Isso não é

---

[103] Jonathan Edwards, *A Treatise Concerning Religions Affections* [Um Tratado Sobre as Afeições Religiosas] (1746), ed. John E. Smith (New Haven: Yale University Press, 1959), pp. 185, 287.

[104] Jonathan Edwards, *The Distinguishing Marks of a Work of the Spirit of God* [As Marcas Distintivas de uma Obra do Espírito de Deus], (Boston: S. Kneeland and T. Green, 1741), pp. 5-41.

[105] Ibid., pp. 41-61. Veja também Jonathan Edwards, *A Divine and Supernatural Light, Imparted to the Soul by the Spirit of God, Shown to be Both a Scriptural and Rational Doctrine* [Uma Luz Divina e Sobrenatural, Transmitida à Alma pelo Espírito de Deus, Mostrada como uma Doutrina Bíblica e Racional], (1734, Reimpresso em Boston, Manning and Loring: n.d.).

[106] Edwards, *The Distinguishing Marks* [As Marcas Distintivas], pp. 97-98.

[107] Burgess, *Holy Spirit: Eastern Christian Traditions* [Espírito Santo: Tradições Cristãs Orientais], p. 149, n. 11.

surpreendente, porque como estudante e sacerdote em Oxford ele mergulhou na espiritualidade cristã oriental.

Seria errado sugerir que John Wesley era pessoalmente dado à religião entusiástica. Suas próprias experiências eram poucas e distantes entre si. Mas ele era extraordinariamente tolerante com os seguidores que reivindicavam sonhos, visões, curas e revelações, e de grupos proféticos anteriores, como os Montanistas, a quem ele descreveu como "reais, cristãos escriturísticos".[108] Como consequência, Wesley foi meramente rotulado por alguns como um "entusiasta" – ou seja, alguém que reivindicava revelações ou poderes extraordinários do Espírito Santo, ou que demonstrava algum tipo de excitação religiosa – Wesley simplesmente replicou que seguiu a Escritura e a igreja primitiva sobre dons espirituais, os quais pensava ser normativos para todas as eras na história do Cristianismo.

Em certa ocasião, seu próprio irmão, Samuel, escreveu-o expressando horrores sobre o que ele achava que eram extravagantes explosões emocionais e físicas em conexão com algumas das pregações de John. John respondeu afirmando vários dos resultados positivos do entusiasmo de seus seguidores – convicção de pecados, paz e alegria divinas e uma mente sadia – todos os quais confirmaram a palavra pregada.[109]

Tornou-se moda para os Pentecostais modernos interpretar John Wesley como seu pai fundador.[110] De fato, Wesley reconheceu que o dom de línguas era frequentemente testemunhado em seu tempo e que existia em outros séculos pós-apostólicos. Mas ele certamente não viu isso como a evidência normativa para a presença do Espírito Santo. Por sua vez, explicou que Deus deu seus dons conforme ele escolheu, e não tinha escolhido dar-lhe o dom de línguas como tinha concedido a alguns de seus contemporâneos (incluindo os Profetas Franceses e os Moravianos).[111]

Como com os espiritualistas cristãos orientais, Wesley ensinou que a evidência real para a obra do Espírito era o crescimento cristão para a

---

[108] N. Curnock, ed., *John Wesley: Journal* [John Wesley: Revista], (London: Epworth Press, 1938), 3: p. 496. Note que o irmão de John, Charles – o grande hinologista – era muito menos tolerante aos entusiastas.

[109] Carta a Samuel Wesley (10 de Maio de 1739), em Jeffrey, *A Burning and a Shining Light* [Uma Ardente e Brilhante Luz], pp. 241-42.

[110] Ex., H. V. Synan, *The Holiness Pentecostal Movement in the United States* [O Movimento Holiness Pentecostal nos Estados Unidos], (Grand Rapids: Eerdmans, 1971), p. 13. Veja a discussão de Williams e Waldvogel, pp. 77-81.

[111] John Wesley, *Letters* [Cartas], 4: pp. 379-80.

perfeição (o aperfeiçoamento do amor humano nesta vida, ou *theosis* no Oriente). "Nós de fato cremos que neste mundo ele de tal forma irá 'limpar os pensamentos de nossos corações, pela inspiração de seu Espírito Santo, para que o amemos perfeitamente, e dignamente magnifiquemos o seu santo nome'".[112] Foi esta a ênfase na obra de santificação do Espírito que deu origem ao moderno movimento Holiness – no qual grande parte do Pentecostalismo tomou raízes.

Os Shakers

Os Shakers eram um primitivo grupo comunista e pacifista que teve sua origem durante um reavivamento Quaker na Inglaterra em 1747. Eles eram conhecidos pela agitação física ou o tremor resultante da exaltação espiritual em suas reuniões.

Embora os Shakers não ensinassem um "batismo" do Espírito Santo separado, eles claramente acreditavam numa experiência mística de união pessoal em Cristo. Por sua vez, isso levou a uma vida no Espírito, com uma série de dons espirituais. Para os primeiros Wardley Shakers,[113] tudo isso foi um antegozo e um precursor imediato da *parousia*, a segunda vinda de Jesus Cristo, pela qual eles esperavam ansiosamente. Em segundo lugar, acreditavam no supremo perfeccionismo radical dos seres humanos. A vida no Espírito, então, era uma dotação para a perfeição pessoal e uma preparação para o clímax das eras.

Quando Ann Lee[114] se juntou aos Wardley Shakers, eles começaram a ensinar que Cristo havia realmente retornado e que Ann foi a primeira a experimentar Cristo em glória. Seu papel depois disso foi inaugurar uma consciência da *parousia*, como a primeira dentre muitas a ser atraída para a experiência unificadora do Cristo vivo e plenamente presente no meio de todos

---

[112] F. Whaling, ed., *John and Charles Wesley: Selected Writings and Hymns* [John e Charles Wesley: Escritos e Hinos Selecionados], Clássicos da Espiritualidade Ocidental, (New York: Paulist Press, 1981), p. 377.

[113] A *Wardley Society*, também conhecida como *Wardley Group* e a *Bolton Society*, foi um grupo de adoração Quaker fundado em Bolton por Jane e James Wardley (N. E).

[114] Ann Lee era filha de dois membros devotos da igreja. Ela se tornou a primeira líder dos Shakers (N. E).

nós. Com a vinda de Ann Lee, a vida no Espírito significava experimentar Jesus Cristo outra vez já regressado à Terra.[115]

O SÉCULO 19

Os Irvingitas

Edward Irving (1792-1834), pastor presbiteriano escocês, foi fundador da Igreja Apostólica Católica, cujos membros tornaram-se popularmente conhecidos como Irvingitas. Pregador talentoso, Irving cedo se transformou em ministro de uma requintada congregação em Londres, que incluiu no rol de membros além de seu amigo Thomas Carlyle, e numerosos líderes proeminentes do governo. Seu interesse pela profecia e pelo milenarismo levou-o à crença de que, como os cinco ofícios de apóstolos, profetas, evangelistas, pastores e mestres haviam sido abandonados, o Espírito Santo havia deixado a igreja por conta própria. Ele foi estimulado a buscar e esperar uma restauração de dons espirituais para a igreja. Era sua convicção que ele deveria atuar como profeta e sacerdote. Ele percorreu a Escócia pregando esta nova mensagem. Grupos de oração foram estabelecidos para buscar um novo derramamento do Espírito Santo. No início de 1830 paroquianos perto de Glasgow começaram a experimentar os *charismata*, especialmente a *glossolalia*. Em 1831 a prática dos *charismata* era parte da adoração em muitas das igrejas de Irving. Irving foi censurado mais tarde pelo presbitério de Londres em 1832 por violar os regulamentos ao permitir que mulheres e homens não devidamente ordenados falassem nas reuniões. Em seguida, foi expulso do seu púlpito. Irving então levou cerca de oitocentos membros para formar uma nova congregação, que se tornaria a Igreja Apostólica Católica. Em 1833, seu *status* como clérigo na Igreja da Escócia foi removido.

Ironicamente, Irving não recebeu os *charismata* sobre os quais pregava. Consequentemente, ele não foi capaz de liderar sua própria igreja por muito tempo. Foi removido de sua posição de liderança dentro do movimento e

---

[115] F. W. Evans, *Shaker Communism, in Tests of Divine Inspiration. The Second Christian or Gentile Pentecostal Church* [...] [O Comunismo Shaker, em Testes de Inspiração Divina. A segunda Igreja Pentecostal Cristã ou Gentia...], (London: James Burns, 1871).

em 1834 enviado a Glasgow por apóstolos dotados com o dom, onde morreu pouco depois.

É claro que Irving fez uma conexão entre um novo derramamento do Espírito e os *charismata* restaurados. Além disso, ele chamou a *glossolalia* de "sinal permanente" da presença do Espírito.[116] Mas os que insistem que ele correlacionou as línguas como a evidência física inicial para o batismo do Espírito podem estar impondo muito de seus próprios conceitos e terminologia do século 20.[117] Parece justo, no entanto, sugerir que a crença Irvingita foi um marco no desenvolvimento do que mais tarde se tornou o conceito Pentecostal das línguas como a evidência física inicial do batismo no Espírito.

Os Holiness e os Movimentos Evangélicos

O pentecostalismo do século 20 pode ser atribuído em parte à ênfase dada a uma "segunda obra de graça", defendida tanto pelos Wesleyanos quanto pelos mestres da chamada "Vida Superior" do século 19.[118] Um dos contemporâneos de Wesley e determinado sucessor, John Fletcher (vigário de Madeley e presidente do *Trevecca College* no País de Gales), foi muito além de Wesley ao ensinar que nesta era do Espírito Santo, o crente recebeu a perfeição ("uma libertação completa do pecado e uma recuperação de toda a imagem de Deus") quando "batizado com o poder pentecostal do Espírito Santo".[119]

A ênfase de John Wesley em uma experiência de santificação subsequente à conversão como parte da busca maior pela perfeição levou indivíduos como Walter e Phoebe Palmer a popularizar a mensagem holiness. A Associação Nacional dos Acampamentos para a Promoção da Santidade, fundada em 1867, logo foi acompanhada por não-Metodistas. Juntos, enfatizavam uma experiência cristã normativa, que eles chamaram de santificação completa, segunda bênção, perfeição, amor perfeito e batismo com o Espírito Santo.

---

[116] Citado em W. Lewis, *Witnesses to the Holy Spirit* [Testemunhas do Espírito Santo], (Valley Forge, Pa.: Judson Press, 1978), p. 236.

[117] Ex., Bresson, *Studies in Ecstasy* [Estudos sobre Êxtase], p. 196, afirma que Irving "parece ser a primeira pessoa que viu o falar em línguas como a evidência inicial do Batismo".

[118] D. W. Dayton, *Theological Roots of Pentecostalism* [Raízes Teológicas do Pentecostalismo], (reimp., Peabody, Mass.: Hendrickson, 1991).

[119] Carta de John Fletcher para May Bosanquet, datada do dia 7 de Março de 1778, reimpressa em Luke Tyerman, *Wesley's Designated Successor* [Sucessor Designado de Wesley], (London: Hodder and Stoughton, 1882), p. 411.

Enquanto poucos experimentavam a *glossolalia*, eles popularizaram tanto o conceito de uma segunda obra de graça bem como a terminologia que posteriormente foi adotada pelo Pentecostalismo.

Benjamin H. Irwin (nasc. 1854), holiness e pregador Wesleyano, recebeu uma experiência de santidade, seguida pelo que ele descreveu como um "batismo de fogo" ou "terceira bênção". Pouco tempo depois, ele organizou a Associação Holiness Batizada com Fogo. A corrente principal do movimento holiness, no entanto, rejeitou seus ensinamentos ao chamá-los como a "heresia da terceira bênção".[120]

Um segundo desenvolvimento doutrinário relacionado, veio dos mestres da "Vida Superior" (nenhum dos quais estava associado com a ala Metodista do reavivamento holiness) que acreditavam que esta segunda experiência dotava o crente com poder para o testemunho e o serviço. Inclui-se aí Dwight L. Moody, Reuben A. Torrey, Andrew Murray, A. B. Simpson, e Adoniram Judson Gordon. Mas apesar da ênfase dada ao batismo com o Espírito Santo, eles ensinaram que as línguas haviam cessado (com exceção de Simpson).[121]

CONCLUSÕES

Este estudo da ideia cristã de um batismo no Espírito Santo e as evidências para esse enchimento indica que embora o conceito de batismo do Espírito fosse muito comum ao longo dos séculos cristãos, a identificação Pentecostal moderna da *glossolalia* como a "evidência inicial" de tal batismo é completamente nova até aos Irvingitas do século 19. Surpreendentemente, em quase dois milênios de vida e prática cristãs, ninguém do período apostólico ao início do século 19 – nem mesmo aqueles que colocaram grande ênfase no estudo das Escrituras – associou línguas com o advento da vida no Espírito. Mesmo falantes de línguas nos séculos anteriores não fizeram tal conexão. Somente Agostinho aborda um possível vínculo entre a *glossolalia* e a entrada do Espírito, concluindo, entretanto, que a conexão cessou na igreja do primeiro século.

Historicamente, a única preocupação real com a "evidência" da presença do Espírito foi a validação dos profetas. Assim como as Escrituras distinguem os profetas "verdadeiros" dos "falsos", a igreja, desde o início,

---

[120] H. V. Synan, "Irwin, Benjamin Hardin," em *DPCM*, pp. 471-72.
[121] Nienkirchen, "Simpson, Albert Benjamin," *DPCM*, pp. 786-87.

tentou estabelecer critérios para julgar (em muitos casos, desacreditar!) seus "agentes de mudança".

Um dos resultados mais interessantes desta investigação foi a descoberta de uma correlação positiva entre o dualismo radical e a necessidade percebida de um batismo separado no Espírito. Certamente, os dualistas radicais ao longo da história cristã compartilham com os Pentecostais modernos o conhecimento das dimensões cósmicas da luta entre as forças do bem e do mal. Eles concordam que os cristãos são incapazes de enfrentar essa luta e divulgar as boas novas do Reino sem um preenchimento especial do Espírito de Deus.

Também deve estar claro que poucos indivíduos "favoráveis" se preocuparam com questões do batismo no Espírito. Aqueles que clamaram por um batismo especial do Espírito foram perseguidos, ou voluntariamente optaram por deixar os confortos mundanos em busca da santidade ou proximidade de Deus, ou foram motivados escatologicamente. Em qualquer caso, o desequilíbrio parece ter sido um pré-requisito para essas preocupações.

Sem dúvida, os Pentecostais do século 20 participaram desse desequilíbrio. Escatologicamente orientados, eles reconheceram a necessidade de uma obra especial do Espírito divino para capacitá-los para o serviço no que eles percebem como os últimos dias antes da segunda vinda de Cristo.

Mas o que é único em relação aos Pentecostais modernos é que eles consideram a *glossolalia* como o teste decisivo da ortodoxia Pentecostal e *o* sinal válido para o batismo no Espírito. A maioria deles rejeita todas as tradições cristãs nascidas após o primeiro século. Em vez disso, a experiência pentecostal é vista como uma *restauração* do Espírito – se derramando na igreja apostólica, evidenciada por línguas – uma associação igualmente rara desde o primeiro século. Este estudo demonstra que os Pentecostais que se regozijam com a novidade de seus ensinamentos e experiências, estão plenamente justificados ao classificar sua doutrina da evidência inicial como distintiva. Ao longo do século 20, eles se apegaram tenazmente a esse ensinamento e, por sua vez, tornou-se seu ponto de reunião e fonte de identidade.

3. EDWARD IRWING E O "SINAL PERMANENTE" DO BATISMO NO ESPÍRITO

David W. Dorries

À luz das notáveis ocorrências pentecostais e das suas ricas amarrações teológicas centradas em torno da pessoa de Edward Irving durante a década de 1830 na Grã-Bretanha, o derramamento pentecostal "clássico" na América do século 20 perde um pouco de sua singularidade. Embora nenhuma ligação teológica e histórica direta tenha sido traçada entre esses dois movimentos, a expressão britânica, que precedeu o movimento norte-americano em mais de setenta anos, claramente antecipou algumas das características mais significativas da experiência "clássica".

EDWARD IRVING E AS MANIFESTAÇÕES DO ESPÍRITO NO SÉCULO 19

Edward Irving (1792-1834), escocês, pastor e teólogo cujas contribuições teológicas para a igreja cristã transcendem os limites estreitos de seu nativo calvinismo escocês, entrou publicamente em destaque durante seus doze anos de pastorado em Londres. A controvérsia parecia procurar Irving. Em uma época em que imagens docetistas de Cristo dominaram o mundo religioso, Irving estava comprometido com a pregação viva e vital da humanidade real de Cristo enraizada nas primitivas formulações trinitário-encarnacionais dos pais da igreja e recuperada pelos Reformadores Protestantes.[122] Os esforços de Irving para restaurar o equilíbrio cristológico para a igreja de seu tempo resultaram numa reação de oposição, culminando em sua deposição do ministério ordenado da Igreja da Escócia em 1833. Até então, a atenção de Irving estava fixada de forma decisiva num direção diferente. Irrompendo primeiro em circunstâncias humildes em 1830 no oeste da Escócia e, em seguida, surgindo em Londres em 1831, as ocorrências de dons espirituais, sinais e maravilhas abalaram completamente o mundo religioso contemporâneo e alteraram radicalmente o curso futuro da vida e ministério de Irving.

Reavivamento Pentecostal do Oeste da Escócia

Na primavera de 1830, começaram a circular relatos de que certos indivíduos haviam experimentado manifestações miraculosas do Espírito. Essas pessoas residiam na região de Gareloch, no oeste da Escócia, onde a influência de Irving era bem conhecida. Ele havia pregado lá para seus amigos e pastores John Macleod Campbell e Robert Story nos verões de 1828 e 1829. O primeiro de uma série de eventos ocorreu quando Mary Campbell, uma jovem que estava morrendo de tuberculose, foi curada e exerceu o dom espiritual de línguas. A história começa no início de abril de 1830, quando a família Macdonald, que morava do outro lado do rio Clyde, em Port Glasgow, experimentou uma cura miraculosa quando Margaret se levantou do leito de enfermidade, sob a ordem de seu irmão James. Sua ordem havia sido dada apenas momentos depois que ele anunciou dramaticamente que o batismo do Espírito tinha vindo sobre ele. Os Macdonald eram amigos de Mary Campbell. Agora que Margaret havia sido curada, James foi incitado a escrever uma carta a Mary Campbell, não apenas para relatar a cura de sua irmã, mas também para ordenar a Mary se levantar e ser curada. No processo de leitura da carta de James, Mary Campbell experimentou uma recuperação imediata e falou em línguas. James e seu irmão George também manifestaram os dons de línguas, interpretação de línguas e profecia.

---

[122] "Docetismo" é a tendência de tanto negar ou minimizar o verdadeiro corpo humano e a natureza encarnada de Jesus Cristo. Para um estudo mais abrangente da Cristologia de Irving e uma defesa da sua ortodoxia, veja David W. Dorries, "Nineteenth Century British Christological Controversy, Centering Upon Edward Irving's Doctrine of Christ's Human Nature" [A controvérsia cristológica britânica do século XIX, centrada na doutrina de Edward Irving sobre a natureza humana de Cristo], Tese de Ph. D., *University of Aberdeen*, 1988.

À medida que a notícia desses acontecimentos se espalhou pela região, as pessoas começaram a convergir para as casas de Mary Campbell e dos Macdonalds para investigar esses fenômenos. As pessoas vinham de várias partes da Escócia, Inglaterra e Irlanda. Reuniões diárias de oração foram realizadas durante meses e meses, com os dons do Espírito manifestados regularmente de um número crescente de pessoas. Várias casas foram utilizadas para as reuniões, e o movimento continuou sem supervisão de uma igreja local ou de ministério ordenado. Como era de se esperar, uma intensa controvérsia irrompeu no mundo religioso sobre tais acontecimentos. O interesse e a frequência às reuniões continuaram por dezoito meses até que as manifestações espirituais diminuíram visivelmente tanto em frequência quanto em poder.[123]

A Conexão de Irving

Quando Irving ouviu pela primeira vez os relatos da efusão miraculosa, ele não estava ciente de que sua doutrina tinha desempenhado um papel tão decisivo para sua ocorrência. Somente através do estudo de várias cartas escritas por Mary Campbell ele chegou a entender como sua pregação tinha feito a diferença. Sua ênfase na autenticidade da vida humana e santidade de Cristo como derivada da operação do Espírito Santo, em vez de sua divindade inerente, despertou em Mary uma descoberta que a levou a receber o dom das línguas e a sua cura física. Ela encaminhou a cristologia de Irving à sua conclusão lógica, isto é, que as obras miraculosas de Cristo procediam também do Espírito e não de sua natureza divina. Portanto, visto que somos da mesma natureza humana que Cristo e habitados pelo mesmo Espírito Santo, somos compelidos a fazer o mesmo "as mesmas obras que ele fez, ou até maiores do que aquelas".

Quando se deu conta de que existia uma ligação direta entre sua cristologia e o aparecimento das manifestações, uma nova compreensão do evangelho se desdobrou para ele. Irving começou a entender que a grande obra redentora para a humanidade realizada por Cristo em sua encarnação e expiação foi preparatória para o ofício principal que assumiu como Cabeça da Igreja, isto é seu papel como Batizador com o Espírito Santo. Segundo Irving,

---

[123] Para um relato mais detalhado do avivamento do oeste da Escócia, veja Robert Norton, *Memoirs of James and George Macdonald of Port-Glasgow* [Memórias de James e George Macdonald de Port-Glasgow], (London: John F. Shaw, 1840).

[...] o peculiar e singular nome de Cristo, como Cabeça da Igreja, é "aquele que batiza com o Espírito Santo", e não foi cumprido até o dia de Pentecostes, [...] e que todo corpo da Escritura fala que o chamado apropriado da igreja, em todas as eras, é apresentar isso [...].[124]

As implicações dessa descoberta profunda prenderam cada vez mais a atenção de Irving depois de 1830. Os relatos que lhe chegavam de manifestações miraculosas continuadas da Escócia adquiriam significado teológico vital para ele, pois "transformaram nossas especulações sobre a verdadeira doutrina no exame de um fato".[125] Irving estava agora não só pronto para endossar os acontecimentos surpreendentes que se desenrolam na Escócia de seu nascimento, mas ele sinceramente desejava uma visitação semelhante no meio de sua congregação na Regent Square em Londres. Em abril de 1831, Irving decidiu abrir sua igreja para reuniões de oração, a serem realizadas de segunda a sábado às seis e meia da manhã. Suas esperanças foram compartilhadas por muitos outros. Entre seiscentas e mil pessoas reunidas para a oração diária, esperando manifestações sobrenaturais do Espírito visitando-os, vindo sobre eles. Além de antecipar dons, sinais e maravilhas, os participantes buscavam a restauração dos antigos ofícios da igreja. Como Irving expressou,

Nós clamamos ao Senhor por apóstolos, profetas, evangelistas, pastores e doutores, ungidos com o Espírito Santo, o dom de Jesus, porque vimos que está escrito na palavra de Deus que estas são as determinações ordenadas para a edificação do corpo de Jesus.[126]

A Visitação do Espírito em Londres

Aproximadamente três meses após o início dessas reuniões de oração, ocorreram manifestações dos dons de línguas, interpretação e profecia. Como

---

[124] "Facts Connected with Recent Manifestations of Spiritual Gifts" [Fatos Relacionados com Manifestações Recentes de Dons Espirituais], *Fraser's Magazine* (Março, 1832), p. 204.
[125] *Fraser's Magazine* (Janeiro, 1832), p. 757.
[126] *The Trial of the Rev. Edward Irving, M.A. Before the London Presbytery* [O Julgamento do Rev. Edward Irving, M.A. Antes do Presbitério de Londres] (London: W. Harding, 1832), p. 24.

pastor, Irving assumiu a responsabilidade de "provar os espíritos", autorizando o exercício dos dons em público apenas as pessoas cujos dons tinham sido provados de maneira privativa. As manifestações nas reuniões da madrugada continuaram por vários meses. Durante este tempo, Irving dedicou seu ministério de pregação e ensino à instrução bíblica de toda a congregação sobre os princípios e práticas corretos acerca dos dons espirituais.

Instruir sua congregação Presbiteriana de que os dons do Espírito têm um lugar e propósito normais no culto cristão, provou ser um desafio formidável, particularmente à luz da falta de precedência de tais eventos ao longo de trezentos anos da história da igreja Protestante. Irving não deveria ter ficado surpreso quando a maioria dos seus presbíteros alarmou-se com o primeiro caso de manifestações que perturbavam o culto ordenado das reuniões matutinas e noturnas da Regent Square. Em 16 de outubro de 1831, quando palavras de uma língua desconhecida encheram o grande auditório pela primeira vez durante um culto dominical, com quase duas mil pessoas presentes, uma grande confusão aconteceu. O caos aumentou naquela noite, quando quase três mil pessoas entraram no prédio, muitas delas motivadas pela mera curiosidade, além de agitadores que zombavam dos procedimentos incomuns. Depois de enfrentar duas semanas de distúrbios desordenados, causados em grande parte por manifestantes de fora e não pelos próprios membros, Irving interrompeu temporariamente as expressões do Espírito durante os cultos dominicais. Tomando tempo para maiores reflexões, Irving inverteu sua política e permitiu que os dons continuassem.

Ele concluiu que sufocar os dons seria extinguir a voz do Espírito e resistir ao papel de Cristo como aquele que Batiza no Espírito. No entanto, com a retomada dos dons, suas expressões foram restritas a dois por vez designados dentro da ordem de adoração. Através da sábia liderança de Irving e da instrução contínua das Escrituras, a ordem e a harmonia foram restauradas aos cultos dominicais sem extinguir a voz do Espírito através dos que tinham dons. No entanto, entre os presbíteros, a oposição só se intensificou em direção à política de Irving de autorizar tais ocorrências. Estes eram os mesmos clérigos que haviam apoiado unanimemente Irving durante mais de dez anos de ministério pastoral. Agora eles traçaram uma linha contra ele, convencidos de que não tinha autorização para permitir que a solenidade do culto Presbiteriano fosse interrompida pelo que eles acreditavam ser os balbucios de fanáticos iludidos.

Os presbíteros entregaram o caso ao Presbitério de Londres em 17 de março de 1832. A queixa dos presbíteros pode ser resumida pela primeira acusação contida no processo:

Em primeiro lugar, que o referido Rev. Edward Irving apoiou, permitiu, e ainda permite os cultos públicos da referida igreja, na adoração de Deus no sabbath, e outros dias, serem interrompidos por pessoas que não são ministros ou licenciados da Igreja da Escócia.[127]

A eloquente defesa pessoal de Irving perante o Presbitério é exemplificada por esta declaração inicial de seu testemunho: "É para o nome de Cristo, como 'aquele que batiza com o Espírito Santo', que eu sou hoje questionado perante este tribunal [...]"[128] Após uma semana de julgamento, o Presbitério chegou ao seguinte veredicto em 2 de maio de 1832.

[Ao] lamentarem profundamente a dolorosa necessidade assim imposta a eles, fizeram e, por meio disso, discerniram que o referido Rev. E. Irving se tornou incapaz de permanecer como o ministro da Igreja Nacional Escocesa supramencionada e deveria dela ser removido de acordo com as condições da National and Solemm League and Covenant (Liga e Pacto Nacional e Solene) da referida igreja.[129]

O Pentecostalismo de Newman Street

No domingo seguinte ao julgamento, Irving e sua congregação se viram bloqueados do lado de fora do templo da Regent Square. A vasta maioria dos membros da igreja tinha prosperado sob o pastorado de Irving, e eles não estavam dispostos a abandoná-lo agora. Depois de mais de cinco meses de adoração numa instalação temporária, a congregação afastada garantiu um lugar permanente de culto na Newman Street, em Londres. Tendo sido forçados a sair de sua estrutura Presbiteriana, Irving e sua igreja agora estavam em posição de buscar os dons espirituais e o governo apostólico sem qualquer impedimento. Na nova ordem da igreja que começara a surgir, Irving reteve o cargo de pastor, enquanto outros foram separados e ordenados como apóstolos. A primeira ordenação apostólica ocorreu em 17 de novembro de 1832.

---

[127] *Ibid.*, p. 3.
[128] *Ibid.*, p. 19.
[129] *Ibid.*, p. 88.

Em 14 de julho de 1835, o décimo segundo e último apóstolo havia sido ordenado na igreja, agora chamada Igreja Apostólica Católica. Outras igrejas e pastores de mentalidade semelhante em toda a Grã-Bretanha começaram a se ligar com a igreja "Pentecostal" na Newman Street. Tornava-se evidente que um novo movimento em expansão havia nascido.

Com o advento de um novo movimento que tomou ímpeto a partir da convicção de Irving de que o ofício de Cristo como aquele que batiza no Espírito Santo tinha sido negligenciado por séculos de história, Londres agora tinha se tornado o cenário de um derramamento pentecostal mais ou menos setenta anos antes das "clássicas" formulações pentecostais de Charles Parham e mais de setenta e cinco anos antes do avivamento pentecostal da Rua Azusa. Equipado com a confiança de que um novo dia estava nascendo para a Cristandade, Irving continuou em sua pregação e escrita para expandir as implicações doutrinárias e práticas do batismo no Espírito.

> Oh irmão! Este batismo com o Espírito Santo, do qual eu estou a ponto de te ensinar, é a própria glória de Deus à vista dos anjos e dos homens: não serás tu o portador disso? [...] porque é o tema mais glorioso e abençoado de que já falei, ou de que ainda hoje ouviste.[130]

A DOUTRINA DE IRVING DO BATISMO NO ESPÍRITO

Para Irving, o batismo do Espírito é a herança comum de todo crente batizado.

> E eu digo que cada batizado tem o privilégio de possuir esse dom e é responsável por ele, e o possuirá por meio da fé em Deus; [...] Digo que ele está unido ao batismo, pois é a rubrica deste.[131]

Com respeito a ambas as dimensões do batismo cristão, a regeneração e o batismo do Espírito, Irving nitidamente distinguiu umas das outras,

---

[130] *The Day of Pentecost or the Baptism with the Holy Ghost*, [O Dia de Pentecostes ou o Batismo com o Espírito Santo], (Edinburgh: John Lindsay, 1831), p. 29.

[131] "*Speeches, &c*"., em *Pamphlets Connected with Edward Irving* [Folhetos relacionados com Edward Irving], vol. 2 (n.p., 1831), p. 4.

devido às suas diferentes funções. A regeneração, que inclui a remissão dos pecados e a união com Cristo, pode existir na vida do crente e da igreja sem o batismo do Espírito.[132] No entanto, onde apenas a regeneração existe sem o batismo do Espírito, uma condição de deficiência grave está presente no que diz respeito aos privilégios do batismo. "Aqueles que pregam o batismo como não contendo mais do que a regeneração, são apenas discípulos de João Batista, porque Cristo não batiza com água, mas com o Espírito Santo".[133]

O batismo do Espírito é a extensão da vida e do ministério de Cristo através da igreja. Ele traz "à cada crente a presença do Pai e o poder do Espírito Santo, de acordo com aquela medida, pelo menos, a qual Cristo durante os dias de sua carne possuía do mesmo modo".[134] É o Cristo triunfante, ressuscitado que agora batiza sua igreja no mesmo Espírito que o capacitou, enquanto em carne mortal, a ministrar nas poderosas palavras e obras do Pai. Visto que somos, nas palavras de Irving,

> ligados com o corpo ressuscitado de Cristo: [...] somos filhos do homem celestial, devemos exibir a forma e a característica, o poder e os atos do homem celestial, [...] Ora, sua atuação como o homem ressuscitado é inteiramente sobrenatural [...][135]

O Batismo do Espírito subsequente à Regeneração e à Santificação

Irving não tinha nenhuma intenção de minimizar a obra santificadora do Espírito, procurando voltar a atenção da igreja para os privilégios e responsabilidades do batismo do Espírito. "Ninguém diga, então, que subestimamos a ministração sacramental de uma alma purificada e de um corpo santo" [...].[136] Irving parecia considerar a santificação, sendo parte da regeneração, como uma posição legal de justiça imputada ao crente por Cristo:

---

[132] *Day of Pentecost* [Dia de Pentecostes], p. 25.

[133] *Fraser's Magazine* (Abril de 1832), p. 319.

[134] *Day of Pentecost* [Dia de Pentecostes], p. 39.

[135] "On the Gifts of the Holy Ghost, Commonly Called Supernatural" [Sobre os dons do Espírito Santo, comumente chamados Sobrenatural], em *The Collected Writings of Edward Irving in Five Volumes*, vol. 5, ed. Rev. G. Carlyle (London: Alexander Strahan, 1864), p. 523.

[136] "The Church, with Her Endowment of Holiness and Power" [A Igreja, com Sua Dotação de Santidade e Poder], em *The Collected Writings of Edward Irving in Five Volumes*, vol. 5, ed.

> [...] somos batizados em perfeita santidade, no positivo e absoluto afastamento de todo o pecado, no enterro da carne com suas corrupções e concupiscências, a vivificação do Espírito em toda a santidade.[137]

No entanto, além da fé justificadora do batismo do crente, o batismo do Espírito é uma experiência separada e subsequente que exige uma resposta de fé para acionar as manifestações da eficácia do Espírito.

Santidade Realçada

Antes de explorar mais adiante esta dimensão de seu pensamento, deve-se notar que a posição legal do crente na santificação deve ser experiencialmente percebida como um processo de toda a vida de capacitação do Espírito. Sobre este ponto, Irving estava convencido de que o batismo no Espírito aumentou muito a capacidade do crente de aperfeiçoar uma vida de santidade. O objetivo dos dons espirituais, afinal, era contribuir para a santificação do crente e do corpo de Cristo em geral:

> Também não é correto dizer que devemos esperar pela perfeita santificação antes de pedir as manifestações do Espírito, que são dadas a cada homem para beneficiar e edificar a si mesmo e a igreja.[138]

Em resumo, a igreja não podia continuar a ignorar o poder comunicado a ela:

> Então, se a igreja é revigorada, deve agir como a Igreja; a qual não está apenas no caminho da santidade, mas no caminho do poder, para a manifestação da plenitude da obra de Cristo na carne, e as primícias da mesma obra na glória.[139]

Rev. G. Carlyle (London: Alexander Strahan, 1864), p. 505.

[137] *Ibid.*, p. 457.

[138] *Day of Pentecost* [Dia de Pentecostes], p. 116.

[139] "The Church" [A Igreja], p. 502.

Ativação pela Fé

Como mencionado anteriormente, o batismo no Espírito deve ser ativado pela resposta de fé do crente, e é uma experiência separada e subsequente à regeneração. A regeneração está inerentemente contida no batismo do crente, enquanto o batismo no Espírito é um privilégio batismal que deve ser despertado. Irving relembra que "Timóteo é reiteradamente exortado a não negligenciar, mas a despertar" os dons do Espírito. "Pois quando o poder de Deus – os sinais e as maravilhas, os diversos milagres e os dons do Espírito Santo – eram [sic] vistos como sendo assistidos sobre os homens", era porque eles haviam adotado o "modo infantil de aprender, que é pela fé".[140] Irving sustentava que a oração infantil de fé, exercida com urgência, seria recompensada pelo batismo do Espírito.

> [...] é o Espírito Santo em sua maior e mais plena operação, em todo o seu poder e eficácia, em todos os seus dons e graças, que é assim oferecido generosamente e sem dúvida assegurado a todo aquele que com sinceridade pede, com seriedade procura e com importunidade bate.[141]

Irving encorajou a igreja a se aproximar do batismo do Espírito e dos sinais e dons que se seguem com o simples desejo de pedir e receber obedientemente, evitando a tendência natural de compreendê-los primeiro. Irving

> chamou todos e cada um dos membros de Cristo a desejar com seriedade e a orar fervorosamente pelos dons espirituais, falando em línguas e profetizando; e isso quer eles entendem essas exposições ou não. Pois a fé está no receber e obedecer a palavra de Deus; e compreender a possessão daquilo pelo qual oramos.[142]

FALANDO EM LÍNGUAS E A EVIDÊNCIA INICIAL

Pode-se dizer que Edward Irving manteve uma teoria da "evidência inicial"

---

[140] "On the Gifts" [Sobre os Dons], p. 543.

[141] *Day of Pentecost* [Dia de Pentecostes], p. 112.

[142] "On the Gifts" [Sobre os Dons], p. 557.

para determinar que o crente houvesse recebido o batismo no Espírito? A resposta é sim. No entanto, deve-se notar que Irving teria estado desconfortável com o termo "evidência", devido ao seu desprezo por certos "escritores de evidências" de sua época que consideravam o valor exclusivo do miraculoso ser o poder bruto que representavam. Esses "escritores de evidências" desconectaram milagres das considerações sobre a natureza do evangelho e o caráter da redenção de Cristo.

> Estes milagres eles fazem para ficar meramente em seu poder: e assim, dizem eles, demonstram que Deus está com o obreiro deles: [...] agora, isto ser concedido, e o que fazer tem isto com Cristo?[143]

Irving detectou esse "espírito empírico" como motivador da propensão Protestante comum de dispensar os milagres do Novo Testamento. Esses empiristas consideravam os milagres como tendo apenas uma função temporária e utilitária. As obras miraculosas de Cristo e da igreja serviram meramente como provas sobrenaturais da autenticidade dos eventos do Novo Testamento até a conclusão do cânon das Escrituras. Não servindo a nenhum outro propósito, os milagres foram retirados permanentemente da cristandade. Irving revelou o principal fracasso desses empiristas: "[...] não há reconhecimento de Cristo como o realizador da obra, não há reconhecimento de que a obra seja parte integrante da redenção de Cristo".[144] Irving percebeu que os milagres do Novo Testamento estavam longe de ser acidentais, ou ocorrências sazonais. Ele via a revelação de Deus em Cristo e a própria natureza do reino de Deus como um todo e essencialmente sobrenatural do começo ao fim.

Línguas, o Sinal Permanente

Preferindo o termo "sinal" ou "dom" em vez de "evidência inicial", Edward Irving, no entanto, claramente ensinou que o recebimento por parte do crente do batismo do Espírito foi evidenciado ou confirmado pela manifestação de línguas desconhecidas. Irving identificou a manifestação de línguas na Bíblia como sendo um sinal e um dom. As línguas vêm como um sinal, quando o recebedor está na presença de incrédulos. As línguas vêm como um dom quando o recebedor está em privado ou com outros crentes. Em

---

[143] "The Church" [A Igreja], p. 466.

[144] *Ibid.*, p. 466.

ambos os casos, a manifestação de línguas evidencia que o receptor é batizado no Espírito Santo. Observe as seguintes referências diretas dos escritos de Irving: "[...] o batismo com o Espírito Santo, cujo sinal permanente, se não erramos, é o falar em línguas".[145] Ou, "sem dúvida, o batismo com o Espírito Santo, cujo sinal é o falar noutra língua [...]".[146] Referindo-se ao batismo do Espírito, ele notou "o sinal inicial da língua desconhecida".[147] Falando dos batizados pelo Espírito, Irving diz que "nós achamos que o dom sempre foi primeiro concedido aos batizados [...]"[148] Dentre todos os dons do Espírito, Irving observa que o dom de línguas "é a raiz e o caule de todos eles, dos quais todos crescem e por meio dos quais todos são nutridos".[149]

Uma confirmação adicional em apoio ao papel inicial das línguas entre os batizados pelo Espírito pode ser encontrada nas palavras de encorajamento de Irving aos cristãos que não receberam a manifestação de línguas. Embora ele assuma que eles não receberam o batismo do Espírito, ele os encoraja a não se "desanimarem, como se fôssemos rejeitados do Espírito Santo e não tivéssemos o Espírito Santo morando em nós". Todo cristão tem o Espírito Santo,

> a única maneira pela qual o cansado e sobrecarregado pecador pode descansar [...] Se alguém, pois, tendo se apoderado desta verdade, está vivendo na fé e no gozo dela, deve ter a certeza de Sua salvação, e estar em paz: ainda assim ele deve querer falar em línguas [...][150]

Portanto, sem a manifestação das línguas, o crente está em Cristo e é detentor do Espírito Santo, mas sem a capacitação do batismo do Espírito.

As Línguas como Sinal e Dom

Para entender possíveis razões pelas quais Irving designou as línguas como a manifestação inicial da dotação pentecostal da igreja, um exame mais

---

[145] *Day of Pentecost* [Dia de Pentecostes], p. 28.
[146] *Fraser's Magazine* (Janeiro, 1832), p. 759.
[147] *Ibid.*, p. 761.
[148] "On the Gifts" [Sobre os Dons], p. 539.
[149] *Fraser's Magazine* (Abril, 1832), p. 316.
[150] "On the Gifts" [Sobre os Dons], p. 559.

detalhado das várias funções comunicadas pelas línguas é necessário. Irving diferencia sucintamente as línguas nos papéis de sinal e dom.

> A língua não é senão sinal e manifestação para o incrédulo; para o crente é um meio de graça, para o fim de edificação própria, para edificar todo o corpo dos santos.[151]

Como um sinal para o incrédulo, as línguas são "para o tropeço, laço, e para apanhar os soberbos e os altivos".[152] Isso faz com que os incrédulos encontrem através da manifestação de línguas "um poder não humano, mas divino", para convencê-los "que Deus realmente habita na Igreja". Esta mensagem do céu, falada através da instrumentalidade humana, "é uma nova evidência que Deus daria aos homens com base na fé, a qual, infelizmente! Eles também rejeitariam".[153] Os humildes percebem a mensagem em línguas como comunicação divina e são levados ao arrependimento e fé em Cristo. Os soberbos só ouvem palavras ininteligíveis e rejeitam a mensagem de Deus para sua própria destruição.

Para Irving, as línguas podem servir numa função missionária além de seu propósito essencial como um sinal de que Deus está presente e se comunicando sobrenaturalmente através do orador. Como no dia de Pentecostes, as línguas podem ser uma mensagem inteligível capaz de ser compreendida por aqueles que conhecem a língua, embora a mensagem não seja compreendida pelo orador.

> Tão longe de ser um charlatanismo sem sentido, [...] é um discurso regularmente formado, bem pronunciado e um discurso sentido a fundo, que evidentemente quer somente o seu ouvido cuja língua nativa deve torná-la uma obra-prima de discurso poderoso.[154]

Ao contrário dos primeiros Pentecostais sob a liderança de Parham, Irving aparentemente não encorajou o uso generalizado de línguas em sua

---

[151] *Ibid.*, p. 559.
[152] *Speeches* [Discursos], p. 31.
[153] "The Church" [A Igreja], p. 497.
[154] *Fraser's Magazine* (Março, 1832), p. 198.

função xenoglóssica.[155] Embora estivesse convencido de que o falar línguas representava uma linguagem conhecida, ele minimizou esse recurso.

Línguas para Edificação Pessoal

Para Irving, o verdadeiro significado das línguas não repousava em sua função xenoglóssica. "Não é relevante para a questão saber se essas línguas eram línguas de homens ou de anjos, ou se elas estavam em uso por qualquer criatura em geral".[156] O maior propósito para as línguas, de acordo com a perspectiva de Irving era o nível de comunicação estabelecida pelo Santo Espírito com o espírito humano do recebedor. Este nível mais profundo de edificação pessoal permite ao crente tornar-se cada vez mais familiarizado com o domínio sobrenatural do Espírito. Isto é, em preparação para a maior disponibilidade de outros dons através dos quais toda a igreja pode ser edificada.

> Portanto, nada há para se duvidar de que as línguas são um grande instrumento para a edificação pessoal, por mais misteriosa que possa parecer-nos; e são por isso, muito desejáveis, independentemente de serem sinal para os outros. E para mim parece razoável acreditar que serão conferidas em exercícios privados de devoção e desejos ardentes depois da edificação; e, dadas devem ser especialmente consagradas em atos secretos da alma para com Deus [...] Mas, finalmente, há um fim último a ser direcionado, além do gozo presente e da edificação pessoal, ou seja, que eles podem profetizar e edificar a igreja quando eles mesmos tiverem sido edificados.[157]

Irving deseja comprovar especificamente um ponto. O dom de línguas humilha o orgulho do intelecto, revelando que "uma pessoa é algo

---

[155] "Xenoglossa é falar uma língua estrangeira conhecida sem ter adquirido um conhecimento prévio daquela língua [...] Parham, e praticamente todos os primeiros pentecostais, assumiram o falar em línguas como sendo especificamente *xenoglóssia*. Tomando uma abordagem utilitarista, teorizaram que este novo dom de Deus sinalizou a início de uma explosão missionária". James R. Goff, Jr., *Fields White to Harvest* [Campos Brancos Para a colheita], (Fayetteville: University of Arkansas Press, 1988), p. 15.

[156] "On the Gifts" [Sobre os Dons], pp. 550-51.

[157] *Ibid.*, p. 548.

mais do que" uma "comunidade da razão".[158] As línguas são uma maravilha para Irving, pois "nos mostram a razão esvaziada e o espírito ainda cheio de edificação".[159] "Que tema de profunda meditação era um homem assim empregado em conversa secreta e gozo de Deus, embora sua razão esteja absolutamente morta!"[160]

Longe de ser antiteológico, no entanto, Irving está simplesmente afirmando a prioridade da comunhão mais profunda do espírito humano com o Espírito de Deus em relação à dimensão racional. Enquanto o orgulho da humanidade se vangloria da supremacia do intelecto, as expressões infantis e ininteligíveis das línguas tornam "nula e vazia a eloquência, os argumentos e outros ornamentos naturais do discurso humano". O propósito é "mostrar que Deus edifica a alma, de modo totalmente independente, por meio de comunicações diretas do Espírito Santo, que é o leite de nossa infância, o poder na palavra para alimentar qualquer alma".[161] Esse diálogo interior Espírito-espírito, transpirando num nível além da compreensão racional, fornece ao crente batizado pelo Espírito uma compreensão cada vez mais amadurecida da realidade espiritual que, eventualmente, dá expressão a revelações racionalmente compreendidas para a edificação de outros.

> O dom das línguas é o principal meio de Deus para instruir os filhos do Espírito na capacidade de profetizar e falar na Igreja para a edificação de todos, seja "por meio da revelação, ou da ciência ou da profecia, ou da doutrina".[162]

As expressões de línguas, incompreensíveis para o orador, são como a mãe que cuida de seu bebê, enquanto "arranca a voz do filho em sons indistintos, depois em sílabas e palavras, e finalmente nas várias formas do discurso da razão".[163]

Interpretação de Línguas e Profecia

---

[158] "The Church" [A Igreja], pp. 493-94.

[159] *Ibid.*, p. 494.

[160] *Ibid.*, p. 495.

[161] "On the Gifts" [Sobre os Dons], p. 557.

[162] *Ibid.*, p. 541.

[163] *Ibid.*, p. 540.

Para Irving, a manifestação de línguas para cada crente é uma necessidade. Representa uma dimensão de crescimento e desenvolvimento prático nas coisas do sobrenatural, em preparação para a manifestação pública dos dons do Espírito. Visto que os dons do Espírito são dados principalmente à igreja e destinados à edificação de seus membros, aquele que é batizado pelo Espírito amadurecerá no uso dos dons que podem ser exercidos publicamente. Para que o dom de línguas seja exercido na assembleia, ele deve ser acompanhado pelo dom da interpretação. Exercidas publicamente, as línguas são simplesmente "uma nova forma",[164] "um método"[165] de profecia, e devem sempre permanecer "subsidiária para a obra de profetizar".[166] Referindo-se aos ensinamentos de Paulo aos Coríntios, Irving declara que

> o apóstolo põe o falar em línguas, juntamente com a interpretação, no mesmo nível da profecia: "Porque o que profetiza é maior do que o que fala em línguas, a não ser que também interprete, para que a igreja receba edificação".[167]

Esse dom de interpretação poderia ser "trazido ao próprio espírito do orador, e então ele seria seu próprio intérprete, porém era mais frequente conferir esse dom a outro".[168] Irving esclarece que o dom da interpretação é em "nada parecido com o de tradução", pois "não consiste em seu conhecimento das palavras estranhas ou da estrutura das línguas estrangeiras".[169] É uma interpretação espiritualmente discernida da mensagem de línguas que foi dada. A edificação pública ocorre quando ambos os dons são manifestados, línguas seguidas pelo dom da interpretação.

> As línguas eram um sinal desta habitação de Deus, mas profetizar é a certeza disso; e ambos, juntos, trazem a perfeita e completa demonstração do Espírito.[170]

---

[164] *Day of Pentecost* [Dia de Pentecostes], p. 66.

[165] *Ibid.*, p. 65.

[166] "On the Gifts" [Sobre os Dons], p. 546.

[167] "The Church" [A Igreja], p. 490.

[168] *Ibid.*, p. 495.

[169] *Ibid.*, p. 495.

[170] "On the Gifts" [Sobre os Dons], p. 553.

Línguas e Batismo do Espírito

Extraindo da riqueza das exposições doutrinárias e práticas de Irving, muito mais poderia ser dito do que é possível aqui sobre os dons do Espírito e sua função. Como as línguas representavam a raiz e o caule de todas as outras manifestações espirituais, as elaborações de Irving sobre esse dom são particularmente perspicazes. Este misterioso "sinal permanente" do batismo no Espírito cativou o interesse e a imaginação de Irving.

> O dom das línguas é o ápice de todos. Nenhum dos antigos profetas tinha isso; Cristo não o tinha: pertence à dispensação do Espírito Santo procedente do Cristo ressuscitado: é a proclamação de que o homem está entronizado no céu, que o homem é a morada de Deus, que toda a criação, se conhecesse a Deus, deve dar ouvidos à língua do homem, e conhecer a bússola da razão. Não somos nós que falamos, mas Cristo que fala.[171]

As línguas representam o sinal permanente da herança da igreja daquele ofício que Cristo obteve por meio de tão caro sacrifício, o ofício de Batizador com o Espírito Santo. Para Irving, as línguas eram o sinal introdutório do batismo no Espírito da Igreja, conduzindo a medida do poder sobrenatural limitado apenas pela extensão do supremo senhorio de Cristo sobre todos.

> O batismo do Espírito é um sinal daquilo que pregamos ser Cristo – o Senhor de todos. É um sinal daquilo que pregamos sobre o que Ele faz – expulsar demônios, ressuscitar os mortos e libertar a criatura. É um sinal do que nós, a Igreja, somos, em verdadeira união ininterrupta com Ele, possuindo um poder real abaixo dele – o braço da Sua força, o templo da Sua presença – a língua do Seu Espírito, a multiplicidade da sua sabedoria, os reis e sacerdotes de Cristo para Deus.[172]

Uma pergunta remanescente deve ser abordada. Será que o homem que se entregou sem reservas à restauração deste tema notável do batismo do Espírito posssuía essa experiência para si mesmo? Aparentemente, nenhuma

---

[171] "The Church" [A Igreja], p. 498.

[172] *Ibid.*, p. 465.

documentação existe dos escritos de Irving para indicar uma resposta em definitivo, seja positiva ou negativa. Minha conclusão é que Irving foi batizado com o Espírito e falou em línguas. Ele deu os últimos anos de sua vida, pensamento, e energia à compreensão e implementação dentro da igreja dessa expressão que representa o ápice da obra redentora de Cristo. Os escritos de Irving deixam claro que o batismo do Espírito é uma dimensão da herança batismal de cada crente, e aguarda apenas a perseverante resposta de fé para ser ativada. Irving teria se comprometido tão incansavelmente a conduzir os outros para os alcances mais profundos dessa dimensão de poder se ele próprio tivesse sido um náufrago? Além disso, a percepção de Irving sobre as línguas como a linguagem infantil do Espírito, dada para a edificação pessoal de todos os crentes, é transmitida com uma autoridade que apenas um participante poderia expressar.

Igreja Apostólica Católica

A Igreja Apostólica Católica estava em sua infância quando Irving encontrou uma morte prematura aos quarenta e dois anos. A estrutura e a liturgia deste movimento incipiente em grande parte foram deformadas quando seus seguidores encontraram-se repentinamente enlutados. À medida que a igreja se desenvolvia, acrescentavam-se práticas que não estavam presentes originalmente sob a influência de Irving. Foi adotado um formato de "igreja alta", incluindo adoração litúrgica, vestimentas uniformes, velas e incenso. No entanto, foi dado lugar durante cada reunião para as manifestações do Espírito. A Igreja Apostólica Católica se expandiu em um movimento mundial sob a liderança de seus doze apóstolos. No entanto, por causa de um apostolado limitado, quando o último dos doze morreu em 1901, não havia provisão para a futura ordenação de pastores. Assim, as congregações deste movimento dispersaram-se, uma por uma, à medida que os pastores existentes morriam. A Igreja Apostólica Católica praticamente desapareceu.

Igreja Nova Apostólica

Na década de 1860, quando a Igreja Apostólica Católica estava experimentando um crescimento promissor no continente, um círculo eleitoral alemão começou a funcionar independentemente da igreja-mãe depois de ter sido negado o direito de expandir o número de apóstolos para além dos doze originais. Eles formaram uma organização separada chamada Igreja Nova Apostólica. Esta nova igreja ordenou seus próprios apóstolos e deixou cair algumas das características da "Alta Igreja" da igreja-mãe. Esses ajustes permitiram que ela se expandisse com sucesso entre uma gama mais ampla de classes e culturas. A Igreja Nova Apostólica, com sede em Zurique, Suíça, tem experimentado um crescimento notável em todo o mundo, hoje com cerca de seis milhões de adeptos.[173]

AVALIAÇÃO FINAL

O movimento pentecostal do século 20 traça suas origens "clássicas" em Charles Parham. A reivindicação deste movimento à singularidade centrou-se em sua ênfase no falar línguas como a evidência inicial do batismo no Espírito. No entanto, na primeira metade do século 19, um movimento pentecostal surgiu na Grã-Bretanha, sustentado por uma doutrina "clássica" do batismo com o Espírito, articulada por Edward Irving. O movimento britânico possui uma tradição própria que se estende até o presente. Essa tradição, completamente desconectada do movimento do século 20, antecede a expressão moderna em mais de setenta e cinco anos. Apesar das pretensões do Pentecostalismo moderno quanto à exclusividade, parece que dois reavivamentos historicamente separados com manifestações pentecostais, um na Grã-Bretanha e outro nos Estados Unidos, serviu como o ponto de desova de duas tradições pentecostais separadas que coexistiram lado a lado até os nossos dias. Ambas as tradições traçam suas raízes na recuperação doutrinária do tema do batismo do Espírito como uma experiência subsequente à regeneração cristã, e ambas veem as línguas como um sinal inicial dessa experiência. A existência dessas tradições separadas e semelhantes no período Pós-reforma da igreja leva à conclusão de que nenhum grupo ou movimento singular pode reivindicar a propriedade exclusiva ou "clássica" da mensagem Pentecostal. Talvez este estudo encoraje os cristãos em todos os lugares a reconhecerem que a experiência do batismo do Espírito é a herança comum da igreja e disponível para todos os que estimularão o Dom que está dentro deles.

---

[173] "The New Apostolic Church" [A Igreja Nova Apostílica], (Zurich: The New Apostolic Church International, 1990), p. 3.

4. LÍNGUAS INICIAIS NA TEOLOGIA DE CHARLES FOX PARHAM

James R. Goff, Jr.

O debate sobre quem foi o mais importante pioneiro Pentecostal tem sido um tema consistente desde que os historiadores se interessaram pelo movimento há três décadas. Um número de indivíduos tem recebido atenção, mas nenhum é mais controverso – ou foi mais empolgante durante sua carreira – do que o itinerante Metodista convertido ao Holiness e curador pela fé, Charles Fox Parham. A importância de Parham para o movimento é claramente reconhecida, particularmente seu papel central no estabelecimento da doutrina de que as línguas são a evidência inicial do batismo no Espírito. No entanto, há controvérsia sobre se ele se classifica como o primeiro pioneiro mais significativo, especialmente porque ele defendeu posições teológicas que não se tornaram parte do Pentecostalismo ortodoxo posterior – mais notavelmente a sua ênfase na imersão triúna, sua adesão à teoria racista britânico-israelense[174], a crença no aniquilacionismo, e sua insistência de que todas as línguas eram línguas estrangeiras reais.

---

[174] A teoria do "Israelismo Britânico" ensina que os falantes de língua inglesa, na Inglaterra, Europa Ocidental e Estados Unidos da América são descendentes das dez tribos "perdidas" do Reino do Norte de Israel. Os defensores desta teoria buscam provar que os povos britânico e norte-americano são herdeiros das promessas e alianças com Israel. Sem qualquer prova histórica ou escriturística, os defensores do Israelismo britânico ("British Israelism") têm produzido mapas que descrevem migrações fictícias das dez tribos israelitas da Babilônia através da Europa até a Inglaterra. Inventaram também um tipo peculiar de prova verbal. Argumentam

No entanto, os argumentos de que Parham não foi o pai fundador do Pentecostalismo, no final, não são muito convincentes. O que seus detratores não reconhecem é que o movimento Pentecostal para o período incerto da primeira geração, e certamente durante a maior parte de sua história subsequente, nunca se manteve numa plataforma teológica consistente. Em vez disso, o movimento foi livre, porque de fato grande parte de seu crescimento dinâmico pode ser atribuído a essa liberdade hermenêutica. Assim, temas como modos batismais – ou nenhum batismo de água - sempre foram detalhes desnecessários apesar do fato de os indivíduos se sentirem convictos em relação as suas persuasões. O mesmo vale para as teorias pseudocientíficas como a teoria britânico-israelense. A maioria dos pentecostais sabia pouco sobre os argumentos a favor ou contra essa posição; importava pouco mesmo para aqueles que a fizeram. O que importava era o cerne da mensagem pentecostal – o batismo do Espírito Santo. O batismo no Espírito foi entendido por todos os pentecostais como seu emblema de identificação, e o consenso se formou rapidamente que esta experiência vinha a um crente com um sinal bíblico que lhe acompanhava, ou seja, o falar em línguas. Parham e todos os pentecostais antes de 1908 acreditavam que essas línguas eram línguas reais. Essa crença serve a uma compreensão peculiar de seu próprio lugar no plano sagrado de Deus. Embora a experiência fosse mais tarde ampliada para incluir a *glossolalia* (sílabas ininteligíveis ou "línguas celestiais"), bem como a *xenoglóssia* (línguas estrangeiras conhecidas ou reais), o movimento nunca perdeu a interpretação única de que as línguas são intrínsecas ao batismo no Espírito Santo. Como resultado, a posição de Parham como teólogo Pentecostal inicial e o porta-voz mais proeminente da geração pioneira não pode

---

que a palavra "Britânico", em inglês British, deriva de duas palavras em hebraico: *B'rith*, que significa "aliança" e *ish*, que significa "homem". B'rith é pronunciado "Brit", já que os hebreus não sonorizam o "th". Assim, a tradução para "Brit-ish", segundo os defensores desta teoria, seria "homem da aliança." O ponto central para o Israelismo Britânico é a afirmação de que as dez tribos que constituíram o Reino do Norte de Israel foram dispersas após os assírios terem invadido a Samaria. Fala-se que as dez tribos (excluindo o Judá e Benjamim, que formavam o Reino do Sul) não estavam representadas, quando Esdras e Neemias trouxeram os cativos de volta para a terra. A Enciclopédia Judaica diz que os judeus da diáspora podem ter inventado essa idéia, na tentativa de evitar a perseguição como "assassinos de Cristo". Esses judeus alegavam inocência, dizendo que nunca retornaram à Terra Santa após a deportação do cativeiro assírio, séculos antes do Messias (1901, vol. 12, p. 250). O fato é que as antigas tribos de Israel nunca se perderam, exceto espiritualmente falando. **Isaías profetizou que embora o povo hebreu fosse disperso entre as nações, a sua nacionalidade nunca se perderia, nem a sua identidade ficaria desconhecida (Is 61.9) (N.E).**

ser obscurecido. Se quisermos saber o que aqueles primeiros Pentecostais criam e por que eles criam, encontraremos as pistas mais vitais na vida e na teologia de seu líder mais controverso.[175]

Charles Fox Parham nasceu em 4 de junho de 1873, em Muscatine, Iowa. Como uma típica criança da fronteira norte-americana, ele cresceu durante os anos do auge da colheita de trigo do meio-oeste, conforme vendedores ambulantes de imóveis proclamaram que a região era um verdadeiro paraíso para o agricultor. Seu pai, William M. Parham assegurou pelo menos uma existência respeitável dentro da comunidade como um pintor de casa e fabricante de arreios de cavalo e depois apostou tudo nas fortunas da colheita de trigo no sul do Kansas. Em 1878 ele e sua família se mudaram para a comunidade de Anness, no condado de Sedgwick, onde se juntou apenas um punhado de colonos em uma década de prosperidade sem precedentes. Por volta de 1883, a aposta tinha valido a pena; ele era um membro do conselho escolar local, serviu como agente do correio, e, embora não fosse rico, desfrutou de um estilo de vida confortável na indústria de gado. Uma descrição das propriedades de William Parham está preservada em *History of the States of Kansas* [História do Estado do Kansas] de Alfred T. Andreas. Andreas relatou que a fazenda de 160 acres de Parham "contém sessenta acres no cultivo. Suas dependências são muito grandes e cômodas. Ele tem todas as facilidades para o cuidado do armazenamento, nas quais negocia em grande parte".[176] Assolado por padrões de tempo perigoso, William Parham também suportou os contratempos do final da década de 1880 quando a seca e a depressão econômica criaram estragos no recém-encontrado Jardim do Éden. Entretanto, ele havia chegado cedo o suficiente para sobreviver à luta e esperava um sucesso mais duradouro para seus cinco filhos.[177]

---

[175] Para uma discussão mais aprofundada sobre o significado historiográfico desta doutrina e a contribuição de Parham para ela, veja nossa obra *Fields White Unto Harvest* [Campos Branco para Colheita]. (Fayetteville: University of Arkansas Press, 1988). Sobre a racionalização por trás da doutrina, veja a explicação contemporânea de um dos mais eruditos líderes pentecostais, J. H. King, *From Passover to Pentecost* [Da Páscoa ao Pentecostes], 4ª ed. (Franklin Springs, Ga.: Advocate Press, 1976), pp. 152-85.

[176] A. T. Andreas, *History of the State of Kansas* [História do Estado de Kansas] (Chicago: A. T. Andreas, 1883), p. 1415. Para exemplos que anunciam a célebre explosão de Kansas, veja L. D. Burch, *Kansas as It Is* [Kansas Como é]. (Chicago: C. S. Burch e Co., 1878); E L. T. Bodine, *Kansas Illustrated* [Kansas Ilustrado]. (Kansas City, Mo.: Ramsey, Millet, and Hudson, 1879).

[177] Sobre os altos e baixos econômicos do período, ver W. F. Zornow, *Kansas: A History of the Jayhawk State* [Kansas: Uma História do Estado Jayhawk]. (Norman: University of Oklahoma

O terceiro dos filhos de William Parham, porém, enfrentou dificuldades ainda mais ameaçadoras. Quase desde o nascimento ele sofreu uma sucessão de contratempos médicos variando de encefalite infantil a tênias. A condição mais grave atingiu-o aos nove anos e o atormentou intermitentemente pelo resto de sua vida. A febre reumática enfraqueceu seu coração, causando dolorosos períodos de inatividade e, ocasionalmente, deixando-o perto da morte.[178] Significativamente, a doença o colocou no constante cuidado de sua mãe. Embora Parham alegasse mais tarde que seus pais não eram "religiosos", sua mãe parece ter inculcado nele a importância da devoção religiosa. Após sua morte em 1885, o ainda não convertido Parham prometeu que iria encontrá-la no céu.[179]

A conversão de Parham ocorreu no ano seguinte, através dos esforços evangelísticos da igreja Congregacional local. Parham formalmente se levantou e aceitou a Cristo, embora mais tarde lembrasse que a "conversão real" veio após o encontro de avivamento quando, sentindo convicção pelo pecado pessoal, passou por uma genuína experiência na "estrada de Damasco".[180] Pouco tempo depois começou a ensinar na Escola Dominical na Igreja Metodista local e, com a idade de quinze anos, chegou a realizar reuniões de avivamento. Em 1890, aos dezessete, entrou no *Southwest Kansas College* em Winfield, Kansas, a fim de estudar visando o ministério.[181]

A carreira universitária de Parham durou três períodos acadêmicos. Após menos de um ano no programa ele "abdicou" e reavaliou suas prioridades ocupacionais, decidindo-se por estudar medicina. No entanto, uma

---

Press, 1957), pp. 159-73.

[178] S. E. Parham, *The Life of Charles F Parham*. [A Vida de Charles F. Parham]. (Joplin, Mo.: Tri-State Printing, 1930), pp. 6-9. Embora Parham reivindicasse a cura da doença como um jovem de dezoito anos, uma análise médica parece indicar que reacendimentos de febre reumática retornou entre longos períodos de remissão. Cf. Goff, *Fields White Unto Harvest* [Campos Brancos para Colheita], pp. 23-24, 159.

[179] *Ibid*., pp. 1-2.

[180] C. F. Parham, Kol *Kare Bomidbar: A Voice Crying in the Wilderness* [Voz que Clama no Deserto] (Kansas City, Mo.: pelo autor, 1902; reimp. ed., Joplin, Mo.: Joplin Printing Co., 1944), p. 15.

[181] Há alguma dúvida quanto às intenções de Parham ao se matricular na Southwest Kansas College. Tecnicamente, ele fazia parte da Escola Normal – fato consistente com uma experiência anterior ensinando na escola da aldeia local. No entanto, as intenções de Parham também estavam relacionadas ao seu "chamado" anterior ao ministério e aos seus esforços evangelísticos locais. Registros da faculdade mostram que ele se matriculou por três anos consecutivos (1890-91, 1891-92 e 1892-93), embora ele nunca tenha se formado. Carta de Ralph W. Decker, Jr., Secretário, Southwestern College, Winfield, Kansas, 25 de novembro de 1985.

recorrência de febre reumática durante o semestre na primavera de 1891 o convenceu do erro de seus caminhos e, após uma dramática série de curas pessoais, voltou ao ministério com vigor. Como estudante, Parham começou a realizar reavivamentos bem-sucedidos nas comunidades agrícolas do sudeste do Kansas e, em março de 1893, recebeu uma licença do ministro local do Distrito de Winfield, pertencente à Igreja Episcopal Metodista, no Norte (Conferência Sudoeste do Kansas). No início do período acadêmico de 1893-94, o aluno-pregador sentiu-se pronto para iniciar um ministério em tempo integral. Alienado da vida universitária por causa de seu novo compromisso evangélico, e pressionado por fundos devido ao Pânico de 1893, ele aceitou uma oferta de substituto na Igreja Metodista Eudora, fora de Lawrence, Kansas.[182]

A carreira de Parham como um ministro Metodista foi de curta duração. Ele assumiu o púlpito em junho de 1893 com a morte do pastor Werter Renick Davis, que vinte e cinco anos antes tinha servido como o primeiro presidente da influente Universidade Baker. A nomeação de Parham na idade de vinte anos era uma mudança muito grande para a congregação e realmente uma oportunidade para Parham. O fato de ele ter sido reeleito para um mandato de um ano inteiro no mês de março seguinte – embora ainda como pastor substituto – foi uma lisonja para o jovem. Enquanto pastor na Eudora, ele organizou uma segunda responsabilidade na comunidade rural de Linwood, no Kansas, realizando reuniões nas tardes de domingo.[183]

No entanto, superficialmente, a posição de Parham dentro do Metodismo estava longe de ser segura. Já tinha sido infectado com a teologia radical do movimento holiness. Certo de que uma segunda obra de graça estava disponível para libertar o crente da natureza adâmica, Parham veio a identificar a experiência com sua própria libertação dramática da febre reumatóide em 1891. A aceitação de Parham da santificação colocou-o em desacordo com a tendência crescente da denominação para enfatizar a doutrina e o rotulou entre os evangelistas metodistas passando a ser visto como problemático para os líderes da igreja.[184]

---

[182] Parham, *Voice*, pp. 15-19; e carta de Joanne Black, Comissão de Arquivos e História, Kansas West Conference, United Methodist Church, Winfield, Kansas, 26 de novembro de 1985.

[183] F. Quinlan, *History of the United Methodist Church in Linwood, Kansas* [História da Igreja Metodista Unida em Linwood, Kansas] (Manuscrito, Baker University United Methodist Collection, Baldwin City, Kan., 13 de agosto de 1970), p. 1; e Parham, *Vida*, pp. 20-21.

[184] Sobre a santificação e o turbilhão resultante dentro da Igreja Metodista, ver H. V. Synan, *The Holiness-Pentecostal Movement in the United States* [O Movimento Holiness-Pentecostal

Mais problemático para as autoridades eclesiásticas foram as expressões teológicas únicas de Parham. Extraindo das idéias discutidas com David Baker, um ancião Quaker de Tonganoxie, Kansas, Parham começou a ensinar que o batismo em águas era, na melhor das hipóteses, um ritual sem sentido. O verdadeiro batismo era um batismo no Espírito de Deus, que recriou o zelo e o compromisso da Igreja Primitiva, como descrito no livro de Atos.[185] A ênfase de Parham sobre este batismo no Espírito acompanhou sua falta de ênfase na adesão à igreja. Ele pregou uma mensagem que minimizou a afiliação denominacional e encorajou seus ouvintes a se juntarem a outras igrejas ou a nenhuma. Ele também adotou uma posição pouco ortodoxa sobre as recompensas e as punições futuras. Uma vez que a vida eterna era um dom dado somente pela salvação, ele argumentou que os não convertidos receberiam um castigo de aniquilação total.[186]

Tais pontos de vista pouco ortodoxos não alienaram completamente Parham do Metodismo, mas impuseram uma tremenda tensão no relacionamento com seus superiores. Aparentemente, Parham não parece ter se movido para a ordenação completa dentro da denominação, a despeito de seu trabalho louvável em Eudora e Linwood. Embora o curso exato dos acontecimentos não seja claro, é evidente que tanto Parham quanto seus supervisores mantinham dúvidas mútuas sobre a direção divina da outra parte. Por parte de Parham, ele fez o movimento inicial. Ao assistir à conferência anual representando seus paroquianos em março de 1895, ele observou o bispo presidente ordenar novos membros da conferência. Ele mais tarde relatou estar "horrorizado com o pensamento de que os candidatos não foram deixados livres para pregar por inspiração direta." Parham entregou imediatamente sua licença de pregador local e "deixou o denominacionalismo para sempre". Um novo pastor foi então nomeado para o cargo em Eudora e Linwood.[187]

Sob a ruptura de Parham com os Metodistas estava uma genuína atitude rebelde complementada por uma considerável capacidade de falar e uma abundância de energia juvenil. Sua raiva refletiu-se alguns anos mais tarde,

---

nos Estados Unidos] (Grand Rapids: Eerdmans, 1971), pp. 45-54; e R. Anderson, *Vision of the Disinherited* [Visão dos Deserdados] (New York: Oxford University Press, 1979), pp. 36-37.

[185] Parham, *Voice*, pp. 21-24.

[186] Parham, *Life*, p. 14 e C. F. Parham, *The Everlasting Gospel* [O Evangelho Eterno]. (n.p. [1919- 20]), pp. 92-95,111-17.

[187] Charles William Shumway, *A Study of 'The Gift of Tongues'* [Um Estudo do 'Dom de Línguas'] (A. B. thesis, University of Southern California, 1914), p. 164; e Parham, *Voice* [Voz], p. 19.

quando, com a tenra idade de vinte e nove anos, ele observou que "a maioria das escolas sectárias" eram "dominadas por pregadores atrasados e antiquados [...] superados por homens mais jovens, e em muitos casos, verdades espirituais mais profundas".[188] Parham considerou a ruptura com o Metodismo como uma oportunidade para provar sua tese. Sem os constrangimentos dos oficiais ultrapassados da igreja, poderia ser fiel ao chamado do Mestre. Anos mais tarde, ele apontou o evento como um marco em sua carreira, observando: "Eu tinha os limites de um pastorado, com um monte de frequentadores de teatro, jogadores de baralho, bebedores de vinho, modernistas e Metodistas não convertidos; agora eu tenho uma paróquia mundial, com multidões para as quais pregar a mensagem do evangelho [...]"[189]

A "paróquia mundial" de Parham, naturalmente, levaria tempo para prosperar. Depois de deixar Eudora em 1894, ele passou os anos seguintes no treinamento, aprendendo na prática as dificuldades de levar adiante um ministério independente. Misturados entre os resultados externos de "centenas [...] de convertidos, marcas de santidade e alguns curados" foram inúmeras experiências oratórias. No final de 1896, Parham casou-se com Sarah Eleanor Thistlethwaite, neta de David Baker. A primeira de seis crianças seguiu-se em setembro de 1897. A chegada de uma criança ofereceu uma oportunidade única para uma mudança no ministério de Parham. Tendo ficado fraco por uma agenda exaustiva e sofrendo do que um médico local diagnosticou como "doença cardíaca" (provavelmente uma complicação recorrente da febre reumática), ele ficou desesperado quando seu filho também ficou doente e os médicos foram incapazes de prescrever qualquer cura. Enquanto orava para alguém ser curado, Parham reconheceu a ironia de suas ações e imediatamente se concentrou em sua própria necessidade de cura. Ele relatou uma onda de poder de Deus e declarou que seu corpo tinha sido feito "todo bom". Para demonstrar sua fé, ele descartou todos os remédios, endereços médicos e até mesmo apólices de seguro de vida. Esse ato dramático, ele sentiu, resultou na recuperação de seu filho. O incidente marcou um divisor de águas crucial, porque embora Parham tivesse pregado antes a cura divina, esta se tornara agora a maior ênfase em seu ministério.[190]

Depois de uma campanha bem-sucedida em Ottawa, Kansas, Parham espalhou seu ministério para os centros mais populosos e, no final de 1898,

---

[188] Parham, *Voice*, p. 15.

[189] Parham, *Everlasting Gospel*, p.7.

[190] Parham, *Life*, p. 32; e Parham, *Voice*, p. 19.

transferiu as atividades ministeriais para Topeka, mudando-se para lá com a família. Lá, na esquina entre a Quarta Rua e a Jackson, estabeleceu a Bethel Healing Home [Casa de Cura Betel]. A casa ofereceu um retiro de cura para aqueles que procuram uma cura pela fé. Além da oração diária, Parham ofereceu uma variedade de serviços e sessões de treinamento para instruir o doente sobre a melhor forma de garantir sua própria cura. Com base neste ministério de cura, Parham expandiu-se para uma série de empreendimentos religiosos, incluindo um instituto bíblico, um serviço de orfanato temporário, um gabinete de emprego cristão e missões de resgate para prostitutas e sem--teto. A fim de divulgar tais esforços, ele organizou um periódico Holiness, batizado como *Fé Apostólica*, e começou a emitir edições semanais em março de 1899.[191] Quando a estrela de Parham estava em ascensão em Topeka, ele já havia coletado uma estranha variedade de convicções religiosas. Além de aceitar a santificação perfeita e suas visões pouco ortodoxas sobre o batismo e as futuras recompensas e punições, Parham também havia começado a se concentrar em outra experiência, o batismo no Espírito Santo. Enquanto a maioria dos defensores Holiness na década de 1890 usou termos como batismo do Espírito Santo como sinônimo de santificação, Parham veio a enxergar a experiência como um evento distinto. Aparentemente influenciado por Benjamin Hardin Irwin, um iowano cujos reavivamentos holiness coordenaram uma série de batismos com fogo nas Associações Holiness em todo o Sul e Centro-Oeste, ele veio, em 1899, a chamar esta experiência de batismo de fogo. Parham parece nunca ter experimentado pessoalmente este batismo de fogo; pelo menos nunca o enfatizou do púlpito. No entanto, ele se sentiu suficientemente seguro de sua validade para publicar relatos dos que assim o fizeram.[192]

Um converso pelo fogo que foi autorizado a publicar sua experiência no jornal de Parham foi Charles H. Croft. Explicando seu próprio encontro em termos brilhantes, Croft admoestou seus leitores que "algumas pessoas têm medo de obter demasiada salvação e obter muito fogo". Sua resposta para tais almas tímidas era "deixar o fogo de Deus consumir toda a escória da presunção, fala ou zombaria tola." Ele também observou que "os mais radicais opositores ao Fogo" eram "pregadores retrógrados e anciãos, bispos

---

[191] Parham, *Life*, pp. 33-48.

[192] Em *Irwin and the Fire-Baptized Holiness Church* [Irwin e a Igreja Holiness Batizada no Fogo], ver H. Vinson Synan, *The Old-Time Power* [O Poder Antigo] (Franklin Springs, Ga.: Advocate Press, 1973), pp. 81-101; e J. E. Campbell, *The Pentecostal Holiness Church* [A Igreja Holiness Pentecostal], 1898-1948 (Raleigh, N.C.: World Outlook Publications, 1981), pp. 192-215.

e mestres frios".[193] Apesar dos ataques, Croft permaneceu otimista e previu corajosamente o resultado final:

> E eles não podem parar o fogo; ele inflama; e eles também podem tentar beber o rio, secá-lo com uma colher para parar o fogo que está se espalhando tão rapidamente, mas ele continuará sem medida até que Jesus venha e arrebate sua noiva que está se preparando rapidamente para sua vinda.[194]

Croft argumentou que o batismo com fogo era a mesma experiência misteriosa que desceu do alto sobre os seguidores neotestamentários de Jesus no Cenáculo no dia de Pentecostes registrado em Atos 2. Ele também estava convencido de que sua moderna efusão anunciou o breve retorno de Jesus Cristo. Contudo, Croft contentou-se em evitar qualquer referência à língua miraculosa que se seguiu ao derramamento de Jerusalém. "As línguas repartidas como que de fogo" foram a chave para sua experiência; qualquer necessidade de um evento glossolálico ou xenoglóssico simplesmente escapou à sua atenção. O lapso, no entanto, não é tão surpreendente em uma segunda observação. Croft, e provavelmente Parham, poderia racionalizar desde o início que as novas experiências eram tão válidas quanto as registradas no Novo Testamento, conquanto agora os recebedores experimentassem sinais diferentes – e, no contexto, mais produtivos. Em outubro de 1899, Parham apresentou um artigo sobre a cura divina por H. F. Carpenter. Carpenter desenvolveu um corolário entre a proeminência da cura e a ausência das línguas neste último derramamento do Espírito de Deus. Previsivelmente, seu raciocínio era de natureza utilitária.

> O Espírito Santo possui, agora, tantos dons como sempre teve, mas ele só os concede quando são necessários. Ele não concede o "dom das línguas" agora porque a Bíblia é agora impressa e pregada em todos os dialetos sob o céu, e o dom de falar na língua que é estranha e desconhecida para o orador não é necessário. Mas para o "dom da cura" sempre haverá

---

[193] *Apostolic Faith* [Fé Apostólica] (Topeka, Kan.) 1,7 (June, 1899), p. 5.
[194] *Ibid.*

uma necessidade; como o doutor de medicina não pode curar todos, e muitas vezes, piora as pessoas.[195]

Parham logo questionaria esta interpretação da ausência do falar em línguas no derramar da parte de Deus nos últimos dias; no entanto, no momento de sua associação com o movimento de fogo foi suficiente para ele incluir um batismo no Espírito separado como parte de seu credo teológico publicado semanalmente no *Apostolic Faith* [Fé Apostólica]. Os leitores notaram que o jovem evangelista pregou e proclamou

> salvação pela fé; cura pela fé, imposição das mãos e oração; santificação pela fé; retorno (pré-milênio) de Cristo; [E] o batismo com o Espírito Santo e com Fogo, que sela a Noiva e concede os dons.[196]

Embora Parham tenha deixado de lado a referência específica ao fogo, provavelmente na sequência à renúncia de Irwin da Igreja Holiness batizada com Fogo em 1900, em meio a um escândalo público, ele mesmo aceitou o conceito de uma unção especial do Espírito Santo e continuou a procurar a confirmação de tal experiência para revigorar seu próprio ministério.[197]

O interesse de Parham em uma nova experiência com o Espírito Santo era paralelo à sua preocupação com suas próprias atividades ministeriais em Topeka. Apesar dos relatos brilhantes da *Apostolic Faith* [Fé Apostólica], tudo não estava bem dentro do arraial de Parham. A visão de seu ministério em Topeka excedeu em muito os resultados. O jornal sofreu uma constante pressão financeira e muitos dos programas sociais simplesmente não conseguiram atrair apoio local suficiente para um sucesso duradouro. Em 1900, Parham estava severamente desiludido com o estado de seu ministério. Sempre interessado nas ideias e táticas de outros ministérios evangélicos, ele então foi revitalizado pela visão de Frank W. Sandford. Depois de ouvir Sandford pregar em junho de 1900, Parham embarcou numa viagem de doze semanas para a comunidade Holiness do evangelista situada em Shiloh, Maine.

---

[195] *Ibid.*, 18 (outubro, 1899), p. 2.

[196] *Ibid.*, 22 (Maço, 1899), p. 8.

[197] Sobre o escândalo e a resignação de Irwin, veja Synan, *Holiness-Pentecostal*, pp. 61-67; E J. H. King, *History of the Fire-Baptized Holiness Church* [História da Igreja Holiness Batizada pelo Fogo] (Manuscrito, Arquivos da Igreja Holiness Pentecostal, Oklahoma City, Okla.). O manuscrito de King foi originalmente publicado como uma série no *Pentecostal Holiness Advocate* [Defensor Holiness Pentecostal], 24 de março a 21 de abril de 1921.

Evidência Inicial   95

Tendo já aceitado a doutrina pré-milenista da segunda vinda e o conceito de arrebatamento popularizado pelos ensinamentos de John Nelson Darby e dos irmãos de Plymouth, Parham então emprestou a Sandford a convicção de que uma experiência especial do Espírito Santo prepararia os crentes através de seus esforços missionários para este importante evento. A teoria de Sandford forneceu a justificação utilitarista para o batismo de Irwin e, na mente de Parham, ofereceu uma resposta única ao fundamento de H. F. Carpenter para a ausência de línguas. Ao contrário de Irwin e Sandford, Parham extraiu grande importância dos relatos de missionários que receberam divinamente línguas xenoglóssicas para facilitar a transmissão do evangelho. Essa observação finalmente formou dentro dele a semente que logo germinaria no Pentecostalismo norte-americano.[198]

O interesse de Parham em xenoglossia, na verdade, precedeu sua visita com Sandford. No início de 1899, ele leu um notável relatório no *Holiness Journal* sobre Jennie Glassey, uma missionária que relatou ter recebido a língua estrangeira como um dom para seu trabalho missionário. Ele não tinha dúvidas quanto ao significado do fenômeno que ela mostrou.

> Glassy [sic], agora em Jerusalém, recebeu o dialeto africano em uma noite. [...] Ela recebeu o dom enquanto estava no Espírito em 1895, mas podia ler e escrever, traduzir e cantar a língua enquanto estava fora do transe ou em uma condição normal, e pode até agora. Centenas de pessoas, santos e pecadores, podem testemunhar o fato de que a ouviram usar a linguagem. Ela também foi testada em Liverpool e Jerusalém. Sua experiência cristã é a de uma santa consagrada e cheia do Espírito Santo. Glória a nosso Deus pelo retorno da fé apostólica.[199]

No ano seguinte, Parham parece ter chegado pessoalmente à conclusão de que dons de língua como o dado a Glassey formariam o núcleo do reavivamento mundial. Sua crença foi fortalecida pela adição de outros interessados no fenômeno. Em abril de 1900, ele relatou a seus leitores que o

---

[198] Sobre a proeminência de Darby no desenvolvimento do esquema do pré-milenismo, ver T. P. Weber, *Living in the Shadow of the Second Coming* [Vivendo à sombra da Segunda Vinda] (New York: Oxford University Press, 1979), pp. 17-24.

[199] *Apostolic Faith* (Topeka, Kan.) 1, 3 (Maio, 1899), p. 5. Veja também W. C. Hiss, *Shiloh: Frank W. Sandford and the Kingdom, 1893-1948* [Shiloh: Frank W. Sandford e o Reino, 1893-1948] (Ph. D. dissertation, Tufts University, 1978), p. 163.

"irmão e irmã Hamaker" estavam permanecendo em Bethel Healing House [Casa de Cura Betel] para Jesus "dar-lhes uma língua pagã, e assim irem ao campo missionário".[200]

A fascinação de Parham pela idéia da *xenoglossia* pode ter provocado seu interesse inicial por Sandford. Se assim for, ele não ficou desapontado com o que descobriu. Durante o verão passado em Shiloh, ele testemunhou pessoalmente o falar em línguas pela primeira vez quando ouviu alunos pronunciando frases glossolálicas em seu caminho ao descerem da "Torre de Oração" que era mantida na escola. Sandford não atribuiu significado especial ao fenômeno, interpretando-o como uma manifestação ocasional do reavivamento do tempo do fim. Parham, entretanto, atribuiu um significado crucial à glossolalia. Convencido de que a segunda vinda ocorreria nos passos de um avivamento mundial, ele determinou que esse sinal de *xenoglossia* deveria ser a prova incontestável do novo batismo do Espírito. Com o dom, todos os destinatários tornam-se missionários instantâneos. Embora difícil de crer, o conceito era lógico. Parham havia então encontrado uma função utilitária e um sinal definível.[201]

Em setembro de 1900, ele retornou a Topeka como um novo homem. Sua visão restaurada, ele mal parou tempo suficiente para notar que sua casa de cura tinha caído nas mãos de ministros concorrentes nada dispostos a desistirem dela. Sem desanimar, conseguiu uma estrutura grande e elaborada na vila da cidade e abriu a *Bethel Bible School* [Escola Bíblica Betel]. Lá com sua família e 34 alunos, ele passou os meses seguintes lançando as bases para o evangelismo mundial, preparando-se para o derramamento do dom de Deus. Ensinou a seus alunos as doutrinas Holiness da conversão, santificação, cura divina e premilenismo, e alertou-os que eram a geração criada especificamente para o evangelismo mundial. Convenceu-lhes de que o verdadeiro batismo do Espírito que prefiguraria esse avivamento ainda não havia chegado; Parham aconselhou que o verdadeiro modelo para o derramamento era a experiência do Cenáculo de Atos 2. Gradualmente, o corpo estudantil passou a aceitar sua nova visão. Em 1 de janeiro de 1901, Agnes Ozman falou em línguas e pelos três dias que se seguiram continuou a falar e a escrever no que acreditavam ser a língua chinesa. Durante um amplo

---

[200] *Ibid.*, 2, 1 (Abril, 1900), p. 7.
[201] Shumway, "A Study," p. 165.

derramamento em 3 de janeiro, Parham e cerca de metade dos estudantes experimentaram o fenômeno.[202]

A transformação de Parham, de reformador de Topeka a profeta pentecostal, ocorre paralelamente à luta contínua do movimento populista. Mergulhado na política da revolta agrária quando era criança, ele atraía pesadamente os americanos desiludidos com o estado de vida americana no final do século 19 – especialmente as mudanças que ameaçavam sua segurança. A alternativa que ele ofereceu foi mudança jovem e energia; a mensagem da América era válida, apenas a liderança havia perdido sua inspiração. Nesse sentido, Parham refletiu o jovem candidato democrata William Jennings Bryan. Como Bryan, Parham procurou trazer a mudança por meio da força de sua própria indignação justa. Nos primeiros anos do novo século, no entanto, o sonho populista estava em ruínas. Bryan, de trinta e seis anos, perdeu em 1896 e novamente em 1900. O vigor jovem e a justiça não eram suficientes em um mundo controlado pelo mal. Como muitos populistas, os sonhos de Parham assumiram uma conotação espiritual. Os objetivos revolucionários do trabalho social nas ruas de Topeka deram lugar a uma missão mais misteriosa e poderosa. Somente os esforços de Deus por meio do Espírito Santo poderiam mudar o mundo e o caminho seria tão estranho e maravilhoso quanto a taxa dramática de sucesso em si. Era, portanto, um novo mundo no qual a realidade e o sobrenatural foram cuidadosamente mesclados. Para aqueles que se referiam apenas ao mundo sensorial, parecia estranho, até mesmo louco. Mas para os fiéis - os chamados a servir na missão do tempo do fim – era a essência da verdadeira realidade e justiça. A vida no limite espiritual oferecia um maravilhoso senso de drama. Todavia, nem todos na Bethel acreditavam. Repórteres souberam do reavivamento quando dois estudantes, Samuel J. Riggins e Ralph Herrill desertaram. A análise de Riggins sobre a erupção na Bethel foi menos do que complementar. Em uma entrevista ao *Topeka Daily Capital* ele falou seu entendimento:

> Acredito que todos eles são loucos [...] eu nunca vi nada parecido. Eles estavam correndo pelo quarto conversando e gesticulando e usando essa linguagem estranha e sem sentido que eles alegam ser a palavra do Altíssimo.[203]

---

[202] *Topeka State Journal* [Diário Estadual de Topeka], 20 de Outubro de 1900, p. 14; e Parham, *Life*, pp. 53-65.

[203] *Topeka Daily Capital* [Jornal da Capital de Topeka], 6 de janeiro de 1901, p. 2.

Repórteres locais e regionais visitaram a Bethel e espalharam a notícia da nova doutrina estranha. A mensagem despertou alguma atenção, mas a maioria dos observadores permaneceu cética.

Para os demais alunos, no entanto, a teoria de Parham sobre a *xenoglossia* missionária parecia confirmada, ao passo que o otimismo foi reforçado pela chegada das línguas. Enquanto Riggins e alguns repórteres ouviram apenas "sons sem sentido", outros acreditavam que ouviram palavras estrangeiras reais. O aparecimento de tal língua teria sido pelo menos notável; dado o contexto na Bethel, documentá-la teria sido igualmente notável. A maioria dos observadores simplesmente não estava qualificada para fazer uma avaliação linguística e, se tais observadores estavam presentes, nenhum registro de suas descobertas sobrevive. No entanto, a confusão entre *glossolalia* e *xenoglossia* foi devida a algo mais do que apenas desconhecimento das formas de linguagem. O que parece ter ocorrido em adição a uma suposição falsa sobre o caráter das enunciações foi que certos padrões de linguagem – e possivelmente até mesmo algumas palavras – se assemelhavam a uma língua estrangeira conhecida. Através de um fenômeno chamado criptomnesia[204], palavras e sons ouvidos anteriormente são armazenados na mente subconsciente, sem qualquer esforço aparente de retenção. Então, em um momento de intenso estresse, as formas de linguagem emergem embora pareçam desconhecidas ao orador.[205]

Devido a uma alta e variada taxa de imigração, os habitantes do Kansas frequentemente fizeram contato com língua estrangeira. Noruegueses, dinamarqueses, suecos e alemães eram apenas alguns dos que traziam diversidade ao Estado. Em 1870, um total de quinze por cento da população do estado era nascida no estrangeiro. Na fronteira, as línguas nativas floresceram em pequenas aldeias de subcultura; já em 1910, mais de 21% dos adultos estrangeiros do Estado não podiam falar inglês.[206] Parham e seus alunos tinham

---

[204] Faculdade de guardar inconscientemente na memória certos fatos, certas noções, que depois se manifestam inesperadamente ou quando provocados por circunstâncias que com eles se relacionam. Palavra formada pelo gr. *kryptos* (oculto) + *mnesis* (memória) (N.E).

[205] Sobre criptomnésia, ver W. J. Samarin, *Tongues of Men and Angels* [Língua de Homens e de Anjos] (New York: Macmillan, 1972), pp. 115-18 e Shumway, pp. 19-29; Cf. R. P. Spittler, *Glossolalia*, DPCM, pp. 335-41.

[206] Zornow, *Kansas*, 174-83; *The Tribune Almanac for 1893* [O Almanaque Tribuna de 1893], 5 vols. (New York: Tribune Association, 1893), 5: p. 123; e *The World Almanac and Encyclopedia: 1915* [O Almanaque Enciclopédia Mundial: 1915] (New York: Press Publishing Co., 1914), pp. 711-12.

amplo contato com línguas estrangeiras; sua expectativa da língua como um dom escatológico significava que eles também sentiriam o estresse capaz de criar criptomnesia.

Infelizmente, a extensão do fenômeno entre os primeiros Pentecostais não pode ser avaliada. No entanto, era crucial que os alunos e Parham acreditassem que os sons que eles proferiram eram línguas reais. O encontro de Ozman com as línguas na noite de 1 de janeiro adquiriu maior importância quando, no dia seguinte, ela falou em línguas numa missão em Topeka e suas palavras foram compreendidas por um boêmio local. Ozman relatou que o encontro "muito incentivava a todos sabendo que era uma língua real".[207] A língua real implicava autoridade para a pequena turma de estudantes da Bíblia; isso significava que eles realmente faziam parte de um evento importante dos fins dos tempos.

Parham também enfatizou que as línguas demonstraram uma distinção importante dentro da comunidade cristã. Aqueles que foram batizados no Espírito com o sinal acompanhante foram "selados" como membros da noiva de Cristo (Ef 1.13). Estes missionários triunfantes para a última geração da humanidade seriam poupados da terrível destruição da tribulação do tempo do fim. Seriam os cristãos arrebatados durante o arrebatamento e, na segunda vinda, retornariam vitoriosos para ajudar Cristo a governar em seu reino milenar. Como o sinal do batismo, as línguas tiveram um papel crucial como evidência e também como uma ferramenta utilitária em missões.

No final de janeiro de 1901, Parham e um pequeno grupo de estudantes rumaram para Kansas City para espalhar a palavra e converter o mundo. Os resultados, entretanto, eram escassos, e no fim de fevereiro, a equipe retornou a Topeka. Um esforço subsequente em Lawrence, Kansas, também se revelou decepcionante. Com o objetivo de apoiar os abatidos de espírito, Parham planejou uma enorme reunião num acampamento de verão em Topeka e divulgou o evento para o povo Holiness de todo o país. No fim da primavera, no entanto, a visão da maioria dos alunos tinha se ofuscado. O filho de Parham morreu em março, estabelecendo um sinal sinistro para o futuro do trabalho em Bethel. Durante o verão, a Mansão de Pedra, a elaborada residência que abrigara a operação, foi vendida sob o arrendamento dos Parhams, e a escola bíblica buscava novos bairros. No outono, esse esforço foi abandonado e Parham mudou sua família para Kansas City para iniciar um novo ministério ali. Para definir sua missão e clarear a mente, publicou

---

[207] A. N. LaBerge, *History of the Pentecostal Movement from January 1, 1901* [História do Movimento Pentecostal a partir de 1 de janeiro de 1901] (Manuscrito, Editorial Files of the Pentecostal Evangel, Springfield, Mo.), p. 3.

o *Kol Kare Bomidbar: A Voice Crying in the Wilderness* (Voz que clama no deserto) – a primeira declaração de teologia pentecostal.[208]

Durante os anos seguintes, Parham reagrupou e expandiu o reavivamento pentecostal sob o título de *Movimento de Fé Apostólica*. Mantendo a mesma mensagem, ele obteve êxito em *El Dorado Springs*, Missouri, em 1903, e Galena, Kansas, no inverno de 1903-04. Reafirmando seu ministério de cura, ele atraiu multidões para o reavivamento de Galena, em número tão grande quanto 2500.[209] Ainda mais importante, foi o fato de ele ter atraído um pequeno núcleo de seguidores que reavivou o sonho de um avivamento do fim dos tempos, através do dom divino da *xenoglossa*.

Florescendo no Texas em 1905, em seguida, Parham construiu um número significativo de seguidores em torno de Houston. No final de 1905, Parham abriu a Escola Bíblica de Houston, novamente uma instituição destinada a treinar obreiros e produzir missionários para o próximo avivamento.[210] Da escola bíblica, os obreiros se envolveram na região rural do Texas e no Centro-oeste, espalhando a mensagem Pentecostal. Significativamente, esta mensagem chegou à comunidade negra de Houston, e a Fé Apostólica reivindicou vários ministros negros na crescente aliança. Um desses ministros, William J. Seymour, viajou para Los Angeles e espalhou a mensagem de Parham por lá. No final de 1906, um reavivamento pentecostal estava florescendo na Costa Oeste.[211] Paralelamente ao crescimento em Houston e Los Angeles foi o avanço pentecostal em Zion City, Illinois, no qual o fracasso pessoal de John Alexander Dowie parecia oferecer de bandeija uma cidade inteira. Parham viajou para lá em setembro de 1906 e rapidamente acumulou perto de mil seguidores.[212] Das fortalezas estratégicas de Galena, Houston, Los Angeles e Zion City, surgiriam uma série de antigos pioneiros pentecostais.

As perspectivas eram extremamente brilhantes para Parham. Cinco

---

[208] Parham, *Life*, pp. 71-81. Também *Kansas City Times*, 27 de janeiro de 1901, p. 15; *Kansas City Journal*, 22 de janeiro de 1901, p. 1, e *Kansas City World*, 15 de janeiro de 1901, p. 7.

[209] L. P. Murphy, *Beginning at Topeka* [Começando em Topeka], Calvary Review 13 (Primavera de 1974): p. 9; E Parham, *Life*, p. 98.

[210] Parham, *Life*, pp. 136-41.

[211] DJ Nelson, *For Such a Time as This. The Story of Bishop William J. Seymour and the Azusa Street Revival* [Por um Tempo como Este. A História do Bispo William J. Seymour e o Avivamento da Rua Azusa] (Ph.D. diss., Universidade de Birmingham, Inglaterra, 1981), pp. 55-59, 182-201; e Anderson, *Vision*, pp. 62-69.

[212] *Waukegan Daily Sun*, 28 de Setembro de 1906, p. 1.

anos de trabalho de base pareciam finalmente dar frutos, e o avivamento previsto para o fim do tempo parecia pronto para entrar em erupção em todo o mundo. Para coordenar o evento, Parham havia reeditado o periódico *Fé Apostólica* em 1905. No início de 1906, ele criara um modelo organizacional desburocratizado para encorajar a expansão e começou a emitir credenciais ministeriais. Seu seguimento total no final de 1906 girava em torno de 5.000 a 10.000 pessoas, com a maioria concentrada no centro-oeste. À medida que mais e mais desses fiéis recebiam a experiência pentecostal, Parham esperava que o renascimento se espalhasse com proporções hipergeométricas.[213]

O pentecostalismo experimentou um crescimento constante, mas a taxa não foi tão rápida e não ocorreu da forma que Parham havia previsto. O mais importante, como ele descobriria para seu desânimo, o movimento cresceria sem ele. Uma batalha acalorada com Wilbur Glenn Voliva pelo controle espiritual de Zion City e uma amarga disputa com Seymour em Los Angeles sobre o caráter e as implicações sociais do reavivamento lá neutralizaram a posição de Parham nesses centros.[214] Mais prejudiciais foram os rumores de impropriedade sexual que surgiram no final de 1906 e explodiu no verão de 1907 com Parham sendo preso acusado de sodomia em San Antonio, Texas. Embora o caso nunca tenha chegado a julgamento, e uma variedade de evidências continua conflitante, o resultado foi o mesmo em toda parte. A influência de Parham em todo o jovem movimento foi arruinada.[215]

Apesar do constrangimento e desânimo que se seguiram ao escândalo, Parham manteve sua visão do evangelismo pentecostal mundial. Ele circulou pelas duas décadas seguintes até sua morte, em 1929, entre um pequeno bando de milhares de seguidores localizados principalmente nos estados do centro-sul. No fim, ele manteve uma crença na validade da *xenoglossa* missionária.[216] Mas a maioria dos Pentecostais abandonou os detalhes da visão inicial; o falar línguas passou a ser entendido como *glossolalia* (denominada como "linguagem divina"), e a *xenoglossia*, quando referida, foi considerada um milagre extraordinário. Além disso, muitos Pentecostais atenuaram as conotações desconcertantes implícitas na teologia do "selo da noiva", embora

---

[213] Para uma explicação detalhada sobre como chegar a uma estimativa para Parham, ver Goff, *Fields White Unto Harvest*, pp. 115, 169-70.

[214] Shumway, "A Study", pp. 178-79; e Parham, *Life*, pp. 155-56.

[215] *San Antonio Light*, 19 July 1907, p. 1; and Goff, *Fields White Unto Harvest*, pp. 135-42.

[216] Parham, *Everlasting Gospel*, p. 68. Também *Apostolic Faith* (Baxter Springs, Kan.), 2, Novembro de 1913, p. 14; e 2, Agosto de 1926, pp. 15-16.

o problema inerente de se defender contra acusações de um complexo de superioridade espiritual permanecesse.[217]

No entanto, o pentecostalismo tem uma grande dívida com o controverso evangelista. Parham impregnou o movimento com uma doutrina única – o batismo do Espírito Santo evidenciado pelo falar em línguas. Igualmente importante foi sua ênfase nas missões do fim dos tempos. Embora em 1910 a maioria dos Pentecostais tivesse abandonado sua noção de *xenoglossia* como uma ferramenta de missões, nunca duvidou que o próprio avivamento fosse uma manifestação cronológica do tempo do fim. Os Pentecostais investiram uma porcentagem considerável de sua renda denominacional, na tarefa de evangelizar o mundo. Lentamente, a mensagem se espalhou. Sob a égide da ironia, o sucesso do jogo dos números foi o responsável pelo renascimento do homem que a maioria dos Pentecostais havia denunciado em 1907. O crescimento do pentecostalismo em todo o mundo levou os eruditos a reconstruir as raízes históricas das dezenas de denominações e seitas que surgiram durante as duas décadas após a queda de Parham. O resultado foi um foco voltado para o visionário esquecido das planícies centrais do Kansas. No final, Parham ensinou seus alunos bem – de fato muito bem.

---

[217] Para relatos de xenoglossa ao longo da história pentecostal, ver R. W. Harris, *Spoken By the Spirit* [Falado pelo Espírito] (Springfield, Mo.: Gospel Publishing House, 1973) e W. Warner, ed. *Touched by the Fire* [Tocado pelo Fogo] (Plainfield, N.J.: Logos International, 1978), pp. 51-58, 89-91, 151-57.

5. WILLIAM J. SEYMOUR E "A EVIDÊNCIA BÍBLICA"

Cecil M. Robeck Jr.

Vagões batendo, caldeira ofegante, a grande locomotiva estacionou lentamente enquanto o maquinista depositava sua carga exatamente na data. A estação até então em silêncio explodiu em festa quando os homens gritaram e os carregadores rapidamente dirigiam seus carrinhos de bagagem em direção ao trem. As crianças saltavam e gritavam de alegria. Aqueles que esperavam amigos e entes queridos lançavam um olhar furtivo de vagão para vagão quando as portas se abriram e os passageiros saíam. Era quinta-feira, 22 de fevereiro de 1906, quando um tranquilo e afável pastor afro-americano, por nome de Wilhelm Joseph Seymour, desembarcou portando consigo apenas uma modesta sacola.[218]

Los Angeles, uma movimentada cidade de 230.000 habitantes em 1906, mais do que duplicara sua população em pouco mais de meia década, aumentando 3.000 moradores a cada mês. Cada um dos trens que chegava agora transportava um lote de imigrantes esperançosos, muitos deles pobres do sul, para a décima sétima maior cidade do país.[219] A área fornecia abundância de possibilidades e à medida que as linhas de transporte locais e intracontinentais eram concluídas, o desenvolvimento imobiliário cresceu e os indicadores econômicos dispararam. Era uma cidade de sonhos e ambições; era crua, robusta, descarnada, eclética, um lugar apropriado para novas ideias.

A cidade era o lar de cerca de 5.000 negros norte-americanos em

1906,[220] muitos dos quais construíam suas casas a poucos passos das linhas do trem.[221] As três maiores igrejas servindo a comunidade negra, a *First African Methodist Episcopal* [Primeira Episcopal Metodista Africana] (AME) na oitava com a Towne (900 membros), a *Wesley Chapel* [Capela Wesley] na sexta com a Maple (500 membros) e a *Second Baptist* [Segunda Batista] na Maple entre a sétima e a oitava (500 membros), estavam todas localizadas nesta área. A primeira AME, originalmente conhecida como Stevens AME, tinha se mudado de seus antigos bairros, Rua Azusa, 312, em 1904, deixando para trás um prédio de madeira vazio, destinado a se tornar um centro de atenção da cidade no verão de 1906.[222]

Seymour escreveu mais tarde que era "as pessoas de cor" nesta área que o convocaram a Los Angeles para "dar-lhes algum ensinamento bíblico".[223] Seymour não foi chamado a um desses pastorados prestigiados, mas a uma pequena igreja Holiness recentemente estabelecida defronte a uma loja, que era liderada pela Sra. Julia W. Hutchins. As reuniões estavam agendadas para começar no sábado, 24 de fevereiro, e o Rev. Seymour estava pronto para servir.

Os dois ou três anos antes de sua chegada a Los Angeles,[224] Seymour viveu em Houston, onde frequentava uma pequena igreja Holiness liderada

---

[220] Em 1900, a população negra representava 2,1% do total, ou seja, 2.131, e em 1910 representava 2,4% ou 7.599. Com base numa estimativa de 2,3% de 230.000 o número total de negros seria 5. 390. No começo de 1906 os números seriam ligeiramente menores do que estimativa de 5.000. Os números atuais de 1900 e 1910 podem ser encontrados em J. McFarline Ervin, *The Participation of the Negro in the Community Life of Los Angeles* [A participação do Negro na Vida Comunitária de Los Angeles] (M.A. thesis, University of Southern California, 1931, São Francisco: R. and E. Research Associates, 1973), p. 10.

[221] J. Max Bond, *The Negro in Los Angeles* [O Negro em Los Angeles] (PhD diss., reprint: San Francisco: R. and E. Research Associates, 1972), p. 26.

[222] G. R. Bryant, *Religious Life of Los Angeles Negroes* [A Vida Religiosa dos Negros de Los Angeles], *Los Angeles Daily Times*, 12 de fevereiro de 1909, 3:7. O movimento e a mudança do nome são documentados igualmente no diretório da cidade de Los Angeles (1904 e 1905).

[223] Seymour, *Doctrines and Discipline* [Doutrinas e Disciplina], p. 12.

[224] D.J Nelson, em *For Such a Time as This: The Story of Bishop William J. Seymour and the Azusa Street Revival* [Por um Tempo como Este: A História do Bispo William J. Seymour e do Avivamento da Rua Azusa] (Ph.D. diss., Universidade de Birmingham, 1981), p. 35, sugere que Seymour se estabeleceu lá por volta de 1903. Esta suposição baseia-se no vago esboço da vida de Seymour esboçada por C. W. Shumway, em *A Study of the 'Gift of Tongues'* [Um Estudo do 'Dom das Línguas'] (A.B. thesis, University of Southern California, 1914), p. 173, nota a. Até o momento a data atual do assentamento de Seymour em Houston permanece insatisfatoriamente documentada.

Evidência Inicial **105**

pela Sra. Lucy F. Farrow, uma negra viúva de cinquenta e quatro anos[225] que, numa barraca, ganhava seu sustento como cozinheira. Farrow fez amizade com Seymour e, quando aceitou o trabalho temporário fora da cidade como governanta familiar para o evangelista Charles Fox Parham, em fins de agosto de 1905, colocou a missão sob o comando de Seymour[226] que provou ser um pastor competente.

O nome de Charles Parham, para quem Farrow foi trabalhar, era amplamente conhecido na grande área de Houston a partir de julho de 1905 em diante. Jornais regularmente cobriam suas reuniões, onde sua mistura única de sionismo,[227] cura divina,[228] e o falar línguas[229] foram garantia de atrair uma multidão. Com sua ênfase na cura e seu falar de "Sião", muitos o associaram com John Alexander Dowie. Mas ao contrário de Dowie, cujo esquema utópico era Zion City, Illinois, a "Sião" de Parham era a Palestina. Impulsionado por uma urgência evangelística, um compromisso com uma teoria britânico-israelense e uma paixão pelo movimento sionista internacional, Parham pregou a "restauração do lugar de nascimento da religião para seus legítimos herdeiros" e tentou arrecadar dinheiro visando comprar uma pátria nacional para os judeus.[230]

Com certeza, Parham estava de olho na Sião de Dowie, e à medida

---

[225] Em fevereiro de 1906, Farrow tinha 54, baseado em informações fornecidas no *Twelfth Census of the United States* (1900) [Décimo Segundo Censo dos Estados Unidos (1900)], Houston, Texas, volume 45, enumeration District 133, p. 3, l. 62.

[226] Nelson, *For Such a Time as This* [Por um Tempo como Este], p. 35.

[227] "Rev. C. F. Parham", *Houston Daily Post*, 9 de Julho de 1905, p. 8; *The Zion Movement* [O Movimento de Sião] *Houston Daily Post*, 17 de Julho de 1905, p. 5; *Jews to Found Own Home* [Judeus Encontraram Easa Própria], *Houston Chronicle*, 17 de Julho de 1905, p. 6; *Zionist Students* [Estudantes Sionistas] *Houston Daily Post*, 3 de Agosto de 1905, p. 5.

[228] "Divine Healer" [Divino Curador], *Houston Daily Post*, 6 de Julho de 1905, 4; At Bryan Hall [No Bryan Hall], *Houston Daily Post*, 29 de Julho de 1905, 4; *In Vision Was Told of Cure* [Na Visão foi falado de Cura], *Houston Chronicle*, 8 de Agosto de 1905, 3; *Houstonians Witness the Performance of Miracles* [Houstonianos Testemunham a Execução de Milagres], *Houston Chronicle*, 13 de Agosto de 1905, p. 6.

[229] O aviso, *At Bryan Hall* [No Bryan Hall], 4, anunciava o sermão da tarde de Parham intitulado "Batismo do Espírito Santo, com a evidência do falar línguas". Cf., *Church Notices* [Avisos da Igreja], *Houston Chronicle*, 29 de julho de 1905, 6; *Zionist Students* [Estudantes sionistas], *Houston Daily Post*, 31 de julho de 1905, 5; *Houstonians Witness the Performance of Miracles* [Houstonianos Testemunham a Execução de Milagres], *Houston Chronicle*, 13 de agosto de 1905, p. 6.

[230] "Not Dowieism" [Não Dowieismo], *Houston Daily Post*, 3 de agosto de 1905, 5; *Rev. C. E. Parham*, *Houston Daily Post*, 9 de julho de 1905, 8; *The Zion Movement* [O Movimento de Sião],

que a saúde de Dowie se deteriorava e, enquanto lentamente relaxava sua ênfase em seu sonho utópico, Parham estava preparado para capturar o máximo que pudesse.[231] Mas a principal reivindicação de Parham por fama, separou-o de Dowie. Em janeiro de 1901, quando alguns dos seguidores de Parham começaram a falar em línguas, ele defendeu esta atividade como "evidência bíblica" do "batismo no Espírito Santo".[232] Em 1905, Parham havia modelado a frase, "a evidência bíblica," em um *terminus technicus* (termo técnico) para descrever a relação do falar em línguas com a preocupação proeminente que compartilhara com o movimento Wesleyano-Holiness, a experiência do batismo com o Espírito (At 2.4). Entre 1901 e 1905, ele realizou reuniões religiosas e reuniões campais, e conduziu várias escolas bíblicas de curta duração no Kansas e no Texas, onde propagou suas opiniões sobre esse controvertido assunto. Esta atividade o trouxe no verão de 1905 para a área de Houston, onde contratou Farrow. Depois de uma ausência de dois meses, durante a qual ele conduziu uma escola em Kansas, Parham, Farrow, e uma comitiva de ajudantes mais uma vez retornou a Houston. Era dezembro de 1905.

Lucy Farrow, alinhada com a emoção de ter experimentado "a evidência bíblica", contatou Seymour. Através de seu testemunho vibrante, William Seymour foi encorajado a se inscrever na mais nova escola bíblica de Parham, programada para começar em Houston naquele mês. A intervenção de Farrow com Parham tornou possível a participação de Seymour, e este rapidamente

---

Houston Daily Post, 17 de julho de 1905, 5; *Jews to Found Own Home* [Judeus Encontraram Casa Própria], *Houston Chronicle*, 17 de Julho de 1905, p. 6.

[231] "Dowie Can't Leave Zion" [Dowie Não Pode Deixar Sião], *Houston Chronicle*, 3 de Outubro de 1906, 2:14; *Parham Against Voliva* [Parham Contra Voliva], *Houston Daily Post*, 4 de Outubro de 1906, p.11; *In Zion City* [Na Cidade de Sião], *Houston Daily Post*, 5 de Novembro de 1906, p. 6.

[232] C. F. Parham, *Kol Kare Bomidbar: A Voice Crying in the Wilderness* [Kol Kare Bomidbar: Voz que Clama no Deserto] (Kansas City, Mo., publicado confidencialmente, 1902, Joplin, Mo.: Joplin Printing Co., 1944), pp. 25-38, contém um sermão pregado por Parham em janeiro de 1901 em que emprega claramente esta língua. É reimpresso em W. F. Carothers, *The Baptism with the Holy Ghost and the Speaking in Tongues* [O Batismo com o Espírito Santo e o Falar Línguas] (Houston: publicado em particular, 1906), pp. 5-18. Parham afirmou que este era "O primeiro [sermão] sobre o batismo do Espírito Santo em todos os movimentos pentecostais modernos do Evangelho Apostólico Completo". Charles F. Parham, *The Latter Rain* [A Chuva Serôdia] em Robert L. Parham, comp., *Selected Sermons of the Late Charles E. Parham*, Sarah E. Parham [Sermões selecionados do posterior Charles E. Parham, Sarah E. Parham] (Baxter Springs, Kan.: Robert L. Parham, 1941), p. 79.

adotou a teoria de Parham sobre "as evidências bíblicas", embora vários meses antes ele tenha sido introduzido plenamente na experiência.

Enquanto Seymour continuava a pregar e estudar sua direção para o novo ano, acontecimentos estavam se formando a meio continente que contribuiriam com sua mudança em Fevereiro de 1906 para Los Angeles. Julia W. Hutchins, uma negra de quarenta e cinco anos, havia emigrado de Galveston, Texas[233] para Los Angeles, já em 1903. Os registros públicos indicam que ela estava bem estabelecida em Los Angeles em julho de 1905, quando lhe foi negada autorização para conduzir reuniões nas ruas First e San Pedro devido às condições de aglomeração naquela esquina.[234] Mas os laços de Hutchins com a maior área de Houston foram multifacetados, uma vez que várias das pessoas que assistiram à sua missão em Los Angeles, na Nona com a Santa Fé, também eram da área de Houston. Entre eles Richard e Ruth Asberry, que possuía uma pequena casa em North Bonnie Brae Street, e a prima de Ruth Asberry, a Sra. Neely Terry. Enquanto visitava Houston no final de 1905, Terry assistiu à igreja Holiness de Lucy Farrow, onde Seymour pregava, e, ao retornar a Los Angeles, recomendou a Hutchins, que agora estava à procura de um pastor regular para seu rebanho, que William J. Seymour fosse chamado para preencher essa posição.[235] Hutchins concordou.

Superficialmente, a decisão de Julia Hutchins pode parecer prematura, mas ela confiou na recomendação de Terry. Em segundo olhar, no entanto, é provável que Hutchins tenha tido algum contato anterior com William Seymour ou com Lucy Farrow. Em setembro de 1905, Charles Parham publicou as palavras de uma canção intitulada "Battle Hymns" [Hino de Batalha] em seu periódico *The Apostolic Faith*. Este hino foi escrito por uma tal Sra. J. W. Hutchins.[236] Quanto tempo tinha a música antes de publicá-la, como ele

---

[233] *Twelfth Census of the United States (1900)* [Décimo Segundo Censo dos Estados Unidos (1900)], Galveston, Texas, volume enumeration District 133, fl. 3, li. 62.

[234] *Want to Preach on the Streets* [Queremos Pregar nas Ruas], Los Angeles Express, 1 de agosto de 1905, p. 11. A Sra. Hutchins fez uma solicitação conjunta para a cidade com J. W. Slaughter. Esta aplicação sugere que ela já estava bem estabelecida em Los Angeles. Nelson, *For Such a Time as This* [Por um Tempo como Este], 186, afirma que Hutchins tinha frequentado a Segunda Igreja Batista, onde na primavera de 1905 foi expulso por defender a santidade cristã como uma segunda obra de graça. Infelizmente ele não nota a sua fonte, e eu tenho sido incapaz de corroborar esta afirmação, embora eu esteja inclinado a acreditar.

[235] Nelson, *For Such a Time as This* [Por um Tempo como Este], p. 65.

[236] Sra. J. W. Hutchins, *Battle Hymn* [Hino de Batalha], *Apostolic Faith* [Fé Apostólica], (Melrose, Kan.) (1 de setembro de 1905) p. 1. Embora não haja uma identificação clara do autor da canção com o fundador da igreja de Los Angeles, vários fatos apontam claramente nessa direção: (1) Eles

a obteve e se a Sra. J. W. Hutchins que escreveu a música é a mesma pessoa que a Sra. Julia W. Hutchins de Los Angeles são perguntas esperando para ser respondidas. O hino era popular entre os alunos de Parham, e é provável que Julia Hutchins tenha sido a autora.[237]

Uma vez que o "Battle Hymn" de Hutchins foi aparentemente publicado pela primeira vez em setembro de 1905, há três possibilidades que podem explicar como Parham teve acesso a ele. Em primeiro lugar, Hutchins poderia ter dado a ele em algum tempo anterior ou ela poderia ter enviado para Parham. Isso sugeriria que ela tenha tido algum contato pessoal com Parham antes de se mudar para Los Angeles, mas não há nenhuma evidência que apoie essa teoria. Em segundo lugar, ela poderia ter conhecido Lucy Farrow de seu tempo nas áreas de Galveston e Houston e poderia ter dado ou enviado uma cópia para ela. Uma vez que Farrow estava com a família de Parham no momento em que a canção foi publicada, teria sido uma coisa simples para ela passar para Parham. Em terceiro, Neely Terry poderia ter trazido com ela de Los Angeles para Houston e compartilhado com o Rev. Seymour que, por sua vez, enviou uma cópia para Lucy Farrow em Kansas. Esta última teria passado para Charles Parham. Em todo o caso, o círculo de amigos e conhecidos no movimento Holiness negro parece ter sido pequeno e estreitamente conectado, e em fevereiro de 1906, todos estavam bem familiarizados com Parham e Seymour.

Seymour mal se instalou quando realizou seu primeiro encontro em Los Angeles em 24 de fevereiro. Mas durante a primeira semana, ele tocou no ponto nevrálgico de alguns membros de sua nova congregação, quando expôs a visão de Parham sobre o batismo com o Espírito Santo, incluindo a afirmação de que falar em línguas era "a evidência bíblica". Isto conduziu rapidamente um impasse entre Seymour e a associação da igreja Holiness com quem Hutchins e sua congregação tiveram alguma afiliação. Dr. J. M. Roberts, presidente da Igreja Holiness no sul da Califórnia e no Arizona, foi convocado e participou de pelo menos uma das reuniões de Seymour.

---

compartilhavam o mesmo nome, identificando-se com as mesmas iniciais; (2) em fevereiro de 1906 a Los Angeles Julia Hutchins claramente teve contato com o grupo de Parham através de William J. Seymour; (3) ambos estavam comprometidos com a atividade missionária. Se essas duas mulheres fossem positivamente identificadas como a mesma pessoa, ela poderia esclarecer porque Hutchins estava tão disposto a convocar Seymour para Los Angeles, sem ser visto.

[237] S. E. Parham, *The Lift of Charles F, Parham: Founder of the Apostolic Faith Movement* (Joplin, Mo.: Hunter Printing Co., ca. 1930, rpt. New York: Garland Publishing, Inc., 1985), pp. 129-30, reimprime o hino e observa sua popularidade entre os seguidores de Parham.

Ele estava preocupado com esta nova doutrina, isto é, que a santificação e o batismo com o Espírito Santo, evidenciados por línguas, são duas experiências separadas. Roberts e vários outros, entretanto, efetuaram esforços para convencer Seymour de que a posição da Igreja Holiness era correta para ser insignificante já que nas palavras de Seymour, nenhum deles tinha "a evidência do segundo capítulo de Atos".[238] Como resultado, Roberts pediu a Seymour que não pregasse mais esta doutrina.

Nem todos no pequeno rebanho de Seymour estavam tão preocupados com o incidente como Julia Hutchins estava, e, como se viu, até ela finalmente mudaria de ideia.[239] Mas no domingo seguinte, Hutchins bloqueou a missão e manteve sua posição. Ela se recusou a permitir que Seymour pregasse. Felizmente, para Seymour, Asberry convidou-o a continuar a liderar uma reunião de oração e estudo bíblico em sua casa na Rua North Bonnie Brae, 214. Na segurança desse cenário, Seymour persistiu em ensinar o falar em línguas como "a evidência bíblica" do batismo com o Espírito Santo.

Em 9 de abril, seis semanas depois que Seymour chegou a Los Angeles e cinco semanas depois de ter sido bloqueado por Hutchins, ele teve seu primeiro convertido pleno no falar em línguas. Edward S. Lee, um

---

[238] "Bro. Seymour's Call" [O Chamado do Irmão Seymour], *Apostolic Faith* [Fé Apostólica] (Los Angeles), setembro de 1906, 1.1. Para outro relato de uma testemunha ocular do encontro entre Seymour e Roberts, veja a Sra. W. H. McGowan, *Another 'Echo from Azusa'* [Outro 'Eco de Azusa'], (Covina, Calif.: Sra. W. McGowan, cerca de 1956). Este tratado foi desde então editado e incorporado na obra da Sra. R. L. (Clara) Davis, *The Wonderful Move of God: The Outpouring of the Holy Spirit from Azusa Street to Now* [O Movimento Maravilhoso de Deus: O Derramamento do Espírito Santo na Rua Azusa até Agora] (Tulsa: Albury Press, 1983), p. 54; Reimpresso como *Azusa Street Till Now* [Rua Azusa Então e Agora] (Tulsa: Harrison House, 1983, 1989), p. 17. Cf. Nelson, *For Such A Time As This* [Por um Tempo Como Este], pp. 187-88. Uma parte da posição ocupada pela igreja holiness é encontrada em J. M. Washburn, *History and Reminiscences of the Holiness Church Work in Southern California and Arizona* [História e Reminiscências do Trabalho da Igreja Holiness no Sul da Califórnia e no Arizona] (South Pasadena: Record Press, 1912, rpt, New York: Garland Publishing, Inc., 1985), pp. 377-78.

[239] J. W. Hutchins era uma mulher enigmática que deixou poucas pistas de longo prazo. Uma líder forte em seu próprio direito, ela pode ter invocado a questão teológica para cobrir uma questão mais profunda assentada sobre o controle da igreja. Enquanto Seymour foi convidado a servir como pastor, Hutchins reteve as chaves. No entanto, uma vez que a Azusa Street se tornou uma missão viável, ela se juntou a ela e, em 15 de setembro, foi comissionada para ir como missionária da Azusa Street para a Libéria. Em novembro, ela relatou que inúmeros estavam recebendo "evidências bíblicas" sob seu ministério. Veja o relatório sem título, *Apostolic Faith* [Fé Apostólica] (Los Angeles), 1: 4 de dezembro de 1906, 1.5.

negro empregado como zelador no First National Bank de Los Angeles.[240] Naquela noite, outros no estudo Bíblico de Seymour também falaram em línguas e a palavra percorreu o bairro. No domingo seguinte, na Páscoa, 15 de abril, algumas dessas mesmas pessoas assistiram à Primeira Igreja do Novo Testamento, uma congregação próspera liderada por Joseph Smale. No final da reunião, eles passaram a falar em línguas.[241] Na terça-feira à noite, em 17 de abril, uma nova congregação havia sido formada. O grupo de estudo da Bíblia de Bonnie Brae havia alugado o prédio antigo desocupado pela igreja de Stevens (agora Primeira) AME na Rua Azusa, 312 e Seymour dirigiu uma reunião para as "pessoas de cor e mestiços de brancos" que compunham a congregação. Um repórter do *Los Angeles Daily Times* estava presente, com caneta na mão, para dar a notícia ao mundo da "mais nova seita religiosa" de Los Angeles.[242] Seymour convocou Lucy Farrow para ajudá-lo a providenciar liderança para este trabalho em expansão.

SEYMOUR: OS PRIMEIROS ANOS (1906-1908)

Em seus primeiros anos, a Missão da Rua Azusa estava firmemente comprometida com a visão de que o falar línguas era "a evidência bíblica" do batismo no Espírito. Qualquer *nuance* entre as línguas como prova do batismo com o Espírito e o "dom das línguas" frustraram a imprensa secular da mesma forma que a maioria dos primeiros membros da Fé Apostólica.[243] Mas desde

---

[240] *Los Angeles City Directory* [Diretório da cidade de Los Angeles], (1905), p. 862.

[241] Nelson, *For Such a Time as This* [Por um Tempo como Este], p. 58.

[242] *Weird Babel of Tongues* [Estranha Babel das Línguas], *Los Angeles Daily Times*, 18 April 1906, 2:1.

[243] O povo da Fé Apostólica são pentecostais originalmente associados a Parham, Seymour, et al. O repórter que escreveu *Weird Babel of Tongues* [Estranha Babel das Línguas], 2:1, diz simplesmente que "Eles alegam ter "o 'dom das línguas'". [...]" W. F. Carothers, *The Baptism with the Holy Ghost* [O Batismo com o Espírito Santo], p. 20, parece preparado para distinguir uma língua evidente do dom de línguas já em 1906, quando escreve: "Existe uma diferença entre o simples falar línguas, que acompanha Pentecoste, e o Dom de línguas, um dos nove dons do Espírito [...]". Na Rua Azusa, uma posição semelhante é afirmada em *Enduement of Power* [A Concessão de Poder], *Apostolic Faith* [Fé Apostólica] 1:4, dezembro de 1906, 2.2, mas esta parece ser uma visão minoritária. Cf., Sra. James Hebden, *This is the Power of the Holy Ghost* [Este é o Poder do Espírito Santo], *Apostolic Faith* [Fé apostólica] 1:6, fevereiro-março de 1907, 4,4, escreveu: "Em primeiro lugar, eu descubro que eu tinha as línguas como um sinal, agora como um dos dons". De longe, a maioria dos relatos segue o testemunho de T. B. Barratt,

Evidência Inicial 111

o início o documento da missão, o *Fé Apostólica* (Los Angeles) fez a conexão entre "línguas" e batismo no Espírito. Na primeira edição da *Fé Apostólica*, Seymour publicou o que funcionou como a Declaração de Fé da missão até 1915. Ele também distribuiu isso aos questionadores em forma de folheto. Os assuntos abordados foram o pecado e salvação, justificação, santificação, batismo no Espírito e cura divina. O "Batismo no Espírito" foi abordado duas vezes, uma vez positivamente e uma vez negativamente da seguinte forma:

> O Batismo com o Espírito Santo é um dom de poder sobre a vida santificada; assim, quando o obtemos, temos a mesma evidência como os discípulos receberam no dia de Pentecostes (Atos 2.3,4), ao falar em novas línguas. Veja também Atos 10.45,46; Atos 19.6; 1Co 14.21. *"porque realizarei em vossos dias uma obra que vós não crereis, quando for contada"* (Hc 1.5).

A declaração continuou:

> Muitos confundiram a graça da Santificação com a concessão do Poder, ou o Batismo com o Espírito Santo; outros tomaram "a unção que permanece" por Batismo e não alcançaram a glória e o poder de um verdadeiro Pentecostes.[244]

Aqui, Seymour desenhou a proverbial "linha na areia", distinguindo claramente o movimento da Fé Apostólica do movimento histórico Holiness Wesleyano. Ao fazê-lo, ele identificou sua própria missão com a posição articulada por Charles Parham em 1901. Esse ensinamento "apostólico" era distintivo, até mesmo conflituoso com o *status quo* wesleyano-holiness. Mas era a opinião de Seymour que a posição de Parham forneceu uma distinção importante com profundas implicações para a evangelização mundial.

O batismo com o Espírito, afirmou Seymour, veio "sobre a vida santificada". Esta experiência trouxe o poder do Deus Triuno sobre o povo de Deus, permitindo-lhes "falar todas as línguas do mundo". "Nós, que somos os mensageiros da expiação preciosa, devemos pregar tudo isso", exortou

---

Baptized in New York [Batizado em Nova York], *Apostolic Faith* [Fé Apostólica] (Los Angeles), 1:4, dezembro de 1906, 3.2, que alegou receber "toda a evidência bíblica – o dom de Línguas".

[244] *The Apostolic Faith Movement* [O Movimento da Fé Apostólica], *Apostolic Faith* (Los Angeles), 1:1, Setembro de 1906, 2.1.

Seymour, "justificação, santificação, cura, batismo com o Espírito Santo e sinais que seguem".²⁴⁵

Os principais temas do ensino "apostólico" podem ser encontrados na breve exortação de Seymour. Estes incluíam a capacidade de falar vários idiomas para a evangelização do mundo. O batismo com o Espírito foi um batismo de poder que veio com uma comissão. Em um pequeno artigo sem assinatura na mesma edição da *Fé Apostólica*, foi dito que "o dom das línguas é dado com a comissão: 'Ide por todo o mundo e pregai o Evangelho a toda criatura'".²⁴⁶

Enquanto Seymour geralmente distingue sua posição daquela tipicamente mantida pelo povo holiness wesleyano, ele ainda era ambivalente. Isso se refletiu em seu uso ocasional da expressão "sinais que seguem". Em "Línguas como sinal", um artigo não assinado possivelmente escrito pelo próprio Seymour, o autor se referiu a uma passagem no chamado final mais longo de Marcos (16.16-17) com a observação de que:

> Aqui se fala de convicção e batismo, e do sinal ou evidência dada para provar que você possui [sic] essa fé e batismo. Esta escritura claramente declara que estes *devem* seguir, os que creem.

O autor criticou aqueles que "fugiram" com bênçãos e unções "em vez de permanecerem até que [a] evidência bíblica de Pentecostes viesse".²⁴⁷ Assim, o escritor equiparou os conceitos de sinais que seguem com a evidência bíblica de batismo com o Espírito.

Dentro dos blocos da Missão da Rua Azusa, Joseph Smale, ex-pastor da Primeira Igreja Batista, estava realizando reuniões em Burbank Hall. Sua congregação de cerca de 225 pessoas, a Primeira Igreja do Novo Testamento, se anunciou como uma "comunhão com a pregação e o ensino evangélico e com a vida e o serviço pentecostais".²⁴⁸ Smale, que havia sido muito influenciado por Evan Roberts e o Reavivamento do País de Gales afirmou que o miraculoso tinha se retirado da igreja através dos séculos porque a igreja tinha havia se afastado

---

²⁴⁵ W. J. Seymour, *The Precious Atonement* [A Preciosa Expiação], *Apostolic Faith* (Los Angeles), 1:1, Setembro de 1906, 2.2.

²⁴⁶ Sem Título, *Apostolic Faith* (Los Angeles), 1:1, Setembro de 1906, 1.4.

²⁴⁷ *Tongues As A Sign* [Línguas Como Sinal], *Apostolic Faith* (Los Angeles), 1:1, Setembro de 1906, 2.3-4.

²⁴⁸ Church Services [Reuniões da Igreja], *Los Angeles Daily Times*, 5 de Maio de 1906, 2.6.

da fé. Ele exortou sua congregação a "compreender a própria glória de Deus e trazê-la à terra", tornando-se assim "uma igreja em união e comunhão com Deus e refletindo todos os esplendores do primeiro Pentecostes".[249]

Smale esperava um ressurgimento dos dons extraordinários de 1 Coríntios 12.8-10) entre seu povo. Por vários meses, durante 1905 e 1906, a congregação orou nesse sentido.[250] Quando, em abril de 1906, as pessoas começaram a falar línguas, primeiramente na Rua Bonnie Brae, em 15 de abril na Primeira Igreja do Novo Testamento, Smale foi receptivo. Ele o chamou de "obra profunda do espírito de Deus", e apelou à comunidade cristã local pela tolerância.[251] Ele também concedeu liberdade considerável a seus próprios paroquianos, incentivando-os a exercer os dons de línguas e profecia, orar pelos enfermos e até mesmo exorcizar os demônios.

Tudo correu bem até meados de setembro, quando Lillian Keyes, a filha de um amigo íntimo e antigo de Smale, o proeminente cirurgião Dr. Henry S. Keyes, supostamente profetizou que Smale tinha "entristecido o Espírito". A acusação de Keyes e a resposta de Smale foram exatamente o que os repórteres locais queriam. Durante toda a segunda metade de setembro, a imprensa despertou o interesse público ao relatar esse clássico confronto carismático.[252] Finalmente, o Dr. Keyes se voltou contra Smale, também, e reuniu um grupo que queria mais liberdade em sua adoração (a aparente fonte da "tristeza" do Espírito). Elmer K. Fisher, que estava servindo como um associado de Smale desde que deixou seu pastorado Batista em Glendale tornou-se o pastor deste pequeno rebanho. Encontrou-se primeiramente em um salão na North Main, 107½, e em seguida moveu-se rapidamente à Rua

---

[249] *Twentieth Century Church Not Needed* [A Desnecessária Igreja do Século XX], *Los Angeles Herald*, 19 de Março de 1906, p. 7.

[250] *Queer 'Gift' Given Many* ['Dom' Estranho dado a muitos], Los Angeles Daily Times, 23 de julho de 1906, 1:5.

[251] *New Testament Leader Writes An Open Letter* [Líder da Novo Testamento Escreve Carta Aberta], Los Angeles Express, 23 de julho de 1906, p. 6.

[252] *Girl's Message from God Devil's Work, Says Pastor* [Mensagem Divina da Menina é Obra do Diabo, diz Pastor], *Los Angeles Express*, 20 de setembro de 1906, p. 7; *Trouble in Congregation* [Problema na Congregação], *Los Angeles Herald*, 21 de setembro de 1906, p. 8; *Spirits Disrupt A Church* [Espíritos Perturbam uma Igreja], *Los Angeles Express*, 22 de setembro de 1906, p. 1; *Sift* [sic] *of Tongues Splits Flock?* [Ciranda de Línguas Divide Rebanho?]. *Los Angeles Herald*, 23 de setembro de 1906, p. 4; *Dr. Keyes Faction Meets* [Encontro Faccioso de Dr. Keyes], *Los Angeles Herald*, 24 de setembro de 1906, p. 9; *Babblers of Tongues Contented* [Tagarelas das Línguas Satisfeitos], *Los Angeles Express*, 24 de setembro de 1906, p. 1; *Girl is a Christian, Not Devil* [A Menina é uma Cristã, não o Diabo], *Los Angeles Express*, 27 de setembro de 1906, pp. 1-2.

South Spring, 327½, onde se tornou conhecido como a missão do Cenáculo.²⁵³ Em sua reunião inicial, o comparecimento foi de "aproximadamente cinquenta". Cerca de quinze vieram da Primeira Igreja do Novo Testamento, com o resto provavelmente vindo da Rua Azusa.²⁵⁴

Como muitos que haviam sido influenciados por professores do holiness wesleyanos, como W. B. Godbey, Smale continuou a acreditar numa "língua dada por Deus", mas acusou aqueles que haviam dividido sua congregação com abusos que eram paralelos aos problemas na Corinto do primeiro século.²⁵⁵ Ele argumentou que grande parte da culpa por seus excessos poderia ser traçado até a posição tomada na Rua Azusa. "Essas pessoas afirmam que o dom de línguas é a prova inevitável do batismo do Espírito Santo. Não vejo essa ideia, [...]" ele reclamou. "A Bíblia é a regra de fé e prática e o que é contrário aos seus ensinamentos eu não posso aceitar".²⁵⁶

Naquele verão, os jornais de Los Angeles tiveram um apogeu. Em julho, o presidente da Federação da Igreja de Los Angeles advertiu que alguns entusiastas da Rua Azusa poderiam "perder a razão [...] e se tornarem perigosos".²⁵⁷ No início de setembro, o *Los Angeles Daily Times* publicou um artigo mordaz sobre a Rua Azusa. Jogando os tópicos emocionais da religião, da sexualidade e do racismo até ao máximo, os títulos dos artigos só eram

---

²⁵³ *Sift [sic] de Tongues Splits Flock?* p. 4; *Dr. Keyes Faction Meets*, 9; *Babblers of Tongues Contented*, p. 1.

²⁵⁴ F. Bartleman, *How Pentecost Came to Los Angeles* [Como o Pentecostes veio para Los Angeles] (Los Angeles: F. Bartleman, 1925), pp. 83-84, reimpresso em *Witness to Pentecost: The Life of Frank Bartleman* [Testificação ao Pentecostes: A Vida de Frank Bartleman] (New York: Garland Publishing, Inc., 1985) observa simplesmente "A Igreja do Novo Testamento teve uma divisão sobre este tempo [...] o irmão Elmer Fisher então iniciou outra missão em 3271/2 South Spring Street, conhecida como a Missão do 'Cenáculo'. A maioria dos santos brancos da 'Azusa' foi com ele, com os "batizados" da Igreja do Novo Testamento."

²⁵⁵ *Babblers of Tongues Contented*, 1. W. B. Godbey, autor de uma pequena obra intitulada *Spiritual Gifts and Graces* [Dons Espirituais e Graças] (Cincinnati: God's Revivalist Office, 1895, New York: Garland Publishing, Inc., 1985), p. 43, previu que o dom de Línguas "estava destinado a desempenhar um papel conspícuo na evangelização do mundo pagão, no glorioso cumprimento profético dos últimos dias. Todos os missionários nas terras pagãs", exortou ele, "devem buscar e esperar este Dom para que eles possam pregar fluentemente na língua vernácula, ao mesmo tempo não depreciando seus próprios esforços." Sua posição foi compartilhada por muitos na tradição Wesleyan-holiness.

²⁵⁶ *Sift [sic] of Tongues Splits Flock?* p. 4. Infelizmente, o pastor Smale não diz como essa doutrina contribuiu para os problemas.

²⁵⁷ *Young Girl Given Gift of Tongues* [Jovem Menina Conferiu Dom de Línguas], *Los Angeles Express*, 20 de Julho de 1906, p. 1.

Evidência Inicial   115

dignos de serem explorados em "romances baratos". "Mulheres abraçam-se com homens", eles murmuram. Então, mais abertamente, fofocavam: "Os brancos e os negros misturam-se num frenesi religioso". "As esposas dizem que deixaram os maridos para seguirem o pregador." Finalmente, eles retornaram o veredito, "Cenas revoltantes na Igreja da Rua Azusa".[258] O Dr. R. J. Burdette, pastor da Igreja Batista do Templo, declarou então os acontecimentos da Rua Azusa como "uma amotinação repugnante da superstição africana de voudu [sic] e insanidade caucasiana."[259]

Charles Parham esperava estar em Los Angeles em 15 de setembro para visitar a missão na Rua Azusa. É óbvio que pretendia afixar seu *imprimatur* à obra ali.[260] Lucy Farrow, que de abril a agosto ajudou Seymour na Rua Azusa, deu relatos brilhantes sobre o trabalho em Los Angeles quando visitou a reunião campal de Parham em Brunner, no Texas em agosto.[261] Apesar do interesse de Parham em ir para Los Angeles, ele adiou sua viagem para que pudesse fazer uma visita crítica à Zion City [Cidade de Sião], Illinois, onde esperava obter grande parte da utopia de Dowie. Chegaram a Los Angeles até ao final de outubro e ele ficou consternado ao ver que o movimento da Fé Apostólica, representado pela Rua Azusa, era objeto de ampla publicidade negativa e risos da comunidade.

Parham foi à missão de Seymour para um olhar em primeira mão. Ele achou difícil aceitar o estilo de adoração ruidoso lá, mas o que o deixava especialmente angustiado era a mescla de adoradores negros e brancos.[262] Parham tentou censurar a liderança da missão por permitir o estado de coisas que ele agora testemunhara. Os líderes, no entanto, rejeitaram o que eles perceberam ser uma intromissão audaciosa do lado de fora, e pediram a Parham que se retirasse porque continuariam sem ele.[263]

Depois da rejeição por parte dos líderes da Rua Azusa, Parham

---

[258] *Women with Men Embrace* [Mulheres se Abraçam com Homens], *Los Angeles Daily Times*, 3 de Setembro de 1906, p. 11.

[259] *New Religions Come, Then Go* [As Novas Religiões Vêm, Então Vão], Los Angeles Herald, 24 de setembro de 1906, p. 7.

[260] *Letter from Bro. Parham* [Carta do ir. Parham], *Apostolic Faith 1:1*, Setembro de 1906, 1. pp. 1-2.

[261] B. F. Lawrence, *The Apostolic Faith Restored* [A Fé Apostólica Restaurada] (St. Louis: Gospel Publishers House, 1916, New York: Garland Publishing, Inc., 1985), p. 66; Ethel E. Goss, *The Winds of God* [Os Ventos de Deus], (rev.ed., Hazelwood, Mo.: Word Aflame Press,1977), p. 96.

[262] Goff, *Fields White Unto Harvest* [Campos Brancos para Colheita], p. 131.

[263] Nelson, *For Such a Time as This* [Por um Tempo Como Este], pp. 208-10.

começou rapidamente suas próprias reuniões em outra parte. Ele anunciou reuniões diárias às 10h, 14h30 e 19h no *Women's Christian Temperance Union* (WCTU) [União Temperante de Mulheres Cristãs] na esquina da Temple e Broadway.[264] Parham tentou retratar sua versão do movimento da Fé Apostólica como não sectária durante suas reuniões diárias ao meio-dia no Metropolitan Hall, espaço que era ocupado por Fisher e sua Missão do Cenáculo na Rua South Spring.[265]

Parham agora tentou se distanciar de Seymour e da Rua Azusa, apelando para o seu envolvimento com Zion Dowie. Ele anunciou à imprensa que tinha "capturado virtualmente as forças espirituais" da utopia de Dowie. Prometeu contar suas façanhas nas reuniões que realizou na sede da WCTU.[266] Mas também realizou reuniões na vizinha Whittier, onde um assistente de Parham, o Sr. W. Quinton, anunciou:

> Realizamos reuniões religiosas dignas, e não temos conexão com o tipo que se caracteriza por transes, ataques e espasmos, sacudidos, sacudidas e contorções. Somos totalmente alheios à anarquia religiosa, que marca as reuniões da Rua Azusa de Los Angeles, e esperamos fazer o bem em Whittier ao longo de diretrizes cristãs apropriadas e profundas.[267]

Os relatos posteriores de Parham sobre a situação na Rua Azusa tornaram-se sucessivamente mais estridentes.[268]

É justo dizer, entretanto, que os limites do comportamento glossolálico apropriado estavam sob o escrutínio tanto de Parham quanto Seymour,

---

[264] *Apostolic Faith Meetings* [Encontros da Fé Apostólica], *Los Angeles Record*, 6 de Novembro de 1906, p. 1.

[265] *Hold Meetings Daily* [Mantenha Reuniões Diárias], *Los Angeles Herald*, 7 de novembro de 1906, p. 7. A relação com Fisher ainda não está clara, mas parece que Fisher brevemente cooperou com Parham em concorrência direta com a Rua Azusa. O fato da Missão do Cenáculo poder se beneficiar da presença de Parham não pode ser ignorado. A nota de Bartleman de que Fisher atraiu muitos Caucasianos da Rua Azusa sugere um viés racial também. (Ver acima, nota 250).

[266] *Zionist* [Sionista], *Los Angeles Herald* 9 de dezembro de 1906, p. 5.

[267] *Apostolic Faith People Here Again* [O Povo da Fé Apostólica Está Aqui Novamente], *Whittier Daily News*, 13 de Dezembro de 1906, p. 1.

[268] Cf., *Leadership* [Liderança], *Apostolic Faith* (Baxter Springs, Kan.), 1:4, Junho de 1912, pp. 7-8; Chas. F. Parham, *Free-Love* [Amor-Livre], *Apostolic Faith* (Baxter Springs, Kan.), 1:10, Dezembro de 1912, pp. 4-5.

naquele tempo. Uma prática é um bom exemplo porque ambos os líderes contavam com seguidores que tinham experimentado excentricidades tais como "escrever em línguas".²⁶⁹ O argumento que deve ter sido usado era que, uma vez que "a evidência bíblica" ou o "dom de línguas" era "linguagem", deveria ser possível reduzi-la a uma variedade de formas linguísticas, incluindo as escritas. Mas, no verão de 1907, uma nota apareceu na *Fé Apostólica* (Los Angeles) que na Rua Azusa estavam "medindo tudo pela Palavra, toda experiência deve estar à altura da Bíblia".²⁷⁰ Na edição seguinte, a celebração do "escrever em línguas" tinha voltado ao ceticismo. "Não lemos nada na Palavra sobre a escrita em línguas desconhecidas", anunciou, "por isso não encorajamos isso em nossas reuniões".²⁷¹ A preocupação era o fanatismo, e a observação era o fato de ser questionável se a escrita em línguas produzia qualquer benefício genuíno. Parham provavelmente estava mais afetado pelo domínio de um estilo de adoração afro-americano negro do que com os excessos genuínos que ele encontrou na missão.

Em meados de 1907, os pensamentos de Seymour sobre a evidência apropriada para o batismo com o Espírito também começaram a mudar. Até maio de 1907, a Fé Apostólica apresentou uma sólida posição de que a capacidade de falar em línguas era a evidência, "a evidência bíblica", do batismo com o Espírito Santo. Talvez a dor que Seymour experimentou na crítica pública de Parham à Rua Azusa levou-o a imprimir um artigo em setembro de 1907 dirigido aos "santos batizados". "As línguas são um dos sinais que acompanham cada pessoa batizada", começou, "mas não é a verdadeira evidência do batismo na vida cotidiana".²⁷² Seymour começou a argumentar que talvez a capacidade de falar línguas tivesse perdido sua singularidade como evidência. Seu pano de fundo Holiness Wesleyano, com sua ênfase no fruto do Espírito (Gl 5.22-23) tinha um elemento igualmente importante a ser considerado.

---

²⁶⁹ Já em 1901 foi relatado que Agnes Ozman se engajou nesta atividade. Em Los Angeles, o Dr. Henry S. Keyes supostamente produziu um "espécime", incluindo sua interpretação por L. C. LeNan em *Baba Bharati Says Not a Language* [Baba Bharati Diz Não Ser Uma Língua], Los Angeles Daily Times, 19 de setembro de 1906, 2: 1. Rua Azusa celebrou o "dom da escrita em línguas desconhecidas" em uma nota sem título em *Apostolic Faith* (Los Angeles), 1:1, setembro de 1906, 1.3.

²⁷⁰ Sem Título, *Apostolic Faith* (Los Angeles), 1:9, Junho a Setembro de 1907, 1.4.

²⁷¹ Sem Título, *Apostolic Faith* (Los Angeles), 1:10, Setembro de 1907, 2.4.

²⁷² To the Baptized Saints [Aos Santos Batizados], *Apostolic Faith* (Los Angeles), 1:9, Junho a Setembro de 1907, 2.1. Itálico meu.

Sua vida deve ser julgada com os frutos do Espírito. Se você ficar com raiva, ou falar mal, ou ira, eu não me importo quantas línguas você possa ter, você não tem o batismo com o Espírito Santo. Você perdeu sua salvação. Você precisa do Sangue em sua alma.[273]

Seria uma crítica ao comportamento de Parham depois que ele foi convidado a deixar a Rua Azusa? Só podemos especular, mas a linguagem de Seymour começou a mudar, e as ações de Parham o deixariam aberto a uma acusação de Seymour de que ele não tinha o batismo, mesmo que falasse em línguas.

Charles Parham deixou Los Angeles em dezembro de 1906, retornando a Zion City, Illinois. Ele então viajou para o Leste antes de voltar para Kansas e Texas. Em julho de 1907, quando estava em San Antonio, Texas, Parham foi preso e acusado de cometer uma "ofensa nada natural".[274] Não é possível confirmar se a prisão de Parham estimulou Seymour a abordar o assunto das evidências, mas dentro de seis meses a questão foi abordada novamente na *Fé Apostólica*, desta vez em um formato de perguntas e respostas. E a resposta era bem adequada para aplicação à alegada queda de Parham.

"Qual é a verdadeira evidência de que um homem ou uma mulher receberam o batismo com o Espírito Santo?" Ele perguntou.

O Amor divino, que é a caridade. A caridade é o Espírito de Jesus. Eles terão os frutos do Espírito. Gl 5:22 "*Mas o fruto do Espírito é amor, gozo, paz, longanimidade, benignidade, bondade, fé, mansidão, temperança. Contra estas coisas não há lei. E os que são de Cristo crucificaram a carne com suas paixões e concupiscências.*" Esta é a verdadeira evidência bíblica em sua caminhada diária e conversação; e as manifestações externas; falar línguas e os sinais que seguem; expulsão de demônios,

---

[273] *To the Baptized Saints* [Aos Santos Batizados], 2.1.

[274] *Evangelist Is Arrested* [Evangelista é Preso], *San Antonio Light*, 19 de Julho de 1907, p. 1; *Voliva Split Hits Preacher*, *San Antonio Light*, 21 de Julho de 1907, p. 2.

imposição das mãos sobre os enfermos e doentes e os curar, e o amor de Deus pelas almas aumentando em seus corações".[275]

Mais uma vez, Seymour apelou para o papel do fruto do Espírito, mas também abriu espaço para uma variedade de carismas. Ficou claro, no entanto, que as "afeições" e os "desejos" carnais eram apontados como inaceitáveis. Enquanto Parham ensinara Seymour a esperar "evidências bíblicas" de falar em línguas, Seymour tinha claramente ampliado sua compreensão do batismo do Espírito para incluir uma dimensão ética. As palavras de Elmer Fisher, pastor da principal concorrente da Rua Azusa, a Missão do Cenáculo (o lugar onde Parham tinha sido autorizado a realizar reuniões de meio-dia quando proibidas na Rua Azusa), sugerem que a resposta de Seymour foi, na verdade, motivada pela queda de Parham. "Não permita que nenhuma das falsificações do Diabo ou as falhas dos homens façam com que você abaixe o padrão da Palavra de Deus", advertiu Fisher, "[...] aqueles que receberem o batismo completo do Espírito Santo falarão em línguas, *sempre* conforme o Espírito conceda que falem".[276] Fisher insinuou que Seymour havia recuado da verdade concentrando-se mais na fraqueza humana (a alegada queda de Parham) do que na palavra de Deus. No mínimo, a resposta de Fisher foi destinada a silenciar o tipo de revisionismo que Seymour levantou. Os padrões raciais sozinhos não separaram Seymour e Fisher, porque sua aproximação às línguas como evidência do batismo com o Espírito também os separou.

No final de 1907, a *Fé Apostólica* incorporou mais artigos usando linguagem alternativa e a expressão "evidência bíblica" começou a desaparecer.[277] Em seu lugar veio a descrição cada vez mais popular de línguas como um "sinal" que se seguiria. Em duas ocasiões, o assunto do batismo com o Espírito Santo foi abordado extensamente. "As línguas não são uma

---

[275] *Questions Answered* [Questões Respondidas], *Apostolic Faith* (Los Angeles), 1: 11, Outubro a Janeiro de 1908, 2.1.

[276] E. K. Fisher, *Stand for the Bible Evidence* [Suporte Para a Evidência da Bíblia], *The Upper Room 1:1*, Junho de 1909, 3.3. Itálicos meus.

[277] A frase "evidência bíblica" ocorre pelo menos 38 vezes em *Apostolic Faith* (Los Angeles), mas apenas duas vezes nos últimos quatro números. Cf., *In Washington, D.C.* [Em Washington D. C.], *Apostolic Faith* (Los Angeles), 1:10, setembro de 1907, 1.1; W. H. Stanley, *Worth Tarrying For*, Apostolic Faith (Los Angeles), 2:13 [sic], Maio 1908, 3: 3. Outras frases que ocorrem incluem "a evidência", "a mesma evidência", "a evidência externa" e "Sua própria evidência".

evidência de salvação", anunciou o primeiro, "mas um dos sinais que seguem todo homem e mulher cheios de Espírito".[278]

Seymour abordou o assunto uma última vez na edição de 1908 da *Fé Apostólica*. Neste artigo particular, provavelmente uma parte de um sermão que havia pregado, Seymour representava a posição oficial da missão. Ele claramente evitou a linguagem da *evidência* quando lembrou que,

> O padrão Azusa do batismo com o Espírito Santo é de acordo com a Bíblia em Atos 1:5,8; Atos 2:4 e Lucas 24:49. Bendito seja Seu Santo Nome. Aleluia ao Cordeiro pelo batismo do Espírito Santo e fogo e pelo falar línguas conforme o Espírito conceda que fale.

Seymour continuou a prometer: "Amados, quando tiverem seu Pentecostes pessoal, os sinais seguirão falando línguas, conforme o Espírito Santo concede. Isto é verdade".[279] O que é claro disto é que enquanto Seymour não ensinava uma doutrina da "evidência bíblica", ele ainda acreditava que quando as pessoas eram batizadas com o Espírito, elas falavam línguas. Naquele momento, no entanto, ele descreveu a capacidade como um sinal que deve seguir a experiência, como o Espírito tornou possível. Estava convencido de que a soberania do Espírito de Deus tinha de ser mantida.

SEYMOUR: OS ÚLTIMOS ANOS (1915-1922)

Seymour não encorajava a busca de manifestações espirituais. A capacidade de falar em línguas era boa, mas para ele não era a condição *sine qua non* da espiritualidade cristã. "Mantenha seus olhos em Jesus", Seymour advertiu seus leitores, "não sobre as manifestações, não buscando obter alguma coisa grande mais do que alguém [...] Se você mantiver seus olhos em manifestações

---

[278] *The Baptism with the Holy Ghost* [O Batismo com o Santo Espírito], *Apostolic Faith* (Los Angeles), 1:11, outubro a janeiro de 1908, 4.1. Cf., também, sem título, *Apostolic Faith* (Los Angeles), 1:12, janeiro de 1908, 3.2.

[279] W. J. Seymour, *The Baptism of the Holy Ghost* [O Batismo com o Santo Espírito], *Apostolic Faith* (Los Angeles), 2: 13 [sic], Maio de 1908, 3.1.

e sinais", advertiu ele,"você está propenso a uma falsificação, mas o que você quer buscar é mais santidade, mais de Deus".[280]

As manifestações eram importantes, conquanto também poderiam ser problemáticas. "Se você encontrar pessoas que têm um espírito severo e até mesmo falam línguas com um espírito severo, não é o Espírito Santo falando", observou um dos colaboradores da *Fé Apostólica* em maio de 1908. "Suas declarações [do Espírito] são em poder e glória e com bênção e doçura [...] Ele é um Espírito manso e humilde - não um Espírito áspero".[281]

A dureza era um problema, especialmente na relação com Charles Parham. Este continuou a atacar o trabalho de Seymour em Los Angeles no que só pode ser rotulado como virulento. Repetidamente durante todo o ano de 1912, Parham imprimiu acusações e acusações projetadas para prejudicar a credibilidade de Seymour. Parecia obcecado por estabelecer um recorde consecutivo que favorecesse sua própria marca de teologia pentecostal.

Parham descreveu a experiência de Los Angeles como "falsificação", "um cruzamento entre a forma de adoração do Negro e do *Rolo Sagrado*" (Holy Roller[282]).[283] Em seu artigo, com insultos raciais, ele descreveu a Rua Azusa como um "viveiro de incêndios", engajados em "orgias religiosas superando cenas do Diabo ou fetiche de adoração." Suas atividades incluíam "latir como cães, cantar como galos [...] transes, ataques de tremor e todos os tipos de contorções carnais com relinchos e grasnados [...]".[284] Em cada edição que se seguia, Parham continuou sua avaliação mordaz da Rua Azusa, finalmente descrevendo tudo como "esgoto".[285]

Seymour teve outros problemas durante estes anos também. A maioria

---

[280] *The Baptism with the Holy Ghost* [O Batismo com o Santo Espírito], *Apostolic Faith* (Los Angeles), 1:11 (outubro a janeiro de 1908), 4.1.

[281] *Character and Work of the Holy Ghost* [Caráter e Obra do Santo Espírito], *Apostolic Faith* (Los Angeles), 2:13 *[sic]* (Maio de 1908), 2.2.

[282] Ficaram conhecidos assim porque nos cultos, supostamente influenciados pelo Espírito, caíam e ficavam rolando pelo chão. O termo assumiu uma conotação pejorativa (N.E.).

[283] Comentários sem título, *New Year's Greetings* (Baxter Springs, Kan.), Janeiro de 1912, p. 6. Esta citação é um paralelo notável à descrição que o Dr. Burdette pregou em setembro 1906 (veja acima nota 259).

[284] *Leadership* [Liderança], *Apostolic Faith* (Baxter Springs, Kan.), 1:4, junho de 1912, p. 7.

[285] Cf., *Lest We Forget* [Não nos Esqueçamos], *Apostolic Faith* (Baxter Springs, Kan.), 1:6, agosto de 1912, p. 6; Nota sem título, *Apostolic Faith* (Baxter Springs, Kan.), 1:7, setembro de 1912, p. 10; *Baptism of the Holy Ghost* [Batismo do Santo Espírito], *Apostolic Faith* (Baxter Springs, Kan.), 1:8, outubro de 1912, pp. 8-10; e *Free Love* [Amor Livre], *Apostolic Faith* (Baxter Springs, Kan.), 1:10, dezembro de 1912, pp. 4-5.

dos brancos tinha deixado a missão, em parte, por causa de preconceito racial, embora outros fatores, como a incorporação da missão, tivessem contribuído.[286] Mas, como Parham, Seymour ficou profundamente ferido pela ruptura entre esses homens, o que ocorreu em 1906. Sua resposta veio na forma de um livro de noventa e cinco páginas publicado em 1915, *The Doctrines and Discipline of the Azusa Street Apostolic Faith Mission of Los Angeles, Cal.* [As Doutrinas e Disciplina da Missão de Fé Apostólica da Rua Azusa de Los Angeles, Califórnia].

Uma leitura superficial deste documento demonstra claramente quais porções foram escritas por Seymour e quais porções ele tomou "emprestado" de outras fontes. Em continuidade com sua herança negra e a tradição Holiness Wesleyana, Seymour incorporou vinte e quatro "Artigos de Religião". Originalmente escrito por John Wesley dos "Trinta e Nove Artigos da Religião", adotados em 1563 por uma Convocação e novamente em 1571, pelo Parlamento Inglês para governar as preocupações doutrinárias da Igreja da Inglaterra, os artigos vieram quase literalmente de *Doutrinas e Disciplina da Igreja Episcopal Metodista Africana*. O volume de *Doutrinas e Disciplina* de Seymour demonstraria a continuidade da Rua Azusa com as igrejas históricas.[287]

Outros pontos foram emprestados também, mas com estes, Seymour integrou uma cópia alterada da "Constituição" da missão, uma "Abordagem Apostólica", passagens estendidas sobre a natureza sagrada do laço matrimonial, uma exposição sobre os erros da "Teoria aniquilacionista" de Parham, bem como uma extensa declaração sobre o que significava a frase *"Fé Apostólica"*. As *Doutrinas e Disciplina* também demonstraram que, como Seymour continuou a liderar a agora muito esgotada congregação da Rua Azusa, sua posição sobre a teoria evidencial de Parham tinha se solidificado em uma clara rejeição.

Mesmo dentro da família da fé, a decepção poderia ter lugar ao longo de linhas doutrinárias, Seymour argumentou, e este fato forneceu os dados essenciais necessários para distinguir a capacidade de falar línguas das marcas genuínas de espiritualidade. Na mente de Seymour, isso era motivo suficiente para proibir que as línguas fossem aceitas como prova do batismo

---

[286] Seymour, *Doctrines and Discipline* [Doutrinas e Disciplina], p. 12.

[287] *Ibid.*, p. 21-24. Eu não faria muito do fato de que Seymour usou as Doutrinas e Disciplina da AME como base para a sua própria. Pode ser que ele tenha usado isso por modelo, mas o fato de que o edifício da Missão Azusa Street tinha sido de propriedade originalmente da Stevens (agora Primeira) Igreja AME pode simplesmente significar que Seymour usou o que ele tinha encontrado no edifício.

no Espírito. "Nós não acreditamos na doutrina da aniquilação dos ímpios", anunciou ele, "e é por isso que não podemos defender que as línguas sejam a evidência do Batismo no Espírito Santo e fogo".[288]

À primeira vista, esse tipo de argumento não faz sentido. Afinal, o que a "teoria da aniquilação do perverso" tem em comum com as línguas como evidência do batismo no Espírito? A resposta, é claro, repousa em Charles F. Parham, o qual propagou ambas as teorias.[289] Claramente, Seymour tinha sido seletivo em aceitar o que Parham ensinara quando, em 1905, estudou com ele em Houston. Mas os mesmos papéis de 1912 em que Parham continuou seu ataque à Seymour e à Rua Azusa também defendiam a teoria da Aniquilação.[290] Seymour acreditava que, nesse ponto, tinha motivos bíblicos para discordar de seu professor. Se as línguas eram a evidência do dom do Espírito Santo, Seymour raciocinou,

> então os homens e as mulheres que receberam o dom de línguas não poderiam ter acreditado contrariamente aos ensinamentos do Espírito Santo. Uma vez que as línguas não são a evidência do Batismo no Espírito Santo, homens e mulheres podem recebê-lo [a capacidade de falar línguas] e ainda serem desprovidos da verdade.[291]

Ao longo de seu argumento, Seymour tinha em mente Parham. Seymour não acreditava que a Escritura apoiasse qualquer teoria do aniquilacionismo. Ele concluiu, portanto, que Parham era culpado de acreditar no que era claramente "contrário aos ensinamentos do Espírito Santo" encontrados na Escritura. Mas Parham também acreditou e ensinou a teoria de que as línguas eram a prova do batismo no Espírito Santo. Como isso poderia ser? Seymour se perguntou. Poderia ser o caso somente se Parham estivesse equivocado na segunda teoria também.

Um verdadeiro batismo no Espírito tem um efeito santificador, pensou Seymour. Poderia ajudar no processo protetor da igreja, permitindo-lhe distinguir

---

[288] Seymour, *Doctrines and Discipline* [Doutrinas e Disciplina], p. 52.

[289] Goff em *Fields White Unto harvest* [Campos Brancos para Colheita], p. 35, mostrou que Parham abraçou a doutrina da aniquilação já em 1892.

[290] Cf., J. C. Seibert, *Christian Experience* [Experiência Cristã], *Apostolic Faith* (Baxter Springs, Kan.), 1:3, maio de 1912, p. 10; *Heaven and Hell* [Céu e Inferno], *Apostolic Faith* (Baxter Springs, Kan.), 1:8, outubro de 1912, p. 8.

[291] Seymour, *Doctrines and Discipline* [Doutrinas e Disciplina], p. 52.

ou discernir entre a verdade e a falsidade. O aniquilacionismo era falsidade. Parham não tinha sido protegido; além disso, concluiu Seymour, Parham também tinha sido enganado em acreditar que sua capacidade de falar em línguas era a evidência de que ele havia sido batizado no Espírito. Seymour não seria enganado da mesma forma: alguém poderia ser completamente destituído de verdade, e ainda falar em línguas. Por um lado, o verdadeiro batismo no Espírito veio sobre a vida santificada, e uma vez santificada não havia espaço para o erro. A capacidade de falar línguas, por outro lado, era independente da santificação.

A capacidade de falar línguas não era sequer singularmente cristã. Poderia ser uma expressão legítima do Espírito Santo, mas poderia ser outra coisa. Isto tornou difícil para qualquer congregação estar a salvo de imitações, mas especialmente aquelas congregações que viam o falar línguas como a evidência necessária do batismo no Espírito. As línguas não devem ser evidenciais de que alguém foi batizado no Espírito, pensou Seymour. Afinal, ele continuou,

> Lobos arrebatadores entrarão no meio do rebanho e rasgarão as ovelhas. Como ele (*sic!*) entrará? Eles entrarão através do sinal do dom de falar línguas, e se os filhos de Deus não conhecessem nada mais do que isso como evidência, os lobos não teriam dificuldade de entrar e dispersá-los.[292]

Sem dúvida, a falsificação de qualquer objeto genuíno merecia escrutínio especial, avaliação, teste ou discernimento e, se necessário, ensino corretivo. Seymour, agora um bispo (autoproclamado?), se via como uma ajuda aos seus paroquianos separando a noção de falar em línguas de qualquer doutrina de santificação. Afinal, era possível que as pessoas fossem enganadas por aqueles que falavam em línguas.

Parte da dificuldade que Seymour teve com aqueles que entenderam a capacidade de falar línguas como evidência de que haviam recebido o batismo com o Espírito Santo foi sua preocupação pastoral com o materialismo dessa expectativa. Jesus havia falado contra os que procuravam sinais (Mt 12.38-39) e as pessoas da época de Seymour não difeririam dos dias de Jesus. "Algumas pessoas hoje não podem acreditar que têm o Espírito Santo sem alguns sinais exteriores", murmurou ele, e isto "é paganismo".[293]

---

[292] *Ibid.*, p. 91.

[293] *Ibid.*, p. 8.

Palavras de julgamento como estas eram frequentes entre o povo Holiness, mas muitos Pentecostais devem ter rejeitado Seymour apenas por essa razão. Ele abraçou o falar em línguas e foi até tolerante com os sinais, mas estes não eram onde devemos ir para encontrar Deus. "O testemunho do Espírito Santo interior", escreveu ele,

> é o maior instrumento para se conhecer a Deus pois ele é invisível. (João 14.17). Está bem ter os sinais que seguem, mas não fiarmos nossa fé nas manifestações externas. Devemos ir pela palavra de Deus. Nosso pensamento deve estar em harmonia com a Bíblia ou então teremos uma religião estranha. Não devemos ensinar mais do que os Apóstolos.[294]

Os sinais tinham um lugar legítimo dentro da fé cristã, admitiu, mas uma preocupação com eles era antibíblica, até mesmo não cristã.

A imprecisão da antiga língua pentecostal produziu outro problema, que era agravado se as línguas fossem declaradas como evidência do batismo com o Espírito. Alguns aparentemente interpretaram o intercâmbio de Paulo com os discípulos de Éfeso em Atos 19.2-6 como indicando que nem sequer se tinha o Espírito antes de ter falado em línguas. Na opinião de Seymour, isso estava errado. Foi contrário aos próprios ensinamentos de Cristo, argumentou. Mas o erro era mais significativo do que apenas isso:

> Se basearmos nossa fé nas línguas, sendo a evidência do dom do Espírito Santo, isso derrubaria nossa fé no sangue de Cristo e o testemunho interior do Espírito Santo dando testemunho com nosso espírito (Rm 8.14-16).[295]

Seymour encarava a expiação como intrínseca à fé cristã. Ele havia pregado por longo tempo a importância da salvação com base na expiação, mas a ênfase que algumas pessoas colocaram sobre a importância do falar línguas e a maneira que eles associaram isso ao recebimento inicial do Espírito Santo deixou em dúvida sobre se eles acreditavam que o derramamento do sangue de Cristo tinha sido satisfatório em alcançar a sua salvação. Sua negação da vinda do Espírito na conversão não se encaixava na compreensão de

---

[294] *Idem*
[295] *Ibid.*, pp. 51-52.

Seymour sobre a Escritura. Além disso, a associação entre receber o Espírito e falar línguas parecia ignorar totalmente qualquer necessidade de expiação. O falar línguas, na mente de Seymour, embora dependente do Espírito em sua forma genuína, não podia ser entendida como independente da expiação. Ao ensinar que as línguas eram a evidência da presença do Espírito, alguns poderiam erroneamente buscar as línguas na tentativa de receber o Espírito e perder completamente a salvação, pois parecia, na mente de Seymour, que isso enfraquecia a doutrina bíblica da expiação.[296]

Os argumentos de Seymour contra as línguas como evidência eram inevitavelmente de natureza pastoral: a expectativa da natureza evidencial das línguas desviava a espiritualidade, abrindo aqueles que buscavam tais sinais para todas as formas de problemas potenciais.

> Onde quer que a doutrina do Batismo no Espírito Santo seja apenas conhecida como a evidência de falar em línguas, essa obra será uma porta aberta para bruxas, espiritualistas e amor-livre. Esse trabalho vai sofrer, porque todos os tipos de espíritos podem entrar.

Seymour viu apenas um antídoto, o da Escritura. "A palavra de Deus é dada aos homens e mulheres santos, não aos demônios", ele argumentou. "A palavra de Deus permanecerá para sempre".[297]

William J. Seymour estava comprometido com a autoridade final e última das Escrituras nas vidas de toda a humanidade. "Deus quer que tenhamos fé para aceitarmos a ele e a sua palavra", argumentou. "Se tomarmos a divina Palavra de Deus, ela nos conduzirá corretamente".[298] Como Joseph Smale, que havia rejeitado a teoria da evidência em 1906, Seymour concluiu que as línguas poderiam demonstrar que uma pessoa havia recebido o batismo,

---

[296] O Dr. Finis E. Yoakum lembrou-se desse ponto e invocou o apoio de Seymour afirmando: "O querido velho líder de Azusa disse que a razão pela qual os Pentecostais estão tão divididos hoje é porque ele concordou comigo que o Espírito Santo veio para permanecer para sempre e então fala 'como Ele quer', dando-nos línguas ou qualquer outro dom, mas os dons não nos salvarão. "Nós somos salvos pela graça, pela fé, e não por nós mesmos, é dom de Deus" (F. E. Yoakum , *The Bible Evidence of the Holy Ghost* [A Evidência Bíblica do Espírito Santo], *Pisgah* 1:25, março de 1920, p. 3, itálico meu).

[297] Seymour, *Doctrines and Discipline* [Doutrinas e Disciplina], prefácio.

[298] *Ibid.*, p. 91.

mas dizer que as línguas são *a prova inevitável* do batismo do Espírito foi para além do texto.

As línguas não poderiam ser consideradas como evidência concluiu, porque a doutrina que determinava a necessidade evidencial de línguas era uma construção humana, uma formulação teológica que limitava a Deus. Limitava o(s) caminho(s) em que o Espírito Santo poderia escolher trabalhar. Em última análise, minaria a fé cristã.

> Muitas pessoas naufragaram na fé, estabelecendo um padrão para Deus respeitar ou no qual agir. Quando estabelecemos apenas línguas como sendo a evidência bíblica de Batismo no Espírito Santo e fogo [sic]. Deixamos a palavra divina de Deus e instituímos nosso próprio ensinamento.[299]

Seymour enxergou um paralelo à teoria das línguas como evidência em Ezequiel 14.9: "Quando um homem acumular quaisquer ídolos em seu coração e buscar o Senhor, e se o profeta for enganado", ele escreveu, "ele é o que engana o profeta".[300] Ao adotar a teoria da evidência inicial como a doutrina desta, argumentou Seymour, aqueles que o fizeram foram enganados e, ao mesmo tempo, tornaram-se enganadores. Eles eram culpados de idolatria em virtude de estarem mais preocupados em garantir suas próprias concepções teológicas do que preocupados em permitir que Deus fosse livre para tornar-se evidente por outros meios que não as línguas. Em resumo, Seymour argumentou, a Deus deve ser permitido ser Deus, e como Deus, ele é livre para escolher qualquer manifestação que possa desejar, incluindo as línguas. Mas, no que se refere a Seymour, Deus não se limitaria ao falar línguas para evidenciar o batismo do Espírito.

CONCLUSÃO

Nos primeiros dias do movimento de Fé Apostólica, Charles F. Parham deu o tom. Sua frase "evidência bíblica" tornou-se um termo técnico para o falar línguas que acompanhava o batismo com o Espírito Santo. Os alunos de Parham, em geral, seguiram sua liderança no uso desta frase, acreditando

---

[299] *Idem.*
[300] *Idem.*

que essa "evidência bíblica" era o "dom das línguas". William J. Seymour, um dos tais alunos e pastor fundador da Missão da Rua Azusa, inicialmente acreditava que a capacidade de falar em línguas era evidência do batismo no Espírito, assim como Parham tinha ensinado.

À medida que o movimento ganhava experiência e avançava para a maturidade, surgiam questões que tornavam mais difícil para Seymour manter a posição de Parham. Em particular, Seymour questionou a legitimidade das línguas como evidência quando o fruto do Espírito estava ausente e os desejos da carne evidenciavam-se na pessoa que dizia ser batizada no Espírito. Seymour chegou a crer que este batismo não era obtido independentemente da santificação, mas sim como um dom de poder sobre a vida santificada. Isso significava que, embora a capacidade de falar línguas pudesse significar ou operar como um sinal que seguia o batismo com o Espírito, outros fatores teriam de ser considerados, que na análise de Seymour, provavam ser muito mais importantes como evidências genuínas do mencionado batismo.

Dentro do contexto de interação entre William J. Seymour, Charles F. Parham, Joseph Smale e Elmer K. Fisher, a doutrina da "evidência bíblica" foi testada. Parham juntou-se a Fisher e continuou a manter o que se tornaria a posição normativa da maioria dos Pentecostais norte-americanos, isto é, as línguas como evidência, "a evidência bíblica" do batismo no Espírito. Smale rapidamente rejeitou a noção de que as línguas eram a evidência, mas continuou crendo em um verdadeiro "dom de línguas", que antecipou seria restaurado para a igreja nos últimos dias. Seymour, no entanto, adotou uma posição que rejeitou falar em línguas como "a evidência bíblica" do batismo com o Espírito. Com certeza, poderia servir como um sinal, mas o batismo no Espírito teria de vir primeiro. Em suma, Seymour não seria aceitável como um pentecostal hoje, se os padrões normativos da *Pentecostal Fellowship of North America* [Comunhão Pentecostal da América do Norte] fossem impostos a ele. À luz disto, pode-se melhor entender Seymour como o precursor por excelência para a renovação carismática moderna, por um lado, e/ou o fundador de um Pentecostalismo mais amplamente definido, por outro. Sua definição do que constitui um Pentecostal certamente seria mais ampla do que a de Parham ou de Fisher. Permaneceria mais fiel à tradição wesleyana-holiness da qual surgiu o movimento Pentecostal, incluindo a ênfase em um compromisso mais profundo com a dimensão ética da fé cristã.

Por conseguinte, a interação de Seymour, Parham, Smale e Fisher forneceu espaço para testar a experiência do falar línguas e sua relação com o batismo do Espírito. A doutrina da "evidência bíblica" não foi desenvolvida isoladamente, como que deixada sozinha para fornecer uma resposta teológica normativa à experiência; antes, foi testada na interação da experiência desses quatro pastores. William Seymour veio rejeitar a teoria porque não conseguiu encontrar consistência na dimensão ética daqueles que afirmavam ter experimentado, ou seja, a incapacidade dos brancos manterem um papel de apoio em relação a um pastor negro, além do repulsivo espetáculo do papel subjacente que o racismo desempenhou na formação de seu pensamento.

De importância para o presente volume é a observação de que em nenhum lugar nos escritos de Seymour no *Fé Apostólica*, ou no jornal de Fisher, o *Cenáculo*, ocorre a frase "a evidência inicial". Da mesma forma, Parham continuou a empregar "a evidência bíblica" como sua descrição predileta. O adjetivo governante foi transformado com o tempo, às vezes sendo totalmente ausente (a evidência), às vezes sendo modificado ainda mais (a evidência bíblica *integral*) e às vezes transformado num antecessor de alguma doutrina posterior através de adjetivos tais como "a evidência *inevitável*" ou "a evidência *externa*". Este último adjetivo pode muito bem ter levado à ideia de que falar em línguas era "a evidência física", e não é de surpreender que fosse um adjetivo usado pela primeira vez pela Sra. Lydia Piper na *Stone Church* (Igreja de Pedra) em Chicago.[301] De qualquer forma, por uma década ou mais, os Pentecostais seguiriam a liderança de Charles Parham e ensinariam que a evidência do batismo com o Espírito Santo deve ser "a evidência bíblica", isto é, a habilidade sobrenatural de falar noutras línguas. Seymour esteve entre eles por algum tempo, mas sua experiência o levou para além dos estreitos limites prescritos por seu antigo professor, a uma posição que hoje é seguida por muitos pentecostais negro-americanos e não por norte-americanos.

---

[301] Sra. W. Piper, *He Shall Baptize You: Matt. 3:11* [Ele vos Batizará: Mateus 3:11], Apostolic Faith (Los Angeles), 1:10, setembro de 1907, 4.1-2. Se a ideia da evidência "externa" estava em voga na Stone Church, ela pode estar por trás da posição eventualmente adotada pelas Assembleias de Deus da "evidência física inicial", o termo "físico" sendo uma evidência "externa". As Assembleias de Deus realizaram seu segundo Conselho Geral na *Stone Church* em 1915.

6. A ANTIGA HERMENÊUTICA PENTECOSTAL: LÍNGUAS COMO EVIDÊNCIA NO LIVRO DE ATOS

Gary Mcgee

Começando com Charles F. Parham em Topeka, Kansas, o reavivamento de janeiro de 1901, os Pentecostais assumiram que o Evangelista Lucas era muito mais do que um historiador, funcionando também como teólogo por meio da preparação do Evangelho de Lucas e do livro de Atos. De acordo com os Pentecostais, seu registro do "padrão" do batismo do Espírito, com o acompanhamento do falar línguas (Atos 2.4; 10. 45-46; 19.6) não só descreveu a experiência da igreja primitiva, mas estabeleceu uma norma doutrinal e espiritual para todos os crentes. Afinal, Pedro havia declarado no dia de Pentecostes: *"Porque a promessa [do batismo do Espírito] vos diz respeito a vós, a vossos filhos, e a todos os que estão longe, a tantos quantos Deus nosso Senhor chamar"* (2.39). Embora citações de passagens bíblicas para apoiar esta doutrina não tenham sido limitadas a Atos, o uso de Atos para estabelecer a doutrina pentecostal tem sido indispensável.

Não obstante, os escritores pentecostais raramente questionavam se sua abordagem à narrativa de Atos representava procedimentos hermenêuticos protestantes tradicionais. Também é importante reconhecer que eles têm empregado isto, *especialmente* em relação ao seu ensino sobre glossolalia como prova para o batismo do Espírito.

A elevação das afirmações implícitas (o "padrão"), no entanto, ao mesmo nível de autoridade que as proposições escriturísticas explícitas, constitue um afastamento da hermenêutica defendida pelos teólogos luteranos e reformados desde o século XVI, muitos dos quais foram fortemente influenciados pela metodologia escolástica e que às vezes argumentavam pela cessação dos dons do Espírito. Na obra *Teologia Cristã*, Millard J. Erickson inclui uma lista intitulada "Graus de Autoridade de Declarações Teológicas", na qual ele afirma que a declarações diretas da Escritura devem ser concedidas o maior peso. Na medida em que representam com precisão o que a Bíblia ensina, eles têm o *status* de uma palavra direta de Deus". Depois disso, Erickson fornece uma escala decrescente de níveis de autoridade: implicações diretas, prováveis implicações, conclusões indutivas, conclusões da revelação geral e especulações.[302] Portanto, para ele, o ponto de partida para o estudo teológico deve ser aquelas declarações chamadas de proposicionais. Todavia, como outros evangélicos em geral, Erickson ignora a afirmação pentecostal de que Lucas descreve o batismo do Espírito como uma experiência subsequente da graça autenticada pelo falar em línguas.[303]

Como a maioria dos Pentecostais desde Charles E. Parham até contemporâneos como Stanley M. Horton, L. Arrington e Jimmy Hall (capítulo 10) apelaram sem hesitação ao padrão dos fenômenos glossolálicos para provar a validade do argumento de que as línguas são a evidência inicial do batismo no Espírito, é essencial que encontremos a origem desse referencial hermenêutico.[304] Os Pentecostais foram os únicos a descobrir um importante precedente no livro de Atos? O que descobriram? E o mais importante, os pioneiros Pentecostais concordaram num teste do padrão Lucano?

As maneiras pelas quais os Pentecostais desenvolveram hermeneuticamente sua pneumatologia oferecem uma área rica para um estudo mais aprofundado. A investigação que se segue, no entanto, só começa a explorar o assunto.

---

[302] M. J. Erickson, *Christian Theology* [Teologia Cristã] (Grand Rapids: Baker, 1985), pp. 79-80.

[303] *Ibid.*, pp. 877-82; para outras perspectivas Reformadas, veja A. A. Hoekema, *Tongues and Spirit-Baptism* [Línguas e Batismo do Espírito] (Grand Rapids: Baker, 1981), p. 114; J. R. W. Stott, *The Baptism & Fullness of the Holy Spirit* [O Batismo & o Plenitude do Espírito Santo] (Downers Grove, Ill.: Inter-Varsity, 1964), p. 18; F. D. Bruner, *A Theology of the Holy Spirit* [Uma Teologia do Espírito Santo] (Grand Rapids: Eerdmans, 1970), pp. 155ss.

[304] C. F. Parham, *A Voice Crying in the Wilderness* [Voz que Clama no Deserto], 2ª ed. (Baxter Springs, Kan.: Apostolic Faith Bible College, reimp. de 1910), pp. 36-38; S. M. Horton, *What the Bible Says About the Holy Spirit* [O que a Bíblia Diz sobre o Espírito Santo] (Springfield, Mo.: Gospel Publishing House, 1976), pp. 142-44, 156-62; E L. Arrington, *The Acts of the Apostles* [Os Atos dos Apóstolos] (Peabody, Mass.: Hendrickson, 1988), pp. 21-24, 117-18.

RESTAURANDO PADRÕES DE ATOS

O crescente interesse em retornar às normas do cristianismo primitivo remonta aos tempos antigos e medievais sempre que um indivíduo ou grupo de crentes decidiu que era hora de "restaurar" a fé e a prática de seus antepassados do Novo Testamento (Montanistas e os Movimentos franciscanos).[305] Com o surgimento da Reforma Protestante no século 16 e a crescente proliferação das seitas, o "restauracionismo" logo surgiu dentro deste novo ramo da cristandade. Martinho Lutero, obviamente, reivindicava recuperar o verdadeiro significado do evangelho por meio da sua defesa da natureza forense da justificação pela fé.[306] Nas igrejas de Genebra, Calvino estabeleceu quatro ordens de ofício (pastores, doutores [educadores], presbíteros, Diáconos) sustentando que Cristo os havia instituído para governar sua igreja.[307]

Anabatistas (por exemplo, Amish, Irmãos, Hutteritas, Menonitas) pediram mudanças radicais na forma da igreja para que ela aderisse mais de perto ao modelo apostólico espelhado nos Atos dos Apóstolos. Os seguidores de Jacob Hutter (morto em 1536) seguiram mesmo a vida comunal segundo o exemplo da igreja de Jerusalém (At 2.44-45).[308] Vinculando-se com os verdadeiros crentes que os precederam e reforçando sua coragem diante da adversidade, mais tarde os Menonitas traçaram sua herança espiritual fazendo todo o caminho de volta aos sofrimentos e martírios desde João Batista e dos primeiros cristãos mencionados em Atos, com a ajuda da martirologia do século 17, *The Bloody Theatre or Martyrs Mirror* [O Teatro de Sangue ou o Espelho dos Mártires] (1660). Embora Lutero, Calvino e outros reformadores tenham abordado agressivamente questões como a autoridade da Escritura, o pecado original, a justificação pela fé, os sacramentos e a segurança do crente, a vitalidade do discipulado cristão nas igrejas diminuiu

---

[305] S. M. Burgess, "Montanist and Patristic Perfectionism" [Montanismo e Perfeccionismo Patrístico] em *Reaching Beyond: Chapters in the History of Perfectionism* [Capítulos na História do Perfeccionismo], ed. S. M. Burgess (Peabody, Mass.: Hendrickson, 1986), pp. 119-25; J. Moorman, *A History of the Franciscan Order* [História da Ordem Franciscana] (Oxford: Clarendon, 1968), pp. 3-19.

[306] *Luther's Works* [Obras de Lutero], vol. 34. Career of the Reformer 4, ed. L. W. Spitz (Philadelphia: Fortress, 1960), pp. 336-37.

[307] *Calvin: Theological Treatises* [Calvino: Tratados Teológicos], Library of Christian Classics 22, ed. J. K. S. Reid (London: SCM, 1954), pp. 58-66.

[308] Para uma exposição abreviada desta crença, veja P. Riedemann, *Account of Our Religion* [Relato de Nossa Religião], em *The Protestant Reformation*, ed. H. J. Hillerbrand (New York: Harper & Row, 1968), pp. 143-46.

no início do século seguinte, acelerado pelos estragos da Guerra dos Trinta Anos (1618-1648). Décadas depois, o revivalismo evangélico, conhecido como "pietismo", começou a se espalhar entre as congregações luteranas e reformadas na Alemanha.[309] Reagindo às controvérsias esotéricas e às metodologias escolásticas (vistas como espiritualmente estéreis) que pareciam consumir as energias do *establishment* teológico, alguns líderes da igreja (como por exemplo, Philipp Jakob Spener [1635-1705] e August Hermann Francke [1663-1727]) procuraram sinceramente melhorar a piedade na vida da igreja. Com base no trabalho dos reformadores, eles se concentraram no significado da regeneração na vida do crente e da igreja.

Pietistas encorajaram fortemente o estudo bíblico. Não surpreendentemente, com a ênfase do pietismo na experiência "sincera" ou "nascer de novo" da conversão, os cristãos foram instruídos a estudar as Escrituras visando uma pessoal edificação espiritual. Essa nova orientação contrastava com a metodologia árida (aristotélica) da escolástica protestante, que era frequentemente culpada de "texto-prova" na busca por conclusões doutrinárias lógicas.[310] O estudioso dos Irmãos, Dale Brown, sugere que entre os pietistas "a Bíblia se tornou um recurso devocional ao invés de uma fonte de doutrina, um guia para a vida e não apenas a fonte de fé e crença".[311] O próprio Spener disse que "a verdadeira fé [...] é despertada através da Palavra de Deus, pela iluminação, testemunho e selamento do Espírito Santo".[312] Ao promover a recuperação da dinâmica neotestamentária, o pietismo cultivou naturalmente as tendências de restauração: as instruções dos Evangelhos e Epístolas foram logicamente complementadas com diversos apelos aos paradigmas do cristianismo primitivo em Atos.

O "Pentecostes" Morávio de 13 de agosto de 1727 oferece um exemplo importante. Naquela ocasião, os participantes foram "batizados pelo próprio Espírito Santo a um só amor" e forjados em uma comunhão efetiva de fé e

---

[309] Para dois excelentes tratados do desenvolvimento do pietismo, veja F. E. Stoeffler, *The Rise of Evangelical Pietism* [A Ascenção do Pietismo Evangélico] (Leiden: E. J. Brill, 1965); idem, *German Pietism During the Eighteenth Century* [O Pietismo Alemão Durante o Século XVIII] (Leiden: E. J. Brill, 1973).

[310] J. Pelikan, *From Luther to Kierkegaard* [De Lutero a Kierkegaard] (St. Louis: Concordia, 1950), pp. 49-75.

[311] D. Brown, *Understanding Pietism* [Entendendo o Pietismo] (Grand Rapids: Eerdmans, 1978), p. 68.

[312] Philipp Jakob Spener, *Pia Desideria*, trad. e ed. T. G. Tappert (Philadelphia: Fortress, 1964), p. 46.

missão.³¹³ Depois disso, Nikolaus Ludwig Conde von Zinzendorf (1700-1760) e a Renovada Unitas Fratum (Igreja Morávia) implementaram com sucesso um modelo revolucionário de igreja que eliminava barreiras entre clérigos e leigos, permitindo oportunidades para que todos ministrassem. Em pouco tempo, e parcialmente pela influência da Morávia, o revivalismo varreu a Inglaterra sob os ministérios de John Wesley (1703-1791) e George Whitefield (1714-1770). Embora Wesley não tenha deixado a Igreja da Inglaterra, efetivamente evangelizou as massas e organizou pequenos grupos de cristãos em "reuniões de classe" para melhorar o treinamento do discipulado. Ao fazê-lo, ele alterou a paisagem espiritual da nação e das colônias norte-americanas.³¹⁴ O especialista em crescimento da Igreja George G. Hunter, III, refere-se a Wesley como "reformador apostólico" que "buscou nada menos do que a recuperação da verdade, vida, e o poder do cristianismo primitivo, e a expansão desse tipo especial de cristianismo".³¹⁵

Ao contrário de Wesley, muitos que foram influenciados pelo pietismo não foram relutantes em deixar as igrejas estabelecidas. Na verdade, o despertar do cristianismo neotestamentário exigiu a separação de formas eclesiásticas mortas e sem vida. Esses proponentes identificaram diretamente seus próprios movimentos com a teologia e as práticas dos cristãos do primeiro século, infelizmente separados no tempo por séculos de declínio espiritual. Seus sofrimentos e triunfos eram apenas uma extensão daqueles dos primeiros crentes em seu testemunho da verdadeira fé. O teólogo Claude Welch descreve a intensa identificação pessoal dessa mentalidade: "o verdadeiro nascimento de Cristo é seu nascimento em nossos corações, sua verdadeira morte está naquele morrer dentro de nós, sua verdadeira ressurreição está no triunfo em nossa fé".³¹⁶

O restauracionismo rapidamente se tornou uma força poderosa no cenário norte-americano, com cada defensor reivindicando alguma introspecção

---

[313] A. J. Lewis, *Zinzendorf; The Ecumenical Pioneer* [O Pioneiro Ecumênico] (Philadelphia: Westminster, 1962), p. 59.

[314] Howard A. Synder, *The Radical Wesley* [O Wesley Radical] (Downers Grove, Ill.: InterVarsity, 1980), pp. 125-42.

[315] G. G. Hunter, III, *To Spread the Power* [Espalhar o Poder] (Nashville: Abingdon, 1987), pp. 40-41.

[316] C. Welch, *Protestant Thought in the Nineteenth Century* [O Pensamento Protestante no Século XIX], vol. 1 (1799-1870) (New Haven: Yale University Press, 1972), 1:28. Para uma excelente discussão sobre o restauracionismo no cenário americano, veja R. T. Hughes, ed., *The American Quest for the Primitive Church* [A Busca Americana pela Igreja Primitiva] (Urbana: University of Illinois Press, 1988).

distinta na doutrina e/ou na prática da igreja baseada em parte em um modelo no livro de Atos. Os eruditos bíblicos Gordon D. Fee e Douglas Stuart afirmam que, quando os restauracionistas interpretam o Novo Testamento, eles "olham para a igreja e a experiência cristã no primeiro século como a norma a ser restaurada ou o ideal a ser aproximado".[317] Ironicamente, no entanto, o que cada movimento declarou ser o padrão definitivo do cristianismo primitivo ou o "ensino simples" de Atos não foi igualmente evidente para todos, como ilustram os exemplos a seguir.

Os ministérios de Barton W. Stone (1772-1844), Thomas (1763-1854) e Alexander (1788-1866) Campbell deram origem ao que realmente se tornou conhecido como "o movimento da Restauração". Os membros preferiram ser chamados simplesmente de "cristãos" (depois da primeira designação dos crentes no primeiro século, (Atos 11. 26)). Stone e os Campbells deram origem a vários grupos de igrejas atuais tais como a Igreja de Cristo, Discípulos de Cristo e cristãos independentes. Em relação ao seu conceito sobre a ordem da salvação, eles dependiam fortemente da análise das conversões relatadas em Atos; isso levou ao seguinte padrão essencial de conversão: fé, arrependimento, confissão, batismo em água por imersão, perdão de pecados e o dom do Espírito Santo.[318] Outras características da prática do Novo Testamento também foram reintroduzidas.

Com raízes que remontam ao século 16, os Batistas representam outro movimento proeminente inclinado a recuperar a pureza da igreja primitiva.[319] Em sua *História dos Batistas*, escrita no século 19, Thomas Armitage afirmou que

> o verdadeiro historiador deve fixar seu olho firmemente no início de sua obra, no padrão do Novo Testamento, e nunca removê-lo; porque é o único guia para a verdade em todas as épocas, e a única autoridade de apelo final. Uma semelhança exata, portanto, das Igrejas Apostólicas deve ser procurada

---

[317] G. D. Fee e D. Stuart, *How to Read the Bible for All Its Worth* [Como Ler a Bíblia por Todo Seu Valor] (Grand Rapids: Zondervan, 1981), p. 88.

[318] E. E. Dowling, *The Restoration Movement* [O Movimento de Restauração] (Cincinnati: Standard Publishing, 1964), p. 3; ver também, A. Campbell, *The Christian System* [O Sistema Cristão] (Cincinnati: H. S. Bosworth, 1866; reimp., New York: Arno Press and the *New York Times*, 1969), pp. 5-6; J. D. Murch, *Christians Only* [Apenas Cristãos] (Cincinnati: Standard, 1962), p. 9; idem, *The Free Church* [A Igreja Livre], 2d ed. (Louisville: Restoration, 1966), pp. 18-21.

[319] W. R. Estep, *The Anabaptist Story* [A História Anabatista] (Grand Rapids: Eerdmans, 1975), pp. 215-231.

desde o início [...] Nós nunca podemos estar errados em seguir o padrão encontrado na Constituição das Igrejas Apostólicas.[320]

Pode-se ver facilmente que a política da Igreja Batista dependia do que foi considerado o precedente do Novo Testamento para as congregações independentes, articulado nas Epístolas e exemplificado em Atos.[321]

O movimento holiness estadunidense também tentou restaurar a vitalidade da igreja primitiva. Influenciados pelos escritos de John Wesley e John Fletcher (1729-1785), os defensores holiness declararam que, após a conversão, cada crente deveria orar para receber a santificação, que assegurava a libertação do defeito em sua natureza moral que provocava comportamento pecaminoso. Este segundo trabalho permitiu que cada cristão alcançasse um patamar de maturidade espiritual (gradualmente ascendente), denominado de forma diversa como vida "mais profunda" ou "superior" em Cristo. Os pregadores Holiness, portanto, ensinaram que o livro de Atos descreve a separabilidade da salvação do batismo do Espírito, detalhando casos em que os crentes receberam a última (santificação) seguindo a salvação.[322] O teólogo wesleyano Wilber T. Dayton observa que

> em comum com os santos do Antigo Testamento, então, os seguidores de Jesus antes do Pentecostes poderiam nascer do Espírito, ajudados pelo Espírito e capacitados pelo Espírito como por um que estava com eles (Jo 14.17), mas a fonte de água viva não estava ainda jorrando do ser interior de um crente que havia "recebido" o "dom do Espírito Santo" (João 7:38).[323]

Não admira que, entre os wesleyanos, o exame da teologia de Lucas

---

[320] T. Armitage, A *History of the Baptists* [História dos Batistas] (New York: Bryan, Taylor, and Co., 1890; reimp., Watertown, Wis.: Maranatha Baptist, 1976), pp. 114.

[321] W. W. Stevens, *Doctrines of the Christian Religion* [Doutrinas da Religião Cristã] (Nashville: Broadman, 1967), pp. 306-7.

[322] Para um exemplo dessa exegese de Atos, veja C. W. Carter, ed. ger., *Wesleyan Bible Commentary* [Comentário Bíblico Wesleyano], 7 vols. (Grand Rapids: Eerdmans, 1964), vol. 4, *Matthew, Mark, Luke, John, Acts*, by R. Earle, H. J. S. Blaney, C. W. Carter, pp. 550.

[323] W. T. Dayton, "The Divine Purification and Perfection of Man" [A Purificação Divina e a Perfeição do Homem] em *A Contemporary Wesleyan Theology* [Uma Teologia Wesleyana Contemporânea], ed. C. W. Carter (Grand Rapids: Zondervan, 1983), vol. 1, p. 544.

tenha desempenhado um papel vital (mas não exclusivo) na formulação doutrinal.[324]

Naturalmente, os crentes Holiness também demonstraram interesse considerável pelos dons do Espírito. Isso ajuda a explicar por que o movimento Holiness estava intimamente associado ao movimento de cura evangélica, outra controvertida voz do restauracionismo do século XIX.[325]

A ideia de uma obra de graça "subsequente" também foi adotada por alguns dentro da tradição Reformada. Enquanto preocupados com a santificação, vozes influentes enfatizaram o batismo no Espírito como um meio de capacitação para o testemunho cristão. R. A. Torrey, superintendente do *Moody Bible Institute* em Chicago, encontrou estrategicamente ampla evidência de Atos de que "o Batismo com o Espírito Santo é uma distinta operação do Espírito, subsequente e adicional à Sua obra regeneradora [...] Principalmente com o propósito de servir".[326] Em relação ao "Pentecostes" Efésio (At 19.6), o pastor Batista A. J. Gordon disse:

> Esta passagem parece decisiva como mostrando que alguém pode ser um discípulo sem ter entrado na posse do Espírito como dom de Deus para os crentes [...] Tudo o que precisa ser dito sobre este ponto é simplesmente que estes discípulos de Éfeso, pelo recebimento do Espírito, entraram na mesma condição com os discípulos do Cenáculo que receberam uns vinte anos antes [...] Em outras palavras, esses discípulos de Éfeso recebendo o Espírito Santo exibiram os traços do Espírito comum aos outros discípulos da era apostólica.
>
> Se esses traços – o falar de línguas e a ocorrência de milagres – foram destinados a ser perpétuos ou não, não discutimos

---

[324] L. W. Wood, *Pentecostal Grace* [Graça Pentecostal] (Wilmore, Ky.: Francis Asbury, 1980), pp. 264-73; A. R. G. Deasley, "Entire Sanctification and the Baptism with the Holy Spirit: Perspectives on the Biblical View of the Relationship" [Santificação Completa e o Batismo com o Espírito Santo: Perspectivas sobre a Visão Bíblica da Relação], *WTJ* 14 (Spring 1979): 34-39.

[325] Para obter informações sobre o movimento de cura evangélica, veja P. G. Chappell, "The Divine Healing Movement in America" [O Movimento de Cura de Divina na América] (Ph.D. diss., Drew University, 1983).

[326] R. A. Torrey, *What the Bible Teaches* [O que a Bíblia Ensina] *(New* York: Fleming H. Revell Co., 1898), 271, 272; veja também D. L. Moody, *Moody: His Word Work, and Workers* [Moddy: Sua Obra em Palavras e Obras] (Cincinnati: Nelson & Phillips, 1877), pp. 396-403.

aqui. Mas que a presença pessoal do Espírito Santo na igreja era intencional para ser perpétua não pode haver dúvida. E qualquer relação que os crentes tivessem com aquele Espírito no começo, eles têm o direito de advogar hoje.[327]

Da mesma forma, A. B. Simpson, fundador e presidente da *Christian Missionary Alliance* [Aliança Cristã e Missionária] (CMA), e Robert P. Wilder, famoso promotor de missões estrangeiras entre acadêmicos e universitários, anteciparam a prática hermenêutica pentecostal de utilizar relatos narrativos em Atos para derivar a verdade doutrinal.[328]

Foi a partir da matriz pneumatológica do movimento Holiness que surgiu o pentecostalismo, como um novo desdobramento do restauracionismo.[329] Colocando ainda mais confiança na importância dos batismos do Espírito registrados em Atos, os Pentecostais estavam convencidos de que os crentes podiam experimentar a glossoália nos "últimos dias" - o tempo em que viviam (At 2.17-18). Thomas G. Atteberry, um dos primeiros editores pentecostais de Los Angeles, escreveu em janeiro de 1909 que "esta manifestação sobrenatural foi planejada por seu fundador para permanecer na Igreja continuamente como uma prova para o mundo de que ela tinha uma comissão divina e que sua obra era de Deus".[330] Refletindo sobre a descoberta

---

[327] A. J. Gordon, *The Ministry of the Spirit* [O Ministério do Espírito] (Philadelphia: American Baptist Publication Society, 1894), pp. 79-80.

[328] A. B. Simpson, *The Acts of the Holy Ghost* [Os Atos do Santo Espírito]. Christ in the Bible Series, vol. 16 (Harrisburg: Christian Publications, n.d.), pp. 23-25; R. P. Wilder, "Power from on High" [Poder do Alto] em *Spiritual Awakening Among India's Students* [Despertamento Espiritual Entre Estudantes da Índia] (Madras: Addi- son & Co., 1896), pp. 24-30; idem, *Studies on the Holy Spirit* [Estudos Sobre o Espírito Santo] (London: SCM, 1909), pp. 11-13. Ver também C. Nienkirchen, "Albert B. Simpson: Fore-runner of the Modern Pentecostal Movement" [Albert B. Simpson: Precursor do Movimento Pentecostal Moderno], artigo apresentado na 16ª reunião anual da Society for Pentecostal Studies [Sociedade para Estudos Pentecostais], Costa Mesa, California, 13 a 15 de Novembro de 1986.

[329] Este desenvolvimento foi documentado em D. W. Dayton's *Theological Roots of Pentecostalism* [Raízes Teológicas do Pentecostalismo] (reprint, Peabody, Mass.: Hendrickson, 1991). Ver também E. L. Waldvogel [Blumhofer], "The 'Overcoming Life': A Study in the Reformed Evangelical Origins of Pentecostalism" [A "Vida Superior": Um Estudo nas Origens Evangélicas Reformadas do Pentecostalismo] (dissertação Ph.D., Harvard University, 1977). Para a conexão pneumatológica, também W. J. Hollenweger, *The Pentecostals* [Os Pencostais] (reprint, Peabody, Mass.: Hendrickson, 1988), pp. 336-38.

[330] T. G. Atteberry, "Signs and Miracles" [Sinais e Milagres], *Apostolic Truth*, Janeiro de 1907, p. 4. E. W. Kenyon, um observador primitivo do pentecostalismo que mais tarde teve uma influência

desta verdade bíblica negligenciada, e agradecido também pelas percepções que Lutero, Wesley, Blumhardt, Trudel e A. B. Simpson tinham recuperado Daniel W. Kerr, um dos primeiros líderes nas Assembleias de Deus, concluiu:

> Nos últimos anos, Deus nos permitiu descobrir e recuperar esta maravilhosa verdade concernente ao Batismo no Espírito como foi dado no início. Assim, temos tudo o que os outros têm, e nós temos isso também. Nós vemos tudo o que eles veem, mas eles não veem o que vemos.[331]

O historiador Donald Dayton relatou que "quando o pentecostalismo surgiu, dentro de poucos anos, líderes do Movimento de Santidade reconheceram que era somente o dom de línguas que separavam os pentecostais dos seus ensinos".[332]

Previsivelmente, portanto, a maioria dos Pentecostais tem apoiado a noção Holiness de uma segunda obra de graça, embora alguns apoiem uma de capacitação (para alguns há duas obras subsequentes, ou seja, uma para santificar, e outra para capacitar).[333] A *glossolalia* fornece a primeira

---

marcada em alguns setores do movimento nas áreas de confissão positiva e cura pela fé, escreveu o seguinte em 1907 sobre o renascimento do falar em línguas: "Agora, quanto ao seu valor. É claro que é 'dado ao que for útil'. Tanto quanto eu posso ver, não há utilidade exceto em que dá a prova externa de ter recebido o Espírito Santo. Mais uma vez convence os estrangeiros que algo além do natural tem vindo para o cristão. Eu não posso ver que aqueles com línguas têm mais poder em testemunho ou pregação do que muitas pessoas habitadas pelo Espírito que eu conheço. Mas a alegria que chega à alma e o êxtase que a emociona vale o esforço que alguns parecem mostrar para obter o dom". Ver E. W. Kenyon, "The Gift of Tongues" [O Dom de Línguas], *Reality*, May 1907, p. 229; cf., D. R. McConnell, *A Different Gospel* [Um Evangelho Diferente] (Peabody, Mass.: Hendrickson, 1988), p. 16.

[331] D. W. Kerr, "The Basis for Our Distinctive Testimony" [A Base para Nosso Testemunho Distintivo] *Pentecostal Evangel*, 2 de Setembro de 1922, p. 4. Ver também G. Wacker, "Playing for Keeps: The Primitivist Impulse in Early Pentecostalism" [Desempenho Definitivo: O Impulso Primitivista no Pentecostalismo Inicial], em Hughes, ed., *The American Quest*, p. 196-219.

[332] Dayton, *Raízes Teológicas do Pentecostalismo*. Natal: Editora Carisma, 2018, p. 291.

[333] Uma amostragem representativa da literatura: E. C. Erickson (Sociedade de Assembleias Cristãs), "The Bible on Speaking in Tongues" [A Bíblia e o Falar em Línguas] (sermão impresso) (Duluth: Duluth Gospel Tabernacle, 1935); H. Horton (Assembleias de Deus na Grã-Bretanha e Irlanda), *What is the Good of Speaking with Tongues?* [Qual é o Bem do Falar em Línguas?] (Luton, Beds., England: Redemption Tidings, 1946); F. H. Squire (Testemunho do Evangelho Pleno, Inglaterra), *The Revelation of the Holy Spirit* [A Revelação do Espírito Santo] (Leamington Spa, England: Full Gospel Publishing House, n.d.); M. Pearlman (Assembleias de Deus, E.U.A.),

verificação do batismo do Espírito para o indivíduo. É interessante notar que as propriedades desta concessão de poder se assemelham às marcas da vida santificada em conferir maior sensibilidade à orientação do Espírito, dedicação mais intensa a Deus e um amor cada vez maior por Cristo e os perdidos.[334] Ao defender a pertinência da doutrina para a igreja de hoje, o historiador das Assembleias de Deus William W. Menzies insiste que "a teologia que tem pouca ou nenhuma relevância para a vida como ela é vivida na cozinha ou no mercado pode ser uma divertida diversão acadêmica, mas tem pouca semelhança com a teologia dos escritores bíblicos: a fé e a vida estão intimamente entrelaçadas".[335] Sua observação ecoa tanto as preocupações experienciais do pietismo quanto os sentimentos de restauração. Não surpreendentemente, a história mais antiga do movimento pentecostal, escrita por Bennett Freeman Lawrence, foi apropriadamente intitulada *The Apostolic Faith Restored* [A Fé Apostólica Restaurada] (1916).

EVIDÊNCIA IMPRESSIONANTE?

Parham teorizou que as línguas como a *xenolalia* ou a *xenoglossa* (linguagens humanas não aprendidas, uma forma de *glossolalia*) era um componente chave no plano divino para acelerar o evangelismo missionário no final da história humana. Se sua teoria tivesse sido provada, todo o curso do pentecostalismo teria sido bem diferente. Mas, mesmo em 1906, o primeiro ano do influente reavivamento da Rua Azusa em Los Angeles, os Pentecostais não aceitaram uniformemente a sua insistência na *xenolalia* ou a conexão ferrenha de línguas como evidência.

Notavelmente, A. G. Garr, um dos primeiros missionários a viajar para o exterior (esperando para pregar em Bengali quando chegou a Calcutá, Índia), relatou em 1908: "Suponho que Deus nos deixaria falar com os nativos da Índia em sua própria língua; mas ele não o fez, até agora não vi ninguém

---

Knowing the Doctrines of the Bible [Conhecendo a Doutrinas da Bíblia] (Springfield, Mo.: Gospel Publishing House, 1937); R. H. Hughes (Church of God [Cleveland, Tenn.]), *What is Pentecost?* [O que é o Pentecostes?] (Cleveland, Tenn.: Pathway, 1963); G. P. Duffield e N. M. Van Cleave (International Church of the Foursquare Gospel), *Foundations of Pentecostal Theology* [Fundamentos da Teologia Pentecostal] (Los Angeles: L.I.F.E. Bible College, 1983).

[334] S. M. Horton, *What the Bible Says* [O Que a Bíblia Diz], p. 261.

[335] W. W. Menzies, "The Methodology of Pentecostal Theology: An Essay on Hermeneutics" [A Metodologia da Teologia Pentecostal: Uma Dissertação sobre Hermenêutica], em *Essays on Apostolic Themes*, ed. P. Elbert (Peabody, Mass.: Hendrickson, 1985), p. 13.

que pudesse pregar aos nativos em sua própria língua com as línguas dadas pelo Espírito Santo".[336]

A partir deste ponto, examinaremos as perspectivas de (1) alguns que perpetuaram a visão de Parham, embora a modificassem para ser *glossolalia* (línguas simplesmente desconhecidas), e (2) outros que eram menos restritivas. A dependência do padrão em Atos por ambos os campos será revisada.

PROPONENTES DA EVIDÊNCIA INICIAL

Embora as opiniões de Charles Parham (expostas capítulo 4 deste livro) e os primeiros pontos de vista de William Seymour (veja capítulo 5) tenham se tornado bem conhecidos através de suas publicações e ministérios de pregação, outros também contribuíram substancialmente para a discussão sobre o batismo do Espírito. No que pode ter sido a primeira exposição do tamanho de livro da teologia Pentecostal, *The Spirit and the Bride* [O Espírito e a Noiva] (1907), George Floyd Taylor, um dos primeiros líderes da Igreja Pentecostal Holiness, defendeu vigorosamente o novo ensino, isto é, que o batismo no Espírito deve ser acompanhado por línguas. Ao responder à acusação de que outras manifestações do Espírito podem ser prova igual de batismo no Espírito, Taylor apelou para o padrão em Atos: "Olhe para todos os relatos dados na Escritura de qualquer recebimento do Batismo, e você não vai encontrar qualquer outra manifestação mencionada naquela ocasião sem a manifestação de línguas".[337]

Para muitos primeiros Pentecostais, a força dos dados bíblicos obrigou-os a acreditar que de todos os fenômenos pentecostais, apenas as línguas foram propositalmente dadas para autenticar o batismo do Espírito. Depois de lutar com passagens-chave em Atos, Joseph Hillery King, também um líder na Igreja Pentecostal Holiness, disse que suas dúvidas "não tinham onde permanecer [...] o Livro de Atos foi contra mim".[338] Mais tarde, ele escreveu:

---

[336] A. G. Garr citado em "The Modern Gift of Tongues" [O Moderno Dom de Línguas], *The Dawn* 14 (15 de Setembro de 1937): 278 (citado do Acréscimo para *Confidence*, Maio de 1908). Relatos de xenolália continuaram a surgir ao longo dos anos; ver R. W. Harris, *Spoken by the Spirit* [Falado pelo Espírito] (Springfield, Mo.: Gospel Publishing House, 1973).

[337] G. F. Taylor, *The Spirit and the Bride* [O Espírito e a Noiva] (Falcon, N.C.: Falcon Printing Co., 1907; reimpresso com dois outros documentos sob o título *Three Early Pentecostal Tracts* [Três Tratados Pentecostais Primitivo], ed. D. W. Dayton (New York: Garland, 1985), p. 46.

[338] J. H. King, "How I Obtained Pentecost," *A Cloud of Witnesses to Pentecost in India* [Uma Núvem de Testemunhas para o Pentecostes na Índia], Setembro de 1907, p. 50.

O Livro de Atos é o único na Bíblia que nos apresenta o batismo pentecostal de um ponto de vista histórico; e dá o padrão pelo qual se determina a realidade e a plenitude do derramamento do Espírito, pois em cada instância em que o Espírito foi derramado pela primeira vez este enunciado miraculoso acompanhou o mesmo, então inferimos que sua conexão com o batismo é ser considerada uma prova da sua recepção.[339]

Perguntas sobre as línguas como evidência também surgiram no início de 1907 entre os membros do movimento da Fé Apostólica no Texas, e foi defendido com firmeza por Warren F. Carothers, um representante de Charles F. Parham. Em *Open Discussion of the Scriptures on This Subject* [Discussão Aberta das Escrituras sobre este Assunto] em Waco, Howard A. Goss lembrou que Carothers apelou para o padrão em Atos, particularmente Atos 10.45-46 (*"Porque os ouviam falar línguas, e magnificar a Deus"* [ênfase de Goss]). "Podemos ver que Deus o estava ajudando poderosamente a desdobrar sábias e lógicas deduções e que [...] Deus desceu sobre todos nós em grande poder e bênção, confirmando esse ensinamento em cada um de nossos corações como nunca antes".[340] Outro testemunho veio quando vários trabalhadores viajaram a San Antonio para pregar sobre o batismo no Espírito Santo. Convencidos de que as notícias sobre as línguas não haviam chegado ali, concordaram em não mencionar o fenômeno nem mesmo a palavra "evidência" para testar a validade da nova doutrina. Depois de pregarem o batismo do Espírito, todos na audiência "falavam em línguas conforme o Espírito Santo proferia quando receberam o Espírito Santo, o que satisfez até mesmo os mais céticos entre nós".[341]

Um dos mais articulados porta-vozes da doutrina durante os primeiros anos das Assembleias de Deus foi Daniel W. Kerr, ex-pastor da CMA. Ele influenciou fortemente o endosso da doutrina em 1918, quando foi seriamente questionado dentro das fileiras por outro conhecido ministro, Fred

---

[339] J. H. King, *From Passover to Pentecost* [Da Páscoa ao Pentecostes], 4ª ed. (Franklin Springs, Ga.: Advocate, 1976; originalmente publicada em 1911), p. 183.

[340] E. E. Goss, *The Winds of God* [Os Ventos de Deus] (New York: Comet Press Books, 1958), pp. 58-59.

[341] *Ibid.*, p. 60. Outro "caso de teste" foi posteriormente conduzido por Charles Hamilton Pridgeon em Pittsburgh, Pennsylvania; ver W. W. Menzies, *Anointed to Serve* [Ungido para Servir] (Springfield, Mo.: Gospel Publishing House, 1971), p. 126, n. 9.

F. Bosworth.[342] Compartilhando os temores de muitos Pentecostais de seu tempo, Kerr acreditava que "sempre que [...] começam a nos desiludir sobre este ponto particular, o fogo morre, o ardor e o fervor começam a diminuir, a glória se afasta".[343]

Em seu estudo do Novo Testamento, Kerr observou que os escritores haviam "selecionado" seus materiais para inclusão a partir dos dados disponíveis, prevendo o uso judicioso da crítica da redação empregada pelos exegetas pentecostais posteriores.[344] O apóstolo João, por exemplo, "fez uma *seleção* apenas de materiais para servir ao seu propósito, ou seja, para confirmar os crentes na fé em Jesus Cristo, o Filho de Deus" (ênfase de Kerr). Seguindo uma metodologia semelhante, Kerr diz que Lucas escolheu

> de uma massa volumosa de material apenas tais fatos e apenas tais manifestações do poder de Deus para servir ao seu propósito. Qual é o seu propósito? Sem dúvida, seu propósito é mostrar que o que Jesus prometeu Ele cumpriu. Ele diz, "quem crer deve falar em outras línguas". Os 120 creram e, portanto, falaram noutras línguas, conforme o Espírito lhes concedia que falassem. Nós também cremos, e falamos noutras línguas, conforme o Espírito concede.[345]

Segundo Kerr, "essa não é uma característica marcante do livro de

---

[342] Carl Brumback, *Suddenly... from Heaven* [Repentinamente ... dos Céus] (Springfield, Mo.: Gospel Publishing House, 1961), p. 216-25.

[343] D. W. Kerr, "The Bible Evidence of the Baptism with the Holy Ghost" [A Evidência Bíblica do Batismo com o Espírito Santo], *Pentecostal Evangel*, 11 de Agosto de 1923, p. 2.

[344] R. N. Soulen define a crítica da redação como "um método de crítica bíblica que procura revelar as perspectivas teológicas de um escritor bíblico, analisando as técnicas editoriais (redacionais) e compositivas e interpretações empregadas por ele na formação e enquadramento das tradições escritas e/ou orais (ver Lucas 1:1-4)," em *Handbook of Biblical Criticism* [Manual de Criticismo Bíblico], 2ª ed. (Atlanta: John Knox, 1981), p. 165. Exemplos de escritores pentecostais após Kerr incluem: D. Gee, *"The Initial Evidence of the Baptism in the Holy Spirit"* [A Evidência Inicial do Batismo no Espírito Santo], *Pentecostal Evangel*, 12 de julho de 1959, 3, pp. 23-24; Menzies, "The Methodology" [A Metodologia], p. 5-10; R. Stronstad, *The Charismatic Theology of St. Luke* [A Teologia Carismática de São Lucas] (Peabody, Massachusetts: Hendrickson, 1984); e D. C. Stamps, ed. ger., The Full Life Study Bible [Bíblia de Estudo Vida Plena] (Novo Testamento) (Grand Rapids: Zondervan, 1990), p. 228.

[345] Kerr, "The Bible Evidence" [A Evidência Bíblica], p. 3.

Atos?"³⁴⁶ O senso claro do texto bíblico demonstrou claramente que, seja em Atos 2, 8 (por implicação), 10 ou 19, o batismo no Espírito foi acompanhado pela *glossolalia*.

Numa tentativa então nova de fundamentar a legitimidade dessa abordagem hermenêutica, Stanley H. Frodsham, editor do *Pentecostal Evangel* [Evangelho Pentecostal] encontrou tal justificativa na obra de George Mackinlay em *Recent Discoveries in St. Luke's Writings* [Recentes Descobertas nos Escritos de São Lucas] (1921). O autor afirmou ter descoberto "a lei da tripla menção" ("triplicação") em seu estudo da literatura lucana. Para Frodsham (escrevendo em 1926), as três referências específicas à *glossolalia* em Atos justificadamente sustentaram a veracidade de línguas como evidência, apesar do fato de que Mackinlay não chegou à mesma conclusão.³⁴⁷

Em um desenvolvimento paralelo entre aqueles que defenderam o papel evidencial das línguas, certos Pentecostais Unicistas duvidaram que o batismo do Espírito fosse uma experiência pós-conversão (uma segunda obra de graça). Enquanto todos os crentes unicistas pressionados após 1914 pela restauração do modelo apostólico, abraçando o batismo em água em nome de Jesus, de acordo com Atos 2.38 (ironicamente outro apelo a um paradigma), a soteriologia de alguns ligou arrependimento e batismo em águas no nome de Jesus com o batismo no Espírito (acompanhado de línguas). Frank J. Ewart, um dos primeiros adeptos, enfatizou que esta visão do Novo Testamento "instantaneamente trouxe nossas práticas e preceitos em concordância com os dos Apóstolos, e milagres novamente se seguiram ao uso do nome [de Jesus]".³⁴⁸ Ele também observou um reavivamento da igreja em Belvedere, na Califórnia, quando "a grande maioria dos novos convertidos estavam cheios

---

³⁴⁶ *Ibid.*, 2; ver também D. W. Kerr, "The Basis for Our Distinctive Testimony" [A Base para Nosso Testemunho Distintivo], *Pentecostal Evangel*, 2 de Setembro de 1922, p. 4.

³⁴⁷ S. H. Frodsham, *With Signs Following* [Com Sinais que Seguiram] (Springfield, Mo.: Gospel Publishing House, 1926), p. 240. Para passagens relevantes, ver G. Mackinlay, *Recent Discoveries in St. Luke's Writings* [Descobertas Recentes nos Escritos de S. Lucas] (London: Marshall Brothers, 1921), pp. 54-58, 97-98, 156-60, 246-48; também tabela IX ("Triplications in the Acts"). Para outra tentativa de defesa hermenêutica (a "lei da primeira ocorrência"), ver H. W. Steinberg, "Initial Evidence of the Baptism in the Holy Spirit" [Evidência Inicial do Batismo no Espírito Santo], em *Conference on the Holy Spirit Digest*, ed. G. Jones (Springfield, Mo.: Gospel Publishing House, 1983), vol. 1, p. 40. Uma exposição da lei de primeira ocorrência (primeira menção) pode ser encontrada em J. E. Hartill, *Principles of Biblical Interpretation* [Princípios de Interpretação Bíblica] (Grand Rapids: Zondervan, 1947), p. 70.

³⁴⁸ E J. Ewart, *The Name and the Book* [O Nome e o Livro] (Phoenix, Ariz.: Jesus Name Church, 1936), p. 79.

do Espírito Santo depois de sair da água. Eles deixariam o tanque [batismal] falando em outras línguas".[349] As palavras de Jesus em João 3.5 (*"Na verdade, na verdade te digo que aquele que não nascer da água e do Espírito, não pode ver o reino de Deus"*) alinha a conversão com o batismo do Espírito.

Mas, apesar de algumas divergências de opiniões, os Pentecostais que identificavam as línguas com o batismo no Espírito Santo, frequentemente percebiam esta experiência como sendo a porta de entrada para os nove dons mencionados por Paulo em 1 Coríntios 12 (incluindo o "dom das línguas", entendido como sendo de uso público na congregação).[350] Embora o "dom das línguas" não fosse para todos, as línguas evidenciais poderiam ter sido dadas a todos os batizados no Espírito. Afinal, Jesus havia anunciado antes de sua ascensão: "E estes sinais seguirão os que crerem [...] falarão novas línguas" (Marcos 16.7) O apelo ao disputado final mais longo de Marcos, sempre uma séria preocupação entre os Pentecostais, parecia corroborar sua crença na exigência de línguas.[351]

Independentemente das afirmações contundentes sobre os efeitos espirituais do falar em línguas, a certeza quanto ao seu significado real declinou após o desaparecimento geral da hipótese xenolálica de Parham. Por exemplo, os Pentecostais muitas vezes apontaram para a intenção preditiva de Isaías 28.11 ("por lábios gaguejantes, e por outra língua [o Senhor] falará a este povo") que Paulo cita em 1 Coríntios 14.21. Se alguém seguisse a interpretação de Frodsham (refletindo a visão de Parham), então a observação subsequente de Paulo no versículo 22 ("as línguas são um sinal [...] para os infiéis") só poderia ter se referido à utilidade da *xenolalia* no testemunho do evangelho: a proclamação do evangelho por indivíduos que não estão familiarizados com a(s) língua(s) de seus ouvintes. Em contraste com essa opinião, no entanto, a *glossolalia* ou "línguas desconhecidas" deixou os crentes com mais perguntas do que respostas relativas ao significado pretendido por Paulo.[352]

Na maior parte dos casos, os escritores pentecostais mostraram-se mais aptos a descrever os efeitos do falar em línguas do que em definir seu

---

[349] F. J. Ewart, *The Phenomenon of Pentecost* [O Fenômeno do Pentecostes], ed. rev. (Hazelwood, Mo.: Word Aflame, 1975), pp. 113.

[350] A. G. Garr, "Tongues, The Bible Evidence" [Línguas, a Evidência Bíblica], *A Cloud of Witnesses to Pentecost in India*, Setembro de 1907, pp. 42-44.

[351] Para defesas primitivas do fim mais longo de Marcos, ver S. H. Frodsham, *With Signs* [Com Sinais], pp. 240-41; e A. W. Frodsham, "The Sixteenth Chapter of Mark: How God Vindicates His Word in the Last Days" [O Capítulo 16 de Marcos: Como Deus Vindica Sua Palavra nos Últimos Dias], *Pentecostal Evangel*, 28 de Abril de 1923, p. 9.

[352] *Ibid.*, pp. 208-29; cf., S. M. Horton, *What the Bible Says* [O Que a Bíblia Diz], pp. 229.

significado dentro da espiritualidade cristã.[353] O conhecido missionário A. G. Garr disse que a *glossolalia*

> é a mais doce alegria e o maior prazer para a alma quando Deus vem sobre alguém [...] e começa a falar em Sua língua. Oh! A bem-aventurança de Sua presença quando essas palavras estranhas fluem do Espírito de Deus através da alma e depois são devolvidas a Ele em louvor, profecia ou adoração.[354]

Outro proeminente pentecostal e editor (*Triumphs of Faith* [Triunfos da Fé]), Carrie Judd Montgomery, escreveu em julho de 1908:

> A bênção e o poder permanecem e Ele ora e louva através de mim em línguas com bastante frequência. Quando Seu poder está sobre mim, nada parece dar vazão e expressão à Sua plenitude como falar ou cantar em uma língua desconhecida.[355]

Mas, por que Deus mandaria o Espírito orar para ele de tal maneira através dos crentes? Como isso gera capacitação?

Independentemente das questões que desejamos que tivessem abordado com maior amplitude, os primeiros adeptos unificaram incontestavelmente sua nova compreensão do batismo no Espírito com santidade de caráter. Elmer Kirk Fisher, pastor da Missão do Cenáculo em Los Angeles, observou: "Vocês não podem receber o batismo do Espírito Santo a menos que vocês sejam purificados pelo sangue, tanto das transgressões reais quanto do pecado inato". O Diabo pode ter suas falsificações ou pessoas podem falhar em seus

---

[353] Por exemplo, A. A. Boddy lista os seguintes cinco benefícios em sua obra "Speaking in Tongues: What is It?" [Falar em Línguas: o que é isso?] *Confidence*, Maio de 1910, p. 100: 1. Alegria maravilhosa que o Espírito tem assim selado o crente para o dia da redenção. É algo muito real. 2. Um aumento no amor pessoal do crente ao Senhor Jesus. 3. Um novo interesse pela palavra de Deus. A Bíblia se torna muito preciosa e suas mensagens muito reais. 4. Um amor às almas por quem Cristo morreu e um desejo de trazê-las a Ele. 5. A breve vinda do Senhor agora é muitas vezes colocada sobre o coração do crente.

[354] Garr, "Tongues" [Línguas], p. 43.

[355] C. J. Montgomery, "The Promise of the Father" [A Promessa do Pai], *Triumphs of Faith*, Julho de 1908, p. 149. Ver também O. D. Gouty, "The Doctrine of Carrie Judd Montgomery on the Initial Evidence of Baptism in the Holy Spirit" [A Doutrina de Carrie Judd Montgomery sobre a Evidência Inicial do Batismo no Espírito Santo], 1990 (datilografado).

testemunhos, mas Fisher, apelando à veracidade do padrão em Atos, desafiou seus leitores a não baixar o padrão da palavra de Deus, uma vez que "aqueles que recebem o batismo completo do Espírito Santo falarão em línguas, *sempre* segundo o Espírito concede que falem" (grifo nosso).[356]

Apesar dos argumentos hermenêuticos e teológicos, o batismo no Espírito Santo foi percebido como sendo mais do que um princípio racional da fé. Donald Gee, um influente líder pentecostal britânico, escreveu: "Em última análise, o Batismo no Espírito não é uma doutrina, mas uma experiência", com a evidência final sendo "o conhecimento da experiência no fato de inflamar o coração e a vida" (grifo de Gee).[357] Foi essa tensão entre os padrões doutrinários e o recebimento pessoal que ocasionalmente geraram crises na fé dos crentes, mesmo entre aqueles que calorosamente endossaram o ensino. Por exemplo, J. Roswell Flower, um dos fundadores das Assembleias de Deus, procurou o batismo pentecostal com línguas por cerca de dois anos até que ele percebeu que "iria buscar por vários anos se não andasse por fé e reivindicasse a promessa." Apesar de acreditar e testemunhar ter recebido, ele ainda não falou línguas por vários meses.[358] A fundadora da Igreja Internacional do Evangelho Quadrangular, Aimee Semple McPherson, manteve uma posição mais implacável. Sua visão não incluiu "atrasos", que ela descreveu como a experiência de "receba-por-fé-creia-você-tem-e-vá-experimente".[359]

Mesmo com o crescente problema dos "buscadores crônicos" nas igrejas

---

[356] E. K. Fisher, "Stand For the Bible Evidence" [Suporte para a Evidência Bíblica], *Bridegroom's Messenger*, 15 de Junho de 1909, p. 2.

[357] D. Gee, artigo sem título, *Pentecostal Evangel* 11 de Agosto de 1923, p. 3. As últimas publicações de Gee incluem: *Pentecost* [Pentecostes] (Springfield, Mo.: Gospel Publishing House, 1932); *After Pentecost* [Depois do Pentecostes] (Springfield, Mo.: Gospel Publishing House, 1945). Para sua discussão sobre o padrão de Atos, veja *The Phenomena of Pentecost* [O Fenômeno do Pentecostes] (Springfield, Mo.: Gospel Publishing House, 1931), cap. 1. Ver também, A. White, "Batismo com o Espírito e a Evidência Inicial nos Escritos do 'Apóstolo do Equilíbrio': Donald Gee," 1990 (datilografado).

[358] J. R. Flower, "God Honors Faith" [Deus Honra a Fé], *Pentecost*, 1 de Fevereiro de 1910, p. 1; cf., *idem*, "How I Received the Baptism in the Holy Spirit" [Como Recebi o Batismo no Espírito Santo], (Parte 1) *Pentecostal Evangel*, 7 de Setembro de 1952, pp. 5-7; *idem*, "How I Received the Baptism in the Holy Spirit" [Como Recebi o Batismo no Espírito Santo] (Parte 2), *Pentecostal Evangel* 14 de Setembro de 1952, pp. 5, 12-13.

[359] A. S. McPherson, "The Baptism of the Holy Spirit" [O Batismo do Espírito Santo], *Bridal Call*, junho 1921, p. 1.

(aqueles que eram incapazes de falar em línguas, por qualquer razão),[360] crer na natureza evidencial das línguas continuou a ganhar credibilidade.[361] As organizações que foram formadas, tais como as Assembleias de Deus, a Igreja Internacional do Evangelho Quadrangular, a Igreja de Deus, as Assembleias Pentecostais do Canadá e a Igreja Pentecostal Unida, fizeram da doutrina um ponto cardeal de crença. A documentação recente, entretanto, sugere que mesmo dentro de alguns desses círculos, permanecem incertezas sobre a reivindicação absoluta da doutrina ou sobre seu apoio hermenêutico.[362]

---

[360] Pentecostais ocasionalmente publicaram materiais (livros e artigos em periódicos) discutindo as etapas necessárias na preparação para receber o batismo do Espírito. Um exemplo pode ser encontrado em J. W. Welch, "The Baptism in the Holy Ghost" [O Batismo no Santo Espírito], *Pentecostal Evangel*, 26 de Agosto de 1939, p. 7.

[361] Exposições representativas incluem C. Brumback, *What Meaneth This?* [Que Quer isto Dizer?] (Springfield, Mo.: Gospel Publishing House, 1947); H. Carter, *Spiritual Gifts and Their Operation* [Os Dons Espirituais e Suas Operações] (Springfield, Mo.: Gospel Publishing House, 1968); R. C. Dalton, *Tongues Like As of Fire* [Línguas Como que de Fogo] (Springfield, Mo.: Gospel Publishing House, 1945); W. H. Horton, ed., *The Glossolalia Phenomenon* [O Fenômeno da Glossolalia] (Cleveland, Tenn.: Pathway, 1966); W. G. MacDonald, *Glossolalia in the New Testament* [Glossolalia no Novo Testamento] (Springfield, Mo.: Gospel Publishing House, ca. 1964); A. Kitay, *The Baptism of the Holy Ghost* [O Batismo do Santo Espírito] (Hazelwood, Mo.: Word Aflame, 1988); R. M. Riggs, *The Spirit Himself* [O Próprio Espírito] (Springfield, Mo.: Gospel Publishing House, 1949); W. H. Turner, *Pentecost and Tongues* [Pentecostes e Línguas], 2ª ed. (Franklin Springs, Ga.: Advocate, 1968).

[362] Ver C. Verge, "Pentecostal Clergy and Higher Education" [O Clérigo Pentecostal e a Educação Superior], *Eastern Journal of Practical Theology* (Eastern Pentecostal Bible College, Peterborough, Ontário, Canadá), 2 (Primavera de 1988): 44; *idem*, "A Comparison of the Present Day Beliefs and Practices of Pentecostal Assemblies of Canada Ministers, based on Education and Age" [Uma Comparação das Crenças e Práticas Atuais das Assembleias Pentecostais dos Ministros do Canadá, baseados na Educação e na Idade], (diss. Ph.D., New York University, 1986). Ver também M. M. Poloma, *The Assemblies of God at the Crossroads* [As Assembleias de Deus na Encruzilhada] (Knoxville: University of Tennessee Press, 1989), p. 40, 43. Paloma acredita que alguns ministros redefiniram sua compreensão da doutrina; cf., Menzies, *Anointed to Serve* [Ungido Para Servir], p. 320. Para perguntas sobre o uso hermenêutico apropriado da literatura narrativa no livro de Atos para elaborar a doutrina da evidência inicial, veja G. D. Fee, "Baptism in the Holy Spirit: the Issue of Separability and Subsequence" [O Batismo no Espírito Santo: a questão da Separabilidade e Subsequência], *Pneuma: Journal of the Society for Pentecostal Studies*, 7 (Outono de 1985), pp. 87-99; cf., Menzies, "The Methodology" [A Metodologia].

VOZES DE DISSENSÃO

Embora comprometidos com a visão Holiness de uma experiência subsequente da graça para cada crente, ilustrada pelos batismos do Espírito em Atos, alguns Pentecostais concluíram que a *glossolalia* em Atos e em 1 Coríntios era a mesma em natureza e função. As referências de Lucas não retratam, portanto, um uso diferente do que Paulo explica como o "dom de línguas". Uma vez que os dons são soberanamente dispensados pelo Espírito (1Coríntios 12. 7-11) não se pode insistir que somente as línguas determinam a evidência essencial. E preocupados com o fato de que os crentes os buscavam mais do que o fruto do Espírito, particularmente o amor de Cristo, essas vozes dissonantes exibiam naturalmente menos interesse na necessidade do sinal exterior. Este raciocínio, entretanto, os inclinou a interpretar Lucas através das categorias paulinas.

Entre os dissidentes, Minnie E. Abrams, missionária Holiness na Índia, associada à famosa Missão Mukti de Pandita Ramabai, escreveu em 1906: "Não receberemos o batismo pentecostal completo do Espírito Santo até que possamos não só dar o fruto do Espírito, mas exercitar seus dons (1Co 12.4-11).[363] Embora não descontando o valor do padrão em Atos, ela não obstante permaneceu mais consistente com seu Wesleyanismo do que Parham, enfatizando o amor como a principal evidência. Recusando distinguir entre o uso de línguas em Atos e 1 Coríntios, ela escreveu mais tarde:

> Agora eu quero dizer que creio ser domínio de Deus dar o falar línguas na hora ou algum tempo após o batismo, mas eu acho que vejo por parte da Palavra de Deus que Ele tem exceções, e eu não gosto de alargar um ponto para trazê-lo às minhas ideias, e quando vejo alguém procurando falar em línguas, em vez de buscar o poder de salvar almas, fico triste.[364]

---

[363] M. F. Abrams, *The Baptism of the Holy Ghost & Fire* [O Batismo do Espírito Santo e Fogo], 2ª ed. (Kedgaon, India: Mukti Mission Press, 1906), pp. 69-70. Para informações sobre Pandita Ramabai, ver H. S. Dyer, *Pandita Ramabai*, 2ª ed. (Glasgow: Pickering & Inglis, n.d.). Abrams e Ramabai ouviram sobre os eventos do avivamento da Rua Azusa por relatos advindos de Los Angeles em 1906; ver *Apostolic Faith* [Fé Apostólica], Setembro de 1907, p. 4, col. 2-3.

[364] M. F. Abrams, "The Object of the Baptism in the Holy Spirit" [O Objeto do Batismo no Espírito Santo], *Latter Rain Evangel*, Maio de 1911, p. 10; cf., as posições sobre línguas como evidência inicial publicadas em Max Wood Moorhead's *Cloud of Witnesses to Pentecost in India* [Nuvem de Testemunhas de Pentecostes na Índia], impresso primeiro em Colombo, Ceylon (Sri Lanka), e posteriormente em Bombay (na mesma região que a Missão Mukti). Três cópias

Ramabai aparentemente nunca falou em línguas, mas sustentou que "o dom de línguas é certamente um dos sinais do batismo do Espírito Santo [...] O amor, o perfeito amor divino, é o único e mais necessário sinal do batismo do Espírito Santo". O falar em línguas poderia ser defendido pelas Escrituras, mas não havia autorização para afirmar que ele é "o único e mais necessário sinal".[365]

Uma ecumenicidade pentecostal única funcionou na Missão Mukti, uma vez que os trabalhadores lá tinham opiniões diferentes sobre a natureza evidencial das línguas. No entanto, Abrams relatou: "este Batismo do Espírito Santo com línguas e outros dons tem unido tanto os trabalhadores em Mukti no amor do Espírito, que somos capazes de trabalhar em amor e harmonia, como um só homem, pela salvação de almas." Fazia pouca diferença para ela se os trabalhadores eram calvinistas ou arminianos (ambos estavam presentes), porque a verdadeira maturidade espiritual exigia amor e humildade, dependência do Espírito Santo "para aprofundar a obra da Cruz em cada um de nós", e compartilhou a preocupação de evangelizar os incrédulos com o poder pentecostal. Generosa em sua atitude para com outros cristãos que não compartilhavam de sua crença no batismo do Espírito, ela incitou os Pentecostais abrir-lhes suas portas, para escutar pacientemente suas críticas e ridicularizações, e reunirem-se sob seu ministério porque "os rios da vida fluirão, eles não podem ser represados por outros, o fogo em nós irá incendiar outros." Através deste meio, os Pentecostais poderiam modelar para outros cristãos o testemunho de Paulo sobre o Espírito aos discípulos de Efésios (Atos 19.1-7).[366]

Alguns Pentecostais europeus também hesitaram em afirmar a necessidade das línguas: George Jeffreys (Inglaterra), Jonathan Paul (Alemanha) e

---

desse periódico (Setembro de 1907, Agosto de 1909, Julho de 1910) podem ser encontradas nos arquivos das Assembleias de Deus, em Springfield, Missouri.

[365] S. M. Adhav, ed., *Pandita Ramabai*, Confessing the Faith in India Series [Série Confessando a Fé] – Nº 13 (Madras, India: Christian Literature Society, 1979), p. 223.

[366] M. F. Abrams, "A Message from Mukti" [A Mensagem de Mukti], *Confidence*, 15 de Setembro de 1908, p. 14. A extensão de tempo em que a unidade espiritual permaneceu em Mukti entre aqueles que diferiram na necessidade de línguas é atualmente desconhecido. No entanto, como observador primário da aspereza entre os pentecostais (bem como as reações hostis de outros cristãos em relação ao falar em línguas), Pandita Ramabai lamentou: "É triste, além de toda expressão, que os filhos de Deus, que têm orado há anos por um derramamento do Espírito Santo [...] agora, quando Deus está começando a responder a sua oração, sejam tão apressados em julgar e retalhar seus companheiros cristãos em pedaços." Citado em Adhav, *Pandita*, p. 224.

Leonhard Steiner (Suíça), entre outros.[367] Apesar da diversidade de opiniões, a Conferência Mundial Pentecostal (organizada em 1947) afirma a doutrina da evidência inicial.

No cenário americano, mesmo Agnes N. Ozman, a primeira a falar línguas na escola bíblica de Parham, considerou o ensino de línguas como a única evidência do batismo no Espírito ser um erro (pelo menos por algum tempo, já que ela recebeu credenciais ministeriais das Assembleias de Deus em 1917).[368] Outros, como William Hamner Piper (pastor da Igreja de Pedra em Chicago, e primeiro editor do *Latter Rain Evangel* [Evangelho Chuva Serôdia]) condenaram-no diretamente como "ensino falso"; E D. Wesley Myland (um grande líder e ex-pastor da CMA) não endossaram expressamente a doutrina.[369]

No Tabernáculo de Elim e na influente Escola de Treinamento Bíblico de Rochester (Rochester, Nova York), ambos comandados pelas irmãs Duncan, a ambiguidade sobre as línguas prevaleceu. Elizabeth V. Baker, a irmã mais velha, que ajudou a dirigir os empreendimentos do ministério desde o início, aconselhou: "Vocês que estão esperando o selo de seu Pentecostes, recebam, contem com isso. Vocês que absolutamente ainda não receberam o Batismo, recebam, e digam 'Senhor, eu pus meu pedido por isto pela fé, pois sei que Tu queres que eu o tenha".[370] Depois da morte de Baker, Susan Duncan escreveu que "ela é uma daquelas que morreram na fé, não tendo recebido a promessa", provavelmente indicando que ela nunca tinha falado em línguas.[371]

---

[367] R. M. Anderson, *Vision of the Disinherited* [A Visão dos Deserdados] (New York: Oxford University Press, 1979), 162; Hollenweger, *Pentecostals*, pp. 334-35.

[368] A. Ozman, "The First One to Speak in Tongues" [O Primeiro a Falar em Línguas], *Latter Rain Evangel*, Janeiro de 1909, p. 2; cf., Parham, *Life*, p. 67.

[369] W. H. Piper, "Manifestations and 'Demonstrations' of the Spirit" [Manifestações e 'Demonstrações' do Espírito], *Latter Rain Evangel*, Outubro de 1908, p. 18. B. Lidbeck, "Spirit Baptism and the Initial Evidence in *Latter Rain Evangel*" ["O Batismo no Espírito e a Evidência Inicial em Latter Rain Evangel"], 1990 (datilografado); idem, "D. W Myland's Doctrine of Spirit Baptism and the Initial Evidence" [A Doutrina de D. W Myland do Batismo no Espírito e a Evidência Inicial], 1990 (datilografado). Ver também Myland, *Latter Rain* [Chuva Serôdia], pp. 92-94. Observe a identificação de línguas de Myland como o "dom das línguas" e a necessidade de interpretação. Dada a sua amizade com Piper, é razoável concluir que o fracasso de Myland em insistir nas línguas como evidência significa que sua posição era ambígua sobre o assunto. Isso pode explicar sua relutância em se juntar às Assembleias de Deus em 1914.

[370] E. V. Baker, "The Possibilities of Faith" [As Possibilidades da Fé], *Trust*, Setembro de 1916, p. 6.

[371] S. A. Duncan, nota editorial, *Trust*, Setembro de 1916, p. 6; ver também, R. F. Land, "Initial Evidence in the Periodical *Trust*" [A Evidência Inicial no Periódico *Trust*], 1990 (datilografado).

Evidência Inicial

A confusão entre línguas como evidência e línguas como um dom também surgiu dentro da Igreja de Deus em 1909, com a consequente expulsão de dois ministros[372]. Em outra frente, Joel A. Wright, pregador pentecostal e fundador do *First Fruits Harvesters Ministry* em Rumney, New Hampshire (parcialmente da qual surgiu a posterior New England Fellowship [1929], um precursor da *National Association of Evangelicals* [1942]), também hesitou sobre a doutrina. Ele declarou em 1920 que os sinais que seguem a pregação do evangelho (Marcos 16.17-18) confirmam o batismo no Espírito Santo.

> Qual é a evidência para o mundo de que eu tenho o batismo do Espírito Santo? Os sinais que seguirão: os doentes serão curados; os demônios serão expulsos; falarei em línguas. Mas a evidência para meu coração é a fé [...] as línguas não é o que você deve procurar, mas você deve procurar Deus em Seu poderoso batismo. E então acredite em línguas, um sinal que se seguirá.[373]

De longe, o mais conhecido líder a contestar a doutrina das línguas como evidencia foi o ministro das Assembleias de Deus, Fred F. Bosworth. Apesar de ter sido afiliado com a organização desde a sua fundação em 1914, Bosworth eventualmente concluiu que o ensino foi um erro. Para ele, as manifestações de línguas tanto em Atos quanto em 1 Coríntios representavam o dom de línguas, o primeiro não denotando um uso diferente - um que todo crente deveria experimentar. Ele desafiou ainda mais o pressuposto hermenêutico do padrão: (1) não foi apoiado por uma ordem explícita nas Escrituras ("sem um sequer 'Assim diz o Senhor'"); e (2) foi simplesmente "assumido pelo fato de que em três casos registrados nos Atos falavam em línguas como resultado do

---

[372] A. J. Tomlinson, *The Diary of A. J. Tomlinson* [O Diário de A. J. Tomlinson], 3 vols., ed. H. A. Tomlinson (New York: The Church of God, World Headquarters, 1949), vol. 1, pp. 120-56.

[373] J. A. Wright, "The Old Paths" [Os Caminhos Antigos], uma reimpressão de *The Sheaf* Setembro de 1920, 8. Filho de Joel A. Wright's, J. Elwin Wright fundou a New England Fellowship (NEF) em 1929 e mais tarde se tornou um dos fundadores da National Association of the Evangelicals (NAE, 1942). Quando a organização dos *First Fruits Harvesters* não exigiu as línguas como evidência inicial para o batismo do Espírito, um grupo grande afastou-se eventualmente do Pentecostalismo e formou a *New England Fellowship*. J. Elwin Wright, no entanto, trabalhou fortemente para incluir os Pentecostais na NAE. Ver C. M. Robeck, Jr., "Wright, James Elwin," *DPCM*, pp. 905-6; Também, entrevista telefônica com Ruth Flokstra, Springfield, Missouri, 2 de novembro de 1990.

batismo".³⁷⁴ Embora os fenômenos em Atos devessem servir como advertência, argumentou Bosworth, àqueles que negam a possibilidade de dons na igreja hoje, permanece um ensino não-escriturístico que todos recebem a mesma dotação do Espírito. Afinal, Paulo assumiu uma resposta negativa quando perguntou retoricamente: "falam todos diversas línguas?" (1Co 12.30).

Bosworth advertiu que "nenhum dos apóstolos ou profetas inspirados alguma vez ensinaram isso, e nenhum dos grandes ganhadores de almas do mundo jamais ensinaram". Além disso, isso dividiria cristãos igualmente devotos. Com isso em mente, ele advertiu:

> Quando nós, como um movimento, nos limitarmos ao que as Escrituras claramente ensinam sobre este importante assunto do batismo e **todas** as manifestações do Espírito, e pregarmos ao mundo as grandes coisas sobre o batismo no Espírito Santo, nossa utilidade será aumentada muitas vezes (grifo de Bosworth).³⁷⁵

Bosworth renunciou às Assembleias de Deus em 1918, quando seu Conselho Geral reafirmou o ensinamento, seguindo uma admoestação de Daniel W. Kerr.³⁷⁶

UM TESTE DE ORTODOXIA

Atualmente, é incerto quem primeiro cunhou o termo "evidência inicial". Os primeiros pentecostais que insistiam que o falar em línguas deveria acompanhar o batismo do Espírito muitas vezes se referem ao fenômeno como "línguas evidentes", a "evidência", o "sinal de línguas", a "única evidência" e a "evidência bíblica," entre outros. A primeira referência a ele como sendo "inicial" que localizei está na "Declaração de Verdades Fundamentais" das Assembleias de Deus, escrita e adotada em 1916. O artigo 6, "A plena consumação do batismo no Espírito Santo," menciona "o sinal inicial de falar em

---

³⁷⁴ E. F. Bosworth, *"Do All Speak With Tongues?"* [Falam Todos Línguas?] (New York: Christian Alliance Publishing Co., n.d.), p. 9. Para uma refutação dos argumentos de Bosworth's pelo pioneiro Pentecostal norueguês Thomas B. Barratt, ver: "The Baptism of the Holy Ghost and Fire, What Is the Scriptural Evidence?" [O Batismo do Espírito Santo e Fogo, Qual é a Evidência Bíblica?] *Evangel Tract* n° 953 (Springfield, Mo.: Gospel Publishing House, n.d.).

³⁷⁵ Bosworth, *Do All Speak*, pp. 17-18.

³⁷⁶ Brumback, *Suddenly*, pp. 216-225.

línguas".[377] Quando foi alterada dois anos depois na controvérsia levantada por Bosworth, a doutrina foi identificada como "nosso testemunho distintivo" e o artigo foi mudado para "o sinal *físico* inicial de falar em outras línguas" (grifo nosso).[378] Em pouco tempo, as expressões "evidência inicial" e "evidência física inicial" tornaram-se termos preferenciais entre muitos proponentes, servindo para enfatizar o valor das línguas, mas não para a exclusão do fruto do Espírito e da capacitação considerada como repousando no coração da experiência.

Significativamente, a emenda da "Declaração de Verdades Fundamentais" das Assembleias de Deus também ilustra que, pelo menos em 1918, o movimento pentecostal tinha passado por um marco teológico: o período de debate sobre a natureza das línguas tinha terminado ostensivamente, assinalado por controvérsia, cisma, e o surgimento de formulações de credo. Para muitos Pentecostais, a linha da ortodoxia sobre o papel evidencial das línguas no batismo do Espírito tinha sido claramente traçada.

CONSIDERAÇÕES FINAIS

Como outros restauracionistas, os Pentecostais examinaram a imagem da fé cristã primitiva e da prática traçada por Lucas. O precedente para a construção da doutrina da evidência inicial sobre um padrão do Novo Testamento pode ser traçado diretamente para a interpretação Holiness dos batismos do Espírito em Atos. No entanto, sua dependência da importância implícita das referências glossolálicas para a doutrina pressionou unicamente a importância da narrativa posterior de Atos. Enquanto a maioria dos Pentecostais concordava com o caráter pós-conversão dos batismos do Espírito citados ali (com exceção de muitos Pentecostais Unicistas), no entanto, desde 1906, eles não conseguiram chegar a um consenso sobre a natureza evidencial das línguas. Portanto, eles também diferiram em sua compreensão das manifestações glossolálicas em Atos. Aqueles que definiram essas ocorrências com as categorias paulinas geralmente questionavam o seu caráter indispensável, ao passo que os defensores desprezavam corajosamente a exigência enfatizando o valor teológico da narrativa lucana. Os Pentecostais ainda permanecem divididos sobre o assunto, revelando o papel vital que a *glossolalia* continua a desempenhar na sua concepção da vida cheia do Espírito.

A interpretação de Atos por aqueles que apoiaram a doutrina da evidência

---

[377] *General Council Minutes* [Ata do Conselho Geral] (Assembleias de Deus), 1916, p. 11.

[378] *General Council Minutes* [Ata do Conselho Geral] (Assembleias de Deus), 1918, p. 10; ver também Anderson, *Vision*, pp. 161-64.

inicial, no entanto, desafiou diretamente a abordagem dos estudiosos que deram consistentemente à literatura didática (particularmente às epístolas de Paulo) uma posição acima dos materiais narrativos na formulação teológica.[379] Independentemente das disputas metodológicas envolvidas, esta característica da crença pentecostal tem proporcionado um modelo importante para a compreensão e vivência da fé cristã, caracterizada por elevada consideração pela autoridade da Escritura, uma vida vibrante no Espírito e uma forte militância no ministério.[380] Hermeneuticamente, portanto, os Pentecostais estão numa linha respeitada e histórica de cristãos evangélicos que legitimamente reconheceram os Atos dos Apóstolos como um repositório vital da verdade teológica.

Embora a medida que a narrativa deve ser utilizada no estabelecimento da doutrina não tenha sido relevante para este estudo, é significativo que a erudição contemporânea do Novo Testamento tornou-se muito mais solidária com seu valor teológico.[381] Uma crescente consideração pela diversidade de gêneros literários no Novo Testamento levou a uma nova apreciação pelas teologias complementares de Lucas e Paulo. O teólogo Clark H. Pinnock acrescenta que o Pentecostalismo "não só restaurou a alegria e o poder à igreja, mas também uma leitura mais clara da Bíblia".[382] Os Pentecostais eram muito mais vanguardistas em sua hermenêutica do que imaginavam ser.

---

[379] Para discussões hermenêuticas significativas sobre o assunto, ver B. Aker, "New Directions in Lucan Theology: Reflections on Luke 3: 21-22 and Some Implications" [Novas Direções na Teologia Lucana: Reflexões sobre Lucas 3:21-22 e Algumas Implicações], em *Faces of Renewal* [Expressões de Renovação] pp. 108-27; R. P. Menzies, "The Development of Early Christian Pneumatology with special reference to Luke—Acts" [O Desenvolvimento da Pneumatologia Cristã Primitiva com referência especial a Luke-Atos] (diss. Ph.D., University of Aberdeen, Scotland, 1989); Stronstad, *Charismatic Theology* [Teologia Carismática].

[380] Ver M. B. Dowd, "Countours of a Narrative Pentecostal Theology and Practice" [Contornos de uma Teoria e Prática Narrativa Pentecostal], artigo apresentado à 15ª reunião anual da Sociedade de Estudos Pentecostais, Gaithersburg, Maryland, pp. 14-16 de Novembro de 1985, E18.

[381] Para evangélicos, ver I. H. Marshall, *Luke: Historian and Theologian* [Lucas: Historiador e Teólogo] (Grand Rapids: Zondervan, 1971), e especialmente pertinente para o assunto em questão é J. R. Michaels's "Luke-Acts" [Lucas-Atos], em *DPCM*, pp. 544-61. Os que estão fora do círculo evangélico incluem: J. A. Fitzmyer, S.J., *Luke the Theologian* [Lucas o Teólogo] (New York: Paulist, 1989); R. F. O'Toole, S.J., *The Unity of Luke's Theology* [A Unidade da Teologia de Lucas], Good News Studies 9 (Wilmington: Michael Glazier, 1984); e C. H. Talbert, *Literary Patterns, Theological Themes, and the Genre of Luke—Acts* [Padrões Literários, Temas Teológicos, e o Gênero de Lucas-Atos] (Missoula, Mont.: Society of Biblical Literature and Scholars Press, 1974).

[382] C. H. Pinnock, prefácio de *The Charismatic Theology of St. Luke* [A Teologia Carismática de São Lucas], por R. Stronstad (Peabody, Mass.: Hendrickson, 1984), viii.

7. EXPOSIÇÕES POPULARES DE EVIDÊNCIA INICIAL NO PENTECOSTALISMO

Gary Mcgee

Os Pentecostais sempre foram editores ávidos. A verdade do evangelho pleno tinha de ser proclamada até aos confins da terra, não apenas através da pregação, mas também pela palavra escrita.[383] Após o debate Bosworth/Kerr sobre a doutrina da evidência inicial dentro das Assembleias de Deus em 1918, os defensores Pentecostais, representando uma variedade de organizações, continuaram a defender a doutrina através de publicações.[384]

Na edição de livros, tentativas sérias de expor seus fundamentos bíblicos foram gradualmente incluindo *Pentecost* [Pentecostes] (1932), de Donald Gee; *The Baptism with the Holy Ghost and the Evidence* [O Batismo com o Espírito Santo e a Evidência] (por volta de 1935), de Paul H. Walker; *Tongues Like as of Fire* [Línguas Como que de Fogo] (1945), por Robert

---

[383] Para uma discussão e levantamento de publicações pentecostais, veja W. E. Warner, "Publications," *DPCM*, pp. 742-52.

[384] Para mais informações sobre o debate Bosworth/Kerr dentro das Assembleias de Deus, veja Carl Brumback, *Suddenly* [...] *From Heaven* (Springfield, Mo.: Gospel Publishing House, 1961), pp. 216-25. A posição das Assembleias de Deus sobre a necessidade evidencial das línguas para o batismo do Espírito foi decidida na reunião do Conselho Geral em Springfield, Missouri, em setembro de 1918. Em essência, Bosworth propôs que a *glossolalia* é apenas um dos dons do Espírito que Deus pode escolher dar a um crente como evidência de receber o Espírito. Kerr, entretanto, sustentou que a *glossolalia* era a evidência inicial para cada recebedor do batismo com o Espírito.

Chandler Dalton; *What Meaneth This?* [Que Quer Isto Dizer?] (1947), por Carl Brumback; *The Spirit Himself* [O Próprio Espírito] (1949), de Ralph M. Riggs; e *The Baptism in the Holy Spirit* [O Batismo no Espírito Santo] (1956), de Harold Horton.

Livros posteriores contribuíram significativamente para a discussão: *Basic Bible Beliefs* [Crenças Básicas da Bíblia] (por volta de 1961), por Milton A. Tomlinson; *The Holy Spirit* [O Espírito Santo] (1962), por L. Thomas Holdcroft; *Glossolalia in the New Testament* [A Glossolalia no Novo Testamento] (por volta de 1964), por William G. MacDonald; *The Glossolalia Phenomenon* [O Fenômeno da Glossolalia] (1966), editado por Wade H. Horton; *These Are Not Drunken, As Ye Suppose* [Estes Homens Não Estão Bêbados, Como Vós Pensais] (1968), numa edição revisada em 1987 como *Spirit Baptism: A Biblical Investigation* [Batismo no Espírito: Uma Investigação Bíblica], por Howard M. Ervin (Um carismático Batista americano e simpático à doutrina); *The Spirit—God in Action* [O Espírito–Deus em Ação] (1974), por Anthony D. Palma; *What the Bible Says About the Holy Spirit* [O que a Bíblia diz sobre o Espírito Santo] (1976), por Stanley M. Horton; *Foundations of Pentecostal Theology* [Fundamentos da Teologia Pentecostal] (1983), por Guy P. Duffield e Nathaniel M. Van Cleave; Alan Kitay, *The Baptism of the Holy Ghost* [O Batismo do Santo Espírito] (1988); e *The Hallmarks of Pentecost* [Os Distintivos do Pentecostes] (1989), por George Canty.

Estudos recentes incluem *Spirit-Baptism* [Batismo no Espírito] (1983), por Harold D. Hunter; *The Charismatic Theology of Saint Luke* [A Teologia Carismática de São Lucas] (1984), por Roger Stronstad; *Conversion-Initiation and the Baptism in the Holy Spirit* [Conversão-Iniciação e o Batismo no Espírito Santo] (1984), por Howard M. Ervin; e *Renewal Theology* [Teologia Renovada], volume 2 (1990), por J. Rodman Williams (um Presbiteriano carismático). Importantes capítulos em coleções de ensaios também merecem consideração: "The Methodology of Pentecostal Theology: An Essay on Hermeneutics" [A Metodologia da Teologia Pentecostal: Um Ensaio sobre Hermenêutica], por William W. Menzies em *Essays on Apostolic Themes* [Dissertação sobre Temas Apostólicos] (1985), e "New Directions in Lucan Theology: Reflections on Luke 3:21-22 and Some Implications" [Novas Direções em Lucan Teologia: Reflexões sobre Lucas 3: 21-22 e Algumas Implicações] por Ben Aker em *Faces of Renewal* [Expressões de Renovação] (1988), entre muitos outros.

Estas publicações bem conhecidas, no entanto, fornecem apenas parte do quadro da exposição pentecostal. Outros materiais impressos (artigos em revistas de igrejas, folhetos, e livros menos conhecidos) também merecem revisão. Para este propósito, selecionei vários tratados apologéticos sobre a evidência inicial que representam este corpo considerável de literatura. Embora muitos outros exemplos pudessem ser citados, as seguintes citações demonstram efetivamente como os Pentecostais articularam sua compreensão da relação da *glossolalia* com o batismo no Espírito através da mídia impressa.

PODER PARA SERVIÇO

Os Pentecostais acreditam que o batismo no Espírito Santo, com o falar em línguas, proporciona poder para o testemunho cristão nos últimos dias antes do retorno iminente de Cristo. A origem do próprio movimento Pentecostal estava intimamente ligada à visão de enviar missionários "para as regiões distantes", seus ministérios seriam caracterizados pelos mesmos "sinais e maravilhas" que se seguiram à pregação dos primeiros cristãos em Atos dos Apóstolos. Essa perspectiva restauracionista é demonstrada na breve interpretação da história da igreja e na importância da vinda (chegada) do movimento Pentecostal encontrada em *The Missionary Manual* [O Manual Missionário] (1931), publicado pelo Departamento de Missões Estrangeiras das Assembleias de Deus:

> A Fraternidade Missionária e Movimento do Senhor começou no dia de Pentecostes quase dois mil anos atrás. Naquele dia glorioso e memorável, o Pai no céu, em resposta à oração do Filho, Jesus Cristo, deu ao Espírito Santo, a terceira Pessoa da Trindade, e Ele desceu sobre os discípulos que estavam aguardando na cidade de Jerusalém, batizando-os num só corpo e dotando-os de poder para o trabalho de evangelização mundial que o Mestre lhes confiou. Todos se tornaram testemunhas e falaram noutras línguas, conforme o Espírito lhes concedia que falassem. Pedro pregou à multidão e, antes que o dia terminasse três mil almas foram acrescentadas ao total deles.

> O Espírito Santo assumiu todo o controle e liderança da igreja, o corpo de Cristo, e o Senhor continuou Suas poderosas obras através de seus membros. As perseguições surgiram e os crentes foram espalhados pelo mundo, pregando o Evangelho por toda parte. Assim, a boa-nova foi levada por toda a Judeia, e Samaria,

às cidades costeiras e mais distantes. Os crentes voltaram às suas casas em países longínquos para pregar o Evangelho, e não demorou muito para que a notícia fosse levada até Roma, a capital do Império Romano. As assembleias locais do povo de Deus brotaram por toda parte e, por sua vez, continuaram a propagar o Evangelho. A história completa está contida no livro de Atos.

O Espírito Santo continuou no controle até ao final do primeiro século, então ele foi largamente rejeitado e Sua posição como líder usurpada pelos homens. Os resultados estão escritos na história. O movimento missionário do Senhor parou. As Assembleias locais morreram. A Era das Trevas se seguiu.

A Reforma seguiu, mas o Espírito Santo não foi totalmente restaurado, e sobre as ruínas da igreja primitiva cresceram as grandes denominações. Hoje, a igreja professante está em grande parte em apostasia, nem fria nem quente, e está quase pronta para ser vomitada [sic].

Mas Deus olha para baixo com misericórdia. O movimento missionário do Senhor, iniciado no dia de Pentecostes, deve ser completado. Ele deve ter um povo, um remanescente, uma noiva.

Nestes últimos dias, nos últimos dias da era, Deus está novamente derramando Seu Espírito de acordo com Sua promessa. No ano de 1901, a chuva começou a cair em diferentes partes do mundo. Novamente, as pessoas que esperavam, com fome do Espírito, foram batizadas no Espírito Santo. *O Movimento Missionário Pentecostal do Senhor foi retomado*. Os crentes foram por toda parte pregando o Evangelho. Numerosas assembleias locais surgiram na América, Europa e outras partes do mundo.

Nos anos de 1906, 1907 e 1908, os missionários Pentecostais começaram a pressionar as regiões além. Famílias inteiras se voluntariaram para o trabalho, venderam suas posses e foram para o campo. Eles tinham a paixão de ir até aos confins da terra para seu Senhor, e nenhum sacrifício lhes parecia grande demais para que o Evangelho pudesse ser proclamado e a vinda do Senhor pudesse ser apressada.

Atualmente, há centenas de missionários nos campos – quase todas as nações do mundo receberam um testemunho pentecostal – e aqueles que receberam o Espírito Santo com o sinal de falar línguas conforme o Espírito concedia que falassem provavelmente são contados por centenas de milhares. As assembleias locais são incontáveis.

É o próprio Senhor que está continuando Suas obras através daqueles que estão dispostos a entregar tudo ao Espírito Santo e a receber este maravilhoso Batismo. Deus está procurando homens e mulheres para usar. Ele não tem outro corpo, nem mãos, nem pés para o ministério terreno. Ele dá dons aos homens e dá os homens como dons.[385]

O VALOR DAS LÍNGUAS

No decorrer dos anos, os Pentecostais dedicaram considerável atenção aos efeitos do falar em línguas sobre a espiritualidade e ministério do crente. Por exemplo, Aimee Semple McPherson, evangelista extravagante e fundadora da Igreja Internacional do Evangelho Quadrangular, respondeu a perguntas em forma de catequese sobre os benefícios do batismo do Espírito e o falar em línguas num artigo publicado na revista *Word and Work* em 1917:

> P. Qual é o uso deste sinal das línguas que acompanha o Espírito recebido?
> R. Quando você anda pela rua à procura de um barbeiro, primeiro você procura um poste vermelho e branco, o sinal, em outras palavras. Quando você está procurando um lugar

---

[385] *Missionary Manual* [Manual Missionário] (Springfield, Mo.: Foreign Missions Department, 1931), pp. 6-7.

para jantar você procura uma placa que diz, Restaurante. O poste do barbeiro não pode fazer a barba, nem o sinal de madeira do restaurante pode alimentá-lo, mas são apenas sinais para indicar que por trás dessas portas há um barbeiro que pode atendê-lo, ou dentro das portas do restaurante há comida que irá satisfazer sua fome. Assim é com o sinal da Bíblia, o falar em línguas. Ele indica que o Consolador veio a habitar internamente.

P. Qual a função do falar em línguas, além de ser a evidência do Espírito residente?

R. 1 Co 14.21, as línguas são um sinal para os que não creem; também o que fala em língua desconhecida edifica-se a si mesmo, v.4. Meu espírito ora bem, v. 14: verdadeiramente dá bem graças, v.17, também fala de Jesus e Sua breve vinda.[386]

A estreita ligação do batismo com o Espírito e a santidade de caráter é claramente evidente em *Rivers of Living Water* [Rios da Água Viva] (1934) de Stanley H. Frodsham:

> Lábios purificados! Uma língua limpa! Uma língua sagrada! Não é essa a necessidade de todo filho de Deus? Não é esta uma necessidade de vir a este maior Batizador para sermos batizados no Espírito Santo e neste fogo santo que purificará nossos lábios e purificará todo o nosso ser, fazendo-nos instrumentos qualificados para seguir adiante com Sua mensagem?
>
> Existe algo como um substituto para o fogo de Deus? Sim. Lemos que dois dos filhos de Arão ofereceram fogo estranho perante o Senhor. Não era aceitável, e eles foram destruídos. Muitos estão acendendo fogos que não são o fogo do Espírito Santo, e o juízo virá sobre tais tentativas de substitutos para o verdadeiro fogo que Deus enviou do céu no Dia de Pentecostes. O símbolo notável de Pentecostes era a língua de fogo. O fogo de Deus desceu sobre o sacrifício aceitável, e aqueles cento

---

[386] Aimee Semple McPherson, "Questions and Answers Concerning the Baptism of the Holy Ghost" [Perguntas e Respostas Cocernentes ao Batismo com o Espírito Santo], *Word and Work*, "The Bridal Call Number," 8 de Setembro de 1917, p. 487.

e vinte que aguardavam tornaram-se tochas para Deus. Suas línguas eram línguas de fogo. A sua expressão era a do Espírito. Esse último membro rebelde foi levado para o cativeiro, e eles falaram com outras línguas, conforme o Espírito de Deus lhes concedia que falassem. Deus tinha plena posse, e eles estavam cheios do verdadeiro fogo do céu.

Os fogos do entusiasmo humano não tomarão o lugar deste fogo abençoado do céu. A igreja fria e morna de hoje precisa ser despertada para ver a necessidade do Batismo no Espírito Santo e fogo que eles tinham no Dia de Pentecostes [...].[387]

John W. Welch pregou um sermão ao corpo estudantil no Central Bible Institute [Instituto Bíblico Central] (Faculdade depois de 1965), intitulado "O que o Batismo Realmente É", pouco antes de sua morte em 1939. Ao afirmar a importância das línguas como evidência inicial, ele declarou:

> Algumas pessoas questionam as línguas como prova do batismo. Aqui está a filosofia das línguas: O Batismo é o submergir do ser inteiro, incluindo a mente, e as línguas provam o submergir da mente. Falar uma linguagem desconhecida para a mente mostra que a mente e todo o ser estão, naquele momento, sujeitos a Deus. Que fenômeno físico provaria melhor o submergir da mente do que as línguas?
>
> Sem o batismo no Espírito Santo nosso ministério é limitado. Estamos limitados a pregar coisas que aprendemos com os livros de homens ou a testificar de experiências passadas. Mas com a presença do Espírito Santo, nossas mentes são iluminadas, dando-nos uma nova revelação de Jesus e Sua Palavra e capacitando-nos para trazer os pensamentos de Deus com agilidade, diligência e poder. Além de iluminar a mente para o serviço, a permanência do Espírito ajuda a

---

[387] Stanley H. Frodsham, *Rivers of Living Water* [Rios de Águas Vivas] (Springfield, Mo.: Gospel Publishing House, 1934), pp. 21, 23-24.

entregar sua vontade e emoções a Deus. Isso, por sua vez, facilita a introspecção espiritual e pureza.[388]

Que o batismo espiritual com *glossolalia* minimizou as distinções entre o clero e os leigos, ao capacitar cada crente para o testemunho cristão é ilustrado em *The Holy Ghost and Fire* [Santo Espírito e o Fogo] (1956), escrito pelo conhecido líder pioneiro pentecostal canadense, Daniel N. Buntain:

> As línguas de fogo estavam assentadas não apenas nos doze ou setenta evangelistas escolhidos, mas também nos crentes comuns, incluindo as mulheres. De modo que todos se tornaram testemunhas ativas de Cristo. O fogo não caiu sobre os doze para ser comunicado por eles a outros. Não deixou os homens comuns para serem meros espectadores, enquanto a obra do Senhor estava comprometida com o ministério escolhido. Ele varreu o sacerdócio e fez um caminho pelo qual cada homem e mulher poderiam entrar nos lugares celestiais. Na verdade, não eram todos apóstolos ou evangelistas, mas todos eram sacerdotes e tinham igual acesso ao trono de Deus. Dali em diante, nenhum homem deveria ser um depósito ou armazém onde os favores espirituais pudessem ser armazenados para uso daqueles que pudessem comprá-los ou de outra forma protegê-los.[389]

O Ex-superintendente Geral das Igrejas Estandarte da Bíblia Aberta Frank W. Smith comentou sobre os valores terapêuticos das línguas no periódico *Mensagem da Bíblia Aberta* através de um artigo intitulado "*What Value Tongues?*" [Qual a Utilidade das Línguas] (1963):

> Outro grande valor é o relaxamento da tensão. Há um espírito renovador para os iniciados. Vivemos em tempos de tensão que este mundo nunca experimentou anteriormente. O movimento errado poderia desencadear uma explosão que dividiria este planeta em pedaços. O sistema nervoso é estendido até ao

---

[388] John W. Welch, "What the Baptism Really Is" [O Que o Batismo Realmente É], *Advance*, 26 de Agosto de 1939, p. 6.

[389] D. N. Buntain, *The Holy Ghost and Fire* [O Santo Espírito e Fogo] (Springfield, Mo.: Gospel Publishing House, 1956), p. 33.

ponto de ruptura. Mentes estão prontas para rachar. Os fardos da vida são diariamente piramidais. "Se apresse!" É a essência do tempo. E o que é a corrida? Estamos correndo para o dia da destruição. Onde se pode encontrar alívio ou libertação? Isaías tem a resposta. "Assim por lábios gaguejantes, e por outra língua, falará a este povo. Ao qual disse: Este é o descanso, daí descanso ao cansado; e este é o refrigério; porém não quiseram ouvir." (Is 28.11, 12).

O valor terapêutico de orar numa língua desconhecida nunca deve ser subestimado. Em Romanos 8.28 [sic] o Apóstolo disse: "E da mesma maneira também o Espírito ajuda as nossas fraquezas; porque não sabemos o que havemos de pedir como convém, mas o mesmo Espírito intercede por nós com gemidos inexprimíveis". Os gemidos podem não ser inteligíveis para o homem, mas chegam ao coração de Deus. O Apóstolo disse: "E aquele que examina os corações sabe qual é a intenção do Espírito; e é ele que segundo Deus intercede pelos pecados, segundo a vontade de Deus". Quem poderia avaliar tal oração? É a oração com uma inteligência divina, "[porque] aquele que examina os corações sabe qual é a intenção do Espírito". É a oração "segundo a vontade de Deus". É a oração com uma dimensão divina.[390]

O PADRÃO DA EVIDÊNCIA INICIAL EM ATOS

Vários escritores responderam às afirmações de Fred Bosworth em *Do All Speak with Tongues?* [Falam Todos Línguas?] [n.d.] que o ensinamento sobre a evidência inicial não tem declarações explícitas das Escrituras para apoiá-la. Entre eles, o famoso pioneiro Pentecostal norueguês, Thomas Ball Barratt, respondeu em *"The Baptism of the Holy Ghost and Fire: What is the Scriptural Evidence?"* [O Batismo com o Santo Espírito e Fogo: Qual é a Evidência Bíblica?] E afirmou:

---

[390] Frank W. Smith, "What Value Tongues?" [Qual a Utilidade das Línguas?] *Message of the Open Bible*, Junho de 1963, p. 5.

O escritor [Bosworth] [...] diz que "não temos um 'Assim diz o Senhor' nas Escrituras que todos devam falar línguas, mas o oposto [é verdadeiro]. Temos muitos 'Assim diz o Senhor' quanto a outras evidências ou os resultados do Batismo no Espírito. Por exemplo: 'Eles profetizarão', etc., etc." Esta afirmação é verdadeira para a Palavra?

Em Marcos 16.16-18 o Senhor diz: "Quem crer e for batizado, SERÁ salvo", (isso é verdade?); mas quem não crer SERÁ condenado. (Isso é verdade?)" "E estes sinais SEGUIRÃO aos que CREREM": (Isso é verdade?) "Em meu nome CERTAMENTE, expulsarão os demônios"; (Será isso verdade?) Eles CERTAMENTE falarão *novas línguas*." (Isso é verdade?) O escritor possivelmente dirá, "com algumas reservas". Mas a Bíblia não dá nenhuma. Se há reservas neste caso, então há reservas a se fazer em cada um dos outros. A única reserva que a Bíblia faz é INCREDULIDADE. "Estes sinais CERTAMENTE seguirão os que CREREM." E continua dizendo, "CERTAMENTE pegarão nas serpentes; e, se beberem alguma coisa mortífera, CERTAMENTE NÃO lhes FARÁ dano algum; e eles CERTAMENTE porão as mãos sobre os enfermos, e eles CERTAMENTE sararão". Eu li um livro do escritor [Bosworth] sobre *a cura pela fé*, um excelente livro! - mas se as reservas são feitas, então somos livres para fazê-lo na declaração aqui sobre a *cura*, bem como no que diz respeito às *línguas*.

Ele [Bosworth] cita, como visto acima, a declaração de Pedro no Dia de Pentecostes, quando ele explica o grande milagre que estava sendo promulgado diante de seus olhos e cita a profecia do profeta Joel, "e nos ÚLTIMOS dias acontecerá, diz Deus, que HEI DE DERRAMAR do Meu Espírito sobre toda a carne; e os vossos filhos e as vossas filhas CERTAMENTE hão de profetizar (isso é verdade?), e os vossos jovens CERTAMENTE terão visões, e vossos velhos CERTAMENTE terão sonhos; e também do meu Espírito hei de derramar sobre os meus servos e sobre as minhas servas NAQUELES dias, e CERTAMENTE profetizarão;" (isso é verdade?); agora, reparem que esta foi a interpretação dada por Pedro às LÍNGUAS, explicando o milagre das LÍNGUAS e afirmando que elas eram proféticas em sua espécie, o que explica também Atos 19.6, "E falavam línguas, e profetizavam". A profecia não é meramente a previsão dos acontecimentos vindouros, mas "aquele que profetiza fala aos homens para edificação, exortação e consolação" 1Co 14.3. No Dia de Pentecostes, as NOVAS línguas foram usadas dessa maneira. Os falantes falaram "das GRANDEZAS DE DEUS." As línguas quando compreendidas, ou seja, quando a língua falada é entendida, diretamente ou por interpretação, pode ser profética e influencia as pessoas diretamente, da mesma forma que as palavras de profecia sem as línguas. Como o apóstolo Pedro está aqui falando de LÍNGUAS, e explicando a natureza delas, podemos afirmar que temos, mesmo neste caso, outro CERTAMENTE do Senhor sobre as línguas: eles CERTAMENTE falarão em LÍNGUAS – proficticamente, isto é – *proclamar as maravilhosas obras de Deus em novas línguas*, e isso é o que ocorre quando as línguas são ouvidas, na medida em que as pessoas recebem o seu batismo – CRISTO É GLORIFICADO! – as obras maravilhosas de Deus são proclamadas pelas almas batizadas com fogo.

A declaração, portanto, de que "*não há uma passagem solitária da Escritura*", em relação às línguas como uma prova ou sinal do Batismo do Espírito Santo, é FALSA. Atos 10. 46 é, além disso, uma passagem muito decisiva em favor deste ensinamento. Pedro e seus seis amigos tinham evidentemente dúvidas quanto à conveniência de visitar os pagãos, mas o Senhor os preparou. E quando o evangelho foi pregado a Cornélio e a companhia se reuniu em sua casa, o SANTO ESPÍRITO CAIU SOBRE TODOS os que ouviram a palavra. Como Pedro e seus amigos souberam disso? A Bíblia dá a resposta: "PORQUE OS OUVIAM FALAR LÍNGUAS E MAGNIFICAR A DEUS"! Como já vimos, as línguas acompanharam invariavelmente o derramamento do Espírito Santo nos casos mencionados no livro de Atos. Este era o NOVO sinal da igreja cristã! Quanto aos dois casos, como vimos, onde eles não são mencionados, em um, o recebedor declara mais tarde, que ele falava "*mais línguas do que vós todos*", e no caso dos crentes em Samaria, podemos ter a certeza de que Pedro, que esteve em Cesareia mais tarde, considerou as línguas como a prova do Batismo, teria estado insatisfeito com qualquer coisa a menos em Samaria. É escriturístico, portanto, afirmar que as LÍNGUAS, dadas pelo Espírito Santo são uma prova real de Sua presença, e que podem ser esperadas por todos os crentes cheios do Espírito.

O escritor [Bosworth] pergunta: "Se Lucas foi tão cuidadoso em registrar quando somente estes poucos (no Dia de Pentecostes) falavam em línguas, por que ele não registrou quando todos os múltiplos milhares desde o Pentecostes falavam línguas, se todos eles falaram?" A resposta simples para isto é que Lucas não registrou quando e como todos esses múltiplos milhares receberam o Batismo e, portanto, ele não disse nada sobre o falar em línguas. Os casos que ele menciona não nos deixam dúvidas se falavam em línguas ou não.[391]

Uma visão semelhante aparece no sermão impresso *"The Bible on Speaking in Tongues"* [A Bíblia Sobre o falar em línguas] (1935) do líder pentecostal escandinavo-americano Elmer C. Erickson:

O falar em línguas ocorreu no momento do derramamento ou enchimento do Espírito Santo; e isso foi verdade não apenas em um caso isolado. Dos quatro casos registrados no livro de Atos, onde as pessoas receberam o enchimento do Espírito Santo, em três é definitivamente afirmado que falaram em línguas: Atos 2.1-4; 10.44-46; 19.1-6. Não há registro de alguém falando em línguas antes de ser batizado no Espírito Santo.

Este falar em línguas no dia de Pentecostes não é apenas um cumprimento de Is 28.11 e Marcos 16.17, mas também o cumprimento de Joel 2. O falar em línguas no dia de Pentecostes foi a profecia de Joel em ação. [...]

---

[391] Thomas B. Barratt, "The Baptism of the Holy Ghost and Fire. What is the Scriptural Evidence?" [O Batismo do Santo Espírito e Fogo. Qual a Evidência Escriturística?], *Evangel Tract*, n°. 953 (Springfield, Mo.: Gospel Publishing House, n.d.), pp. 20-24.

Falar em línguas acompanhou o derramamento do Espírito na casa de Cornélio. Veja Atos 10.44-46. Fui convidado alguns anos atrás para a casa de um ministro presbiteriano em nossa cidade. Este ministro tinha um amigo visitante em sua casa que estava ligado ao tabernáculo de Paul Rader em Chicago. Ao conversarmos juntos sobre o assunto da vida cheia do Espírito, esse amigo disse: "Não há versículos na Bíblia que digam que falar em línguas sempre foi uma evidência para qualquer pessoa de que alguém recebeu o enchimento do Santo Espírito." Eu pedi a ele para ler Atos 10.44-46. "E, dizendo Pedro ainda estas palavras, caiu o Espírito Santo sobre todos os que ouviam a palavra. E os fieis que eram da circuncisão, todos quantos tinham vindo com Pedro, maravilharam-se de que o dom do Espírito Santo se derramasse também sobre os gentios. Porque os ouviam falar línguas, e magnificar a Deus". O falar em línguas não era uma evidência para esses judeus crentes de que esses gentios haviam recebido o enchimento do Santo Espírito? O que mais poderia significar a conjunção "porque"? Nosso amigo disse: "Eu nunca notei isso antes."

Vejamos Atos 19.1-6. Aqui o falar em línguas acompanhou o derramamento do Espírito Santo mais uma vez. Os opositores da verdade do Batismo no Espírito Santo dizem que os doze discípulos em Éfeso não eram homens salvos. Eles queriam que acreditássemos que o que receberam na reunião de oração de Paulo foi a salvação. Se Paulo estivesse em dúvida sobre sua salvação, perguntaria-lhes algo como: "Recebestes vós já o Espírito Santo quando crestes?" Por que ele não perguntou se eles eram salvos? Nunca ouvi uma pessoa iluminada das Escrituras perguntar ao não salvo se recebeu ou não o Espírito Santo, porque o escrituristicamente iluminado sabe que o mundo, o não convertido, não pode receber o Espírito Santo. Jesus disse, falando do Espírito Santo, "que o mundo não pode receber, porque não o vê, nem o conhece, mas vós o conheceis, porque habita convosco e estará em vós".[392]

---

[392] E. C. Erickson, "The Bible on Speaking in Tongues" [A Bíblia Sobre o Falar em Línguas] (Duluth, Minn.: Duluth Gospel Tabernacle; sermão pregado em 22 de Setembro de 1935), pp. 8-9.

Aimee Semple McPherson acrescentou seu apoio às línguas como evidência inicial escrevendo:

> P. O Senhor tem um novo método do século XX para batizar os crentes com o Santo Espírito? Ou será que Ele ainda os enche e acompanha o enchimento com a mesma evidência bíblica, falando em línguas como Ele fez nos dias antigos?
> R. Não, o Senhor não mudou, assim como há apenas uma maneira de ser salvo e que é através do sangue precioso de Jesus, também há apenas uma maneira de receber o Espírito Santo, e isso é como eles fizeram no Dia de Pentecostes. O modo que Pedro recebeu, Maria e todos os santos é bom o suficiente para mim. Por que deveríamos ser uma exceção à regra?[393]

LÍNGUAS COMO EVIDÊNCIA OU DOM DE LÍNGUAS?

Embora houvesse hesitado sobre a necessidade de línguas como prova do batismo do Espírito na controvérsia dentro das Assembleias de Deus em 1918, W. T. Gaston, um superintendente geral posterior, deixou sua posição clara no tratado *"The Sign and the Gift of Tongues"* [O Sinal e o Dom das Línguas] [n.d.]. Sobre a importante diferenciação entre a função das línguas no livro de Atos e o dom das línguas em 1 Coríntios 12 e 14 para a posição sobre a evidência inicial, Gaston observa:

> Em Marcos 16 as novas línguas são mencionadas como um dos sinais que seguirão os que creem no Evangelho. Três exemplos concretos estão registrados no livro de Atos. Em 1 Coríntios 12, lemos que o dom de línguas foi estabelecido na Igreja. Seu uso é regulado no capítulo 14. O "sinal" é prometido em Marcos e cumprido em Atos, e o "dom" definido e regulado em Coríntios é sempre o mesmo em essência e uso? Esta é uma pergunta viva hoje; como nenhuma alma honesta e bem informada negará que há múltiplos milhares de casos genuínos de novas línguas após a pregação do Evangelho de hoje.

---

[393] McPherson, "Questions and Answers" [Perguntas e Respostas], pp. 487-88.

Muitos queridos irmãos afirmam que todo verdadeiro exemplo é o dom das línguas; que o Batismo no Espírito é para todos os crentes, e que cada crente assim ungido receberá um ou mais dos nove dons - como Ele quer; enquanto um número cada vez maior de santos cheios do Espírito vê uma distinção na área e uso das línguas, entre aquela experiência inicial no derramamento do Espírito como em Atos, onde a manifestação parece incluída e inerente à maior experiência do Batismo do Espírito. Onde o vaso humano produzido é controlado inteiramente pelo Espírito divino – daí, ilimitado e sem restrições. E nas línguas como um dom na assembleia estabelecida como em Corinto, onde a manifestação está sob o controle da mente humana ungida, onde seu exercício é limitado e prescrito. Esta distinção em uso está claramente marcada nas Escrituras. [...]

Outra razão pela qual não posso ver que todo o falar em línguas é dom, no sentido limitado e prescrito de 1 Coríntios 14, é porque aquela instrução apostólica que regia o uso do dom nas assembleias está em conflito com a prática dos apóstolos em relação ao fenômeno das línguas no derramamento pentecostal. Primeiro, observe, aqueles que têm o dom na assembleia, devem manter o silêncio a menos que haja um intérprete; só falam consigo mesmos e com Deus; e onde há um intérprete, "falem dois, ou quando muito três, e por sua vez, e haja interprete". Isto é, não mais do que três devem falar em qualquer reunião, e um de cada vez; enquanto um é para interpretar. Repito, essas instruções estão em aberto conflito com a prática dos apóstolos nos Atos. Em Cesareia, toda a multidão magnificava a Deus em línguas sem nenhum esforço da parte de Pedro em manter a ordem e ter as línguas interpretadas. E também, quando consideramos que eles se quebrantaram diretamente no sermão do pregador, e o orador um apóstolo, e sem dúvida poderosamente ungido, pois Pedro não tinha acabado sua mensagem – ele disse que tinha apenas "começado"; quando esses gentios começaram a falar em línguas, não um de cada vez na ordem da Bíblia, mas de uma só vez. Certamente arruinaram um bom sermão em Cesareia. Mas, com certeza, o Espírito Santo tem o direito de substituir até mesmo um apóstolo; e esta é o simples, mas brilhante relato do Espírito Santo descendo sobre eles e tomando posse deles. Pedro poderia muito bem deixar de falar com eles, enquanto Deus é condescendente em falar através deles.

[...] quando pelo próprio Espírito, usando suas faculdades rendidas e extasiadas, eles [os crentes em Atos 2] começaram a engrandecer Deus, de uma só vez, e em várias línguas. Poderia qualquer coisa estar em mais flagrante violação do entendimento geral de "decência e ordem" nas reuniões religiosas? No entanto, os apóstolos não tentaram chamar essas assembleias à ordem. Na verdade, eles mesmos o fizeram em Jerusalém (Atos 2.4).

Concluo com esta observação que, para evitar que as Escrituras ao lidar com esse assunto se contradigam, e os ensinamentos de Paulo discordem seriamente de sua prática, devemos distinguir entre o uso de línguas, sob o controle da mente e o regulado pela instrução apostólica, e o falar inicial em línguas que acompanhou o derramamento do Espírito nos Atos, onde o candidato – a mente, a língua e tudo o mais – está controlado pelo Espírito, sem qualquer tentativa de regulação por qualquer apóstolo em qualquer momento.[394]

A DOUTRINA É BÍBLICA?

Em vários artigos de *Pentecostal Evangel* seguindo o debate sobre a doutrina da evidência inicial, Daniel W. Kerr, o porta-voz teológico mais influente das Assembleias de Deus em seus primeiros anos, continuou a explicar e a defender o ensino. Em *"Not Ashamed"* [Não me Envergonho], ele resumiu a apologia da doutrina, declarando:

Não nos envergonhamos do Evangelho de Cristo. Nem estamos envergonhados de seu sinal físico inicial no batismo do Espírito Santo. Pois, diante da questão, há tanto razão para

---

[394] W. T. Gaston, "The Sign and the Gift of Tongues" [O Sinal e o Dom de Línguas], *Tract*, n°. 4664 (Springfield, Mo.: Gospel Publishing House, n.d.), pp. 3-4, 9-10, 11, 12.

acreditar que a grande massa de Pentecostais, que desde o início acreditou que o falar em outras línguas, como o Espírito concedia que falassem, estava certa em suas conclusões sobre esse ponto, bem como para acreditar que aqueles que se opõem a este testemunho distintivo, estavam certos em sua conclusão. Admitimos isso. Mas não estamos convencidos de que o povo pentecostal tenha cometido um erro durante todos estes anos de comunhão abençoada com o Pai e com Seu Filho Jesus Cristo ao falar em outras línguas. Uma pessoa que comeu uma maçã ou até mesmo apenas provou, é mais bem qualificada para falar sobre a questão do tipo e qualidade da maçã, do que alguém que só fala de boatos. Da mesma forma, aqueles que receberam a plenitude do batismo no Espírito Santo, estão mais bem qualificados para testemunhar o que experimentaram. Ou esta experiência é limitada a alguns favoritos na família de Deus? Alguns dizem que é, enquanto outros dizem que é para todos! Quem está certo? À lei e ao testemunho das Escrituras do Novo Testamento. Por ela, e somente por ela, permaneceremos de pé ou cairemos.[395]

CONSIDERAÇÕES FINAIS

Apesar da tentação de defender a veracidade das línguas como evidência inicial com base em testemunhos pessoais da experiência de muitos Pentecostais, os proponentes da doutrina, como Kerr, diligentemente procuraram as Escrituras. É bastante evidente que, juntamente com outros protestantes conservadores, os Pentecostais usaram o princípio da *"Sola Scriptura"*, que data da Reforma do século 16, como o ideal em sua *práxis* de formulação teológica.

---

[395] D. W. Kerr, "Not Ashamed" [Não me Envergonho], *Pentecostal Evangel*, 2 de Abril de 1921, p. 5.

8. A EVIDÊNCIA INICIAL E O MOVIMENTO CARISMÁTICO: UMA AVALIAÇÃO ECUMÊNICA

Henry Lederle

"*Também o Reino dos céus é semelhante a um tesouro escondido num campo que um homem achou e escondeu; e, pelo gozo dele, vai, vende tudo quanto tem e compra aquele campo. Outrossim, o Reino dos céus é semelhante ao homem negociante que busca boas pérolas; e, encontrando uma pérola de grande valor, foi, vendeu tudo quanto tinha e comprou-a*" (Mateus 13. 44-46).

Uma reinterpretação simbólica contemporânea (sem reivindicação de valor exegético – nem mesmo do tipo alegórico) destas breves parábolas do reino pode ajudar a ilustrar a argumentação básica deste ensaio. Há um tesouro precioso escondido num lugar comum, ordinário – como mais poeticamente expresso – uma pérola no invólucro de uma ostra. A abordagem do movimento carismático com respeito a "evidência inicial" é simplesmente especificada, fazendo uma distinção mais clara entre o tesouro (a pérola de grande valor) e seu entorno (a ostra). É de se esperar que a analogia se torne mais nítida à medida que avançamos.

A posição do movimento carismático em relação ao ensinamento pentecostal de que a *glossolalia* constitui a "evidência (física) inicial" do batismo no Espírito Santo pode ser resumida sucintamente: a maioria dos carismáticos associa ser batizado no Espírito com a manifestação dos *charismata*, que regularmente inclui o falar em línguas – geralmente em uma posição proeminente. Poucos carismáticos aceitam que a *glossolalia* seja a condição *sine qua non* para o batismo do Espírito.

Esta última posição, em que a validade do batismo do Espírito depende da *glossolalia* como condição prévia, foi até mesmo apelidada de "a chamada lei das línguas".[396] Phillip Wiebe aponta que mesmo quando se admite que os casos clássicos em Atos, tradicionalmente usados por Pentecostais, todos contêm referências à *glossolalia* (e alguns estudiosos carismáticos contestam isso), não há afirmação em qualquer parte do Novo Testamento que a reivindique como a única evidência.[397] Também não pode ser convincentemente estabelecido que a *glossolalia* é o primeiro efeito do batismo do Espírito. Falar em línguas, de acordo com a maioria dos carismáticos, constitui evidência de que alguém foi batizado no Espírito, mas essa evidência não é conclusiva. A razão para isto é simplesmente que a *glossolalia* como fenômeno religioso também ocorre nos círculos espíritas e nas religiões não-cristãs. É atestado mesmo em contextos totalmente seculares.[398]

A questão da "evidência inicial" tem sido controversa no Pentecostalismo desde o início. É historicamente inatacável que foi a novidade que ligava o batismo do Espírito com línguas como evidência que constituiu o ponto de partida radicalmente novo no ensino do movimento incipiente que se espalhou como um incêndio nos Estados Unidos.[399] A história da controvérsia sobre línguas como a evidência exclusiva do batismo do Espírito, envolvendo figuras proeminentes como F. F. Bosworth, A. B. Simpson, Jonathan Paul e Leonhard Steiner (o organizador da primeira Conferência Mundial Pentecostal em 1947), não se enquadra no âmbito deste ensaio. No entanto, a

---

[396] T. A. Smail, *Reflected Glory: The Spirit in Christ and Christians* [Glória Refletida: O Espírito em Cristo e os Cristãos] (London: Hodder and Stoughton, 1975), p. 40.

[397] P. H. Wiebe, "The Pentecostal Initial Evidence Doctrine" [A Doutrina Pentecostal da Evidência Inicial], *JETS* 27 (Dezembro de 1984): pp. 465-72.

[398] L. C. May, "A Survey of Glossolalia and Related Phenomena in Non-Christian Religions" [Um Estudo de Glossolalia e Fenômenos Relacionados em Religiões Não Cristãs], em *Speaking in Tongues: A Guide to Research on Glossolalia* [Falar em Línguas: Um Guia para Pesquisa em Glossolalia], ed. Watson E. Mills (Grand Rapids: Eerdmans, 1986), pp. 53-82.

[399] J. R. Goff, Jr., *Fields White Unto Harvest: Charles F Parham and the Missionary Origins of Pentecostalism* [Campos brancos para Colheita: Charles F. Parham e as Origens Missionárias do Pentecostalismo], (Fayetteville: University of Arkansas Press, 1988), pp. 62-86; H. Vinson Synan, *The Holiness-Pentecostal Movement in the United States* [O Movimento Holiness-Pentecostal nos Estados Unidos], (Grand Rapids: Eerdmans, 1971), pp. 95-116; Henry I. Lederle, *Treasures Old and New: Interpretations of "Spirit-Baptism" in the Charismatic Renewal Movement* [Tesouros Antigos e Novos: Interpretações do "Batismo no Espírito" no Movimento de Renovação Carismática] (Peabody, Mass.: Hendrickson, 1988), pp. 15-32.

comunidade internacional pentecostal inclui muitos na Alemanha, Inglaterra e Chile, por exemplo, cujos pontos de vista sobre as evidências iniciais se assemelham aos dos Carismáticos e não aos dos Pentecostais clássicos.[400]

No entanto, apesar das pressões para melhorar este ponto de vista, continuaram sendo eloquentes defensores das línguas como um sinal essencial. O teólogo das Assembleias de Deus Britânicas, Donald Gee (1891-1966) considerou isso como uma verdade sagrada para nunca ser abandonada. Ele se recusa a ceder à tentação de minimizar o papel da *glossolalia*:

> A experiência tem provado que onde quer que tenha havido um enfraquecimento neste ponto, cada vez menos crentes têm, de fato, sido batizados no Espírito Santo e o Testemunho tendeu a perder o fogo que o deu à luz e o mantém vivo.[401]

Por estas razões, existe hoje uma nova tendência restauradora dentro do Pentecostalismo clássico buscando o fogo e a vibrante liberdade do Espírito vivida nos primeiros dias. Ao mesmo tempo, continua um contramovimento, que busca níveis mais elevados de aceitação e integração da sociedade na corrente principal do cristianismo evangélico e ainda mais longe no diálogo ecumênico. Neste estudo, entretanto, creio que um novo olhar sobre a experiência do batismo no Espírito naqueles "bons e velhos tempos" de poder e glória pode ser útil.

A PÉROLA

Da miríade de testemunhos dos primeiros dias do início do movimento pentecostal escolhi a seguinte descrição do "batismo no Espírito Santo" a partir do ano de 1907. É o testemunho desse grande pioneiro pentecostal do ministério de cura, John G. Lake, o "Apóstolo da África".[402] Gordon Lindsay dá a seguinte descrição da "unção especial" do Espírito:

---

[400] W. J. Hollenweger, *The Pentecostals* [Os Pentecostais] (London: SCM Press, 1972; reimp., Peabody, Mass.: Hendrickson, 1988), p. 335.

[401] Donald Gee citado em J. J. McNamee, "The Role of the Spirit in Pentecostalism. A Comparative Study" [O Papel do Espírito no Pentecostalismo. Um Estudo Comparativo], (diss. Ph.D., Eberhard Karls University, Tubingen, 1974), pp. 50-1.

[402] Para informações sobre Lake, ver J. R. Zeigler, "Lake, John Graham," *DPCM*, p. 531.

> Pouco depois de minha entrada no ministério de cura, enquanto presenciava uma reunião onde a necessidade do Batismo do Espírito era apresentada, quando me ajoelhei em oração e reconsagração a Deus, uma unção do Espírito veio sobre mim. Ondas de santa glória fluíram pelo meu ser, e fui elevado a um novo reino da presença e do poder de Deus. Depois disso, as respostas à oração eram frequentes e os milagres da cura ocorreram de tempo em tempo. Senti-me na fronteira de um grande reino espiritual, mas não consegui entrar plenamente, de modo que minha natureza não estava satisfeita com a realização.403

Depois disso, durante nove meses, Lake continuou a orar pelo batismo do Espírito e, em seguida, no contexto de uma noite de oração, a luz de Deus brilhou em torno dele e uma voz lhe falou:

> Encontrei-me num centro de um arco de luz de uns três metros de diâmetro – a luz mais branca de todo o universo. Tão branco! Oh, como falava de pureza. A lembrança daquela brancura, aquela maravilhosa brancura, tem sido o ideal que esteve diante da minha alma, da pureza da natureza de Deus desde então.404

Logo depois, enquanto preparava-se para orar por uma mulher que estava doente, Lake teve outra experiência que ele comparou com passar sob uma ducha quente de chuva tropical, que não caiu sobre ele, mas penetrou-lhe. Na calma que se seguiu, o Espírito falou-lhe:

> "Ouvi tuas orações, Vi tuas lágrimas. Vós sois agora batizado no Espírito Santo." Então correntes de poder começaram a correr através do meu ser do alto da minha cabeça à planta dos meus pés. Os choques de poder aumentaram em rapidez e voltagem. Enquanto essas correntes de poder passavam através de mim, pareciam vir sobre a minha cabeça, correr por todo meu corpo e através de meus pés no chão. O poder era tão grande que meu

---

[403] G. Lindsay, *John G. Lake—Apostle to Africa* [John G. Lake – Apóstolo para a África], (Dallas: Christ for the Nations, 1972), p. 16.

[404] *Ibid.*, p. 17.

corpo começou a vibrar tão intensamente a ponto de, acredito eu, se não tivesse estado sentado numa cadeira tão baixa, eu poderia ter caído no chão.405

A mulher estava curada, e Lake estava cheio de inexprimível alegria e temor diante da presença de Deus. Essa série de experiências físicas representava para Lake um toque de Deus em sua vida. Também resultou em um profundo amor e compaixão por todas as pessoas, um desejo de testemunhar o evangelho de Cristo e uma preocupação em "demonstrar Seu poder de salvar e abençoar".[406]

Quem poderia negar que este testemunho ilustra a essência do Pentecostes? Temos aqui uma ilustração da dimensão empoderadora da "vida no Espírito", da qualidade dinâmica experiencial da vida cristã, na qual os carismas do Espírito fluem livremente. Esta qualidade de "estilo de vida pentecostal" contrastava fortemente com os padrões subnormais da vida cristã e testemunho encontrado entre muitos cristãos nominais da época. Dentro dos parâmetros da presente discussão, a característica notável é que em nenhum lugar em todo este testemunho do batismo do Espírito encontramos alguma referência à *glossolalia*! (Não estou sugerindo, contudo, que o testemunho de Lake seja de todo típico dos depoimentos deste período no que diz respeito à ausência de uma referência a línguas, mas o simples fato de que *uma* tal figura importante não faz menção à *glossolalia* é em si muito significativa).

A OSTRA

A "pérola de grande valor" foi identificada acima como "vida no Espírito". Esta dimensão da dinâmica experiência cristã e a abertura à presença e ao poder do Espírito nas vidas humanas é indefinida – não pode ser fixada. O vento sopra onde quer (Jo 3.8) Nenhuma estrutura formal pode contê-lo. Isso frustra a eficiente mentalidade do "sim, eu posso fazer", da Modernidade. Os filhos do Iluminismo desejam trabalhar com verificação empírica, garantias intelectuais e causalidade linear. Essa tendência de formalização pode ser vista ao longo da história da igreja. O pensamento bíblico nunca se relacionou bem com essa mentalidade de prova racionalista e, como resultado, as

---

[405] *Ibid.*, p. 18.
[406] *Ibid.*, pp. 19-20.

ideias bíblicas têm sido externalizadas, solidificadas ou domesticadas em nossa teologia. Donald Gelpi falaria de "reificação".[407]

O ideal profundo para que a igreja permaneça em contato vivo com sua herança apostólica é o caso em questão. Onde esta ligação, que é uma realidade pneumatológica, tornou-se formalizada, estamos lidando com a casca em vez do grão, com a ostra encapsulante em vez da pérola.

A pérola representa o contato vivo com nossa herança do Novo Testamento, nosso vínculo com a fé do *apóstolo*. É significativo que o bispo William J. Seymour, talvez o pai do pentecostalismo moderno, depois de usar inicialmente outro nome, tenha escolhido especificamente o nome de "Missão de Fé Apostólica" para o ministério da Rua Azusa. A maior igreja pentecostal da África do Sul ainda leva esse nome. Pode-se notar, de passagem, que a Comissão de Fé e Ordem do Conselho Mundial de Igrejas escolheu recentemente a mesma designação para seu projeto de promover a unidade doutrinária da Igreja universal, "Rumo à Expressão Comum da Fé Apostólica Hoje" (Companheiros estranhos?).[408]

Três grandes ilustrações dessa tendência para formalizar nossa ligação com a fé apostólica da igreja cristã primitiva vêm à mente. A primeira destas *teologoumena* (as construções teológicas racionalistas de acordo com A. A. Van Ruler) é a doutrina da sucessão apostólica.[409] Considero isto sugerindo a noção em igrejas sacramentais (Ortodoxa, Católica Romana e Anglicana) que a validade da ordenação episcopal é de alguma forma formalmente garantida pela continuidade externa que é vista como se estendendo de volta para as testemunhas oculares apostólicas originais da ressurreição de Cristo. A sequência de ordenações táteis supostamente ininterruptas ("mãos sobre as cabeças") é vista como uma certificação da continuação da autoridade e do poder apostólico. Nos lugares a que esta descrição corresponde a doutrina da sucessão apostólica poderia funcionar como um substituto perigoso (mágico?) para a natureza dinâmica da herança apostólica como "vida no Espírito" ligando com o testemunho, ensino, comunhão e serviço dos apóstolos originais.

A segunda tentação de formalizar ou reificar nossa fé apostólica é encontrada principalmente entre os protestantes. As Escrituras, como

---

[407] D. L. Gelpi, *Pentecostalism: A Theological Viewpoint* [O Pentecostalismo: Um Ponto de Vista Teológico] (New York: Paulist Press, 1971).

[408] H.-G. Link, ed., *Apostolic Faith Today* [Fé Apostólica Hoje], (Geneva: World Council of Churches, 1985).

[409] Cf., A. A. Van Ruler, *Calvinist Trinitarianism and Theocentric Politics* [O Trinitarianismo Calvinista e Política Teocêntrica], trad. John Bolt (Lewiston, N.Y.: Edwin Mellen Press, 1989).

palavra viva de Deus, são descritas em categorias racionalistas como "verdade proposicional" e "inerrante". Critérios baseados na Filosofia Escocesa do Senso Comum são aplicados anacronicamente à Bíblia – o livro da fé e da vida, "lâmpada para os pés, e luz para o meu caminho" (Sl 119.105). Este racionalismo cristão nega a dupla autoria da Bíblia (Deus e a humanidade), colocando em seu lugar uma visão docética das Escrituras, que é então reforçada pela apologética racionalista tentando "provar a credibilidade da Escritura por argumentos e evidências".[410]

Outro exemplo protestante de formalização da fé apostólica é a grande tradição luterana e reformada do *confessionalismo*. Em certos círculos, os credos e as confissões escritas da era da Reforma têm, na realidade, maior autoridade doutrinal do que a Bíblia. A fé viva dos Reformadores é hipostasiada e elevada para se tornar uma norma absoluta (na prática, se não na teoria). Em ambos os casos, alguns protestantes domesticaram e externalizaram a vida apostólica no Espírito.

A terceira tentação de formalizar ou de tentar definir a herança apostólica pode ser encontrada entre a "Terceira Força" (para usar o termo de Henry P. Van Dusen), os Pentecostais.[411] G. J. Pillay fala da *glossolalia* sendo considerada "como prova da experiência apostólica".[412] A doutrina da "evidência inicial" não poderia funcionar como uma garantia empírica externa para a vida dinâmica no Espírito, proporcionando assim uma estrutura formalizada que tenta "domesticar" o Espírito? Certamente, um encontro com Deus deve servir de *porta de entrada* para a vida no Espírito, e não como o *objetivo* que sempre pode ser formalmente verificado *uma vez* alcançado![413]

Deve-se notar que a crítica acima não é dirigida contra a sucessão

---

[410] D. G. Bloesch, *Essentials of Evangelical Theology* [Essenciais da Teologia Evangélica], vol. 2, *God, Authority, and Salvation* [Deus, Autoridade, e Salvação], (New York: Harper & Row, 1982), p. 76.

[411] H. P. Van Dusen, "The Third Force" [A Terceira Força], *Life* (9 de Junho de 1958): pp. 122-24.

[412] G. J. Pillay, "Text, Paradigms and Context: An Examination of David Bosch's Use of Paradigms in the Reading of Christian History" [Texto, Paradigmas e Contexto: Um Exame do uso dos Paradigmas de David Bosch na Leitura da História Cristã], *Missionalia* 18 (Abril de 1990), pp. 120-21.

[413] Cf., o título do artigo escrito por um Pentecostal sulafricano, G. R. Wessels, "The Baptism with the Holy Spirit-not a Goal, but a Gateway" [O Batismo com o Espírito Santo - Não um Fim, mas um Portão de Entrada], lido na Conferência Pentecostal Mundial em Estocolmo, Suécia, em 1955. Ver W. J. Hollenweger, ed., *Die Pfingstkirchen: Selbstdarstellungen, Dokumente, Kommentare* [Os Pentecostais: Autorretratos, Documentos, Comentários] (Stuttgart: Evangelisches Verlagswerk, 1971), pp. 177-78.

histórica da ordenação na igreja; nem a inquestionável autoridade da Bíblia como a divina palavra infalível e inspirada de Deus sendo contestada. Da mesma forma, não há nenhuma tentativa aqui de desafiar a validade da *glossolalia* como um carisma inspirador e alegre do Espírito de Deus, seja na assembleia reunida ou como uma linguagem de oração privada. Mas a ostra é confundida com a pérola quando os aspectos legítimos da nossa fé apostólica (*glossolalia*) se formalizam ("evidência inicial"). Onde isso acontece, a vulnerabilidade de ser continuamente dependente do Espírito é contornada por uma garantia externa de vida no Espírito baseada num único evento empírico. Acredito que a hesitação entre os carismáticos de abraçar uma doutrina completa da evidência inicial como única condição para o batismo do Espírito não depende apenas da falta de apoio explícito ou conclusivo a ela nas Escrituras, mas também de uma inquietação geral sobre a "mentalidade de prova" que pode abrigar e que pode levar ao triunfalismo e ao elitismo.

Talvez alguém também se pergunte se essa hesitação e desconforto se limitam aos carismáticos. David Barrett faz a seguinte declaração surpreendente em seu levantamento estatístico do pentecostalismo: "A maioria das denominações pentecostais ensinam que o falar línguas é obrigatório para todos os membros, mas na prática hoje apenas 35% de todos os membros têm praticado este dom, seja inicialmente ou como uma experiência contínua".[414]

CLASSIFICANDO OS CARISMÁTICOS

Após uma análise teológica da evidência inicial, passamos agora ao termo "carismático". Até agora, ele foi utilizado sem fazer distinções. Embora o movimento não seja homogêneo, acredito que as generalizações feitas com respeito à evidência inicial são verdadeiras. Os carismáticos ligam amplamente as línguas ao batismo do Espírito, mas bem poucos a consideram uma condição necessária para validar a experiência. Para adicionar alguns contornos ao panorama carismático, uma classificação agora será tentada e as posições em relação à evidência inicial traçadas em uma escala de 1 a 5. As cinco posições seguintes são distinguidas:

> *Posição 1* uma clara tendência a subestimar a relevância e a importância das línguas, negando a evidência inicial e, por vezes, questionando a conveniência da *glossolalia* como um carisma.

---

[414] D. B. Barrett, "Statistics, Global," *DPCM*, p. 820.

Posição 2 representa a aceitação de línguas como um carisma válido e desejável, mas negando qualquer vínculo direto com o batismo do Espírito.

Posição 3 representa reconhecer que a *glossolalia* fornece uma boa base para concluir que o batismo do Espírito foi experimentado.

Posição 4 representa a visão de um "pacote de acordo" de que, tecnicamente falando, você não precisa falar em línguas, mas sim que você irá (desde que esteja em ultimo caso aberto a isso).

Posição 5 representa a chamada lei das línguas, isto é, todos os batizados válidamente no Espírito têm falado em línguas (como um "sinal") pelo menos uma vez. A *glossolalia* é a única e necessária condição para o batismo do Espírito.

Para a classificação dos carismáticos denominacionais (aqueles que trabalham para a renovação no Espírito Santo dentro de estruturas denominacionais), as três principais categorias a seguir desenvolvidas em meu estudo *Treasures Old and New* [Tesouros Velhos e Novos] (1988) serão usadas.[415]

(A) Os neopentecostais diferem dos pentecostais mais em grau do que em princípio teológico. Em termos dos "três pilares" de Frederick Dale Bruner, eles aceitam uma "teologia da subsequência" (padrão de dois estágios para a vida cristã), rejeitam condições para se qualificarem para o batismo do Espírito e sentem-se inseguros sobre qualquer batismo do Espírito sem glossolalia. Estão distribuídos entre as posições de 4 a 5.[416]

(B) Os sacramentalistas veem o batismo do Espírito como a "libertação" experiencial do Espírito. Este é o florescimento

---

[415] Lederle, *Treasures*, capítulos 2-4.
[416] F. D. Bruner, *A Theology of the Holy Spirit: The Pentecostal Experience and the New Testament* [Uma Teologia do Espírito Santo: A Experiência Pentecostal e o Novo Testamento], (Grand Rapids: Eerdmans, 1970), capítulo 3.

da graça batismal (infantil) ou a renovação do sacramento da confirmação. Estão espalhados entre as posições 2 a 3.

(C) Os *integristas* procuram integrar a experiência carismática para o interior do cristianismo evangélico (em sua maior parte). O batismo no Espírito é visto como o estágio final da iniciação cristã; como equivalente a ser cheio com o Espírito; como a renovação no Espírito para toda a paróquia; ou como uma nova "vinda" do Espírito, uma descoberta espiritual ou experiência de crescimento. Esta posição é representada pelas posições 1 a 2. (Não é diferente o ponto de vista que define o batismo do Espírito como a dimensão carismática da vida cristã normal. Este pode cair na posição 2).

Além dos carismáticos de renovação denominacional, deve-se dar atenção aos agrupamentos independentes ou não-denominacionais dos carismáticos. Há pelo menos quatro correntes teologicamente distintas:

(D) O *movimento Fé* foi caracterizado recentemente como tendo "uma ênfase específica na fé como um mecanismo à disposição do crente para torná-lo vitorioso".[417] Essa fé "criativa" é aplicada especialmente em áreas de saúde e prosperidade.[418] Em relação à *glossolalia*, eu identificaria sua posição como das posições 4 e 5.

(E) O *movimento Pastoreado ou Discipulado* rejeita a "tradição" denominacional, desejando restaurar o ministério do Reino do Novo Testamento, restabelecer o modelo quíntuplo de ministério (Efésios 4.11) e enfatizar as relações em vez das estruturas.[419] Eles se enquadram nas posições 3 a 4.

---

[417] J. N. Horn, *From Rags to Riches* [De Farrapos a Ricos], (Pretoria: UNISA, 1990), p. 117.

[418] Para mais informações sobre o movimento de Confissão Fé ou de Confissão Positiva, ver D. R. McConnell, *A Different Gospel: A Historical and Biblical Analysis of the Modern Faith Movement* [Um Evangelho Diferente: Uma Análise Histórica e Bíblica do Moderno Movimento de Fé] (Peabody, Mass.: Hendrickson, 1988); também P. G. Chappell, "Heal-ing Movements," *DPCM*, pp. 353-74.

[419] Para maiores informações sobre o Movimento de Pastoreado ou Discipulado, ver K. McDonnell, ed., *Presence, Power, Praise: Documents on the Charismatic Renewal* [Presença, Poder, Louvor:

(F) O *movimento de Sinais e Maravilhas (a "Terceira Onda")* caracteriza-se por empregar o poder espiritual como um meio de evangelismo.[420] Sua perspectiva sobre a cura poderosa envolve a equipação dos santos num ministério de cada membro. Eles também enfatizam a importância da percepção das visões de mundo. A sua posição em relação às evidências iniciais aproximar-se-ia das posições 1 a 2.

(G) O *movimento Dominionista* está focado no restabelecimento do governo divino no mundo e é influenciado pelo teonomismo e pelo pensamento cristão reconstrucionista.[421] A profecia reveladora é crucial e a Igreja é vista como o Tabernáculo de Davi – uma perspectiva do "Reino Agora" que desafia a tradição pentecostal de pré-milenismo dispensacionalista. Sua posição sobre as línguas parece se estender às posições 2 a 4.

O DESAFIO CARISMÁTICO ÀS EVIDÊNCIAS INICIAIS

Neste ensaio, um tom polêmico ou apologético tem sido evitado, mas na erudição pós-moderna e pós-positivista, é geralmente reconhecido que a análise acadêmica nunca é neutra, nunca é livre de pressupostos e um grau de advocacia é inevitável. Ao escolher símbolos como a pérola e a ostra, coloquei minhas cartas sobre a mesa. A pérola Pentecostal de grande valor é

Documentos sobre a Renovação Carismática], 3 vols. (Collegeville, Minn.: Liturgical Press, 1980), vol. 2, pp. 116-47; A. Walker, *Restoring the Kingdom: The Radical Christianity of the House Church Movement* [Restaurando o Reino: O Cristianismo Radical do Movimento Igreja em Casa], ed. rev. (London: Hodder and Stoughton, 1988); também H. D. Hunter, "Shepherding Movement" [Movimento de Pastoreado], *DPCM*, pp. 783-85.

[420] Para maiores informações sobre o Movimento de Sinais e maravilhas, ver C. P. Wagner, *The Third Wave of the Holy Spirit* [A Terceira Onda do Espírito Santo] (Ann Arbor, Mich.: Servant Publications, 1988); John Wimber e Kevin Springer, *Power Evangelism* [Evangelismo Poderoso] (San Francisco: Harper & Row, 1987).

[421] Para maiores informações sobre o Movimento Dominionista, ver W. A. Griffin, "Kingdom Now: New Hope or New Heresy" [Reino Agora: Nova Esperança ou Nova Heresia], um artigo apresentado durante o 17º encontro anual da *Society for Pentecostal Studies* [Sociedade para Estudos Pentecostais], Virginia Beach, Virginia, 12 a 14 de novembro de 1987.

a vida dinâmica no Espírito, isto é, estar aberto à realidade sobrenatural de Deus e toda a gama de carismas como uma realidade atual na medida em que se procura caminhar pelo Espírito. Esta experiência contínua do poder e da presença de Cristo não pode ser garantida pela exigência externa de que todos precisam falar em línguas (em pelo menos em uma ocasião). É pela pérola, ou o tesouro no campo, que devemos vender tudo o que temos e não pela ostra ou a embalagem em que a pérola muitas vezes (mas nem sempre) vem (*glossolalia*). Acredito que por trás da insistência de pentecostais como Donald Gee está o medo de que a própria pérola possa ser perdida. Isso deve ser respeitado. Com a luz atualmente à minha disposição, diria que se deve distinguir mais claramente entre a pérola e a ostra.

Em última análise, o desafio do carismatismo para aqueles que ensinam a evidência inicial é refletir de novo sobre sua validade. Provavelmente não é realista defender o abandono deste ensino mais distintivo do pentecostalismo. Isso pode nem ser necessário. Parece que o chamado é para *uma reinterpretação crítica e reapropriação*. A história do recente diálogo ecumênico pode lançar alguma luz sobre esta questão complexa.

Houve muito progresso nos diálogos multilaterais do Conselho Mundial de Igrejas e nos diálogos bilaterais das principais comunhões confessionais do cristianismo nos últimos trinta anos. No rigor do contínuo escrutínio ecumênico, muitos mal-entendidos foram esclarecidos, muitos conceitos ultrapassados influenciados por categorias filosóficas não mais adotadas foram descartados, e foram descobertas muitas maneiras novas de olhar para antigas percepções. Uma avaliação mais precisa das diferenças remanescentes também foi alcançada. Três exemplos bastarão para ilustrar o processo: a infalibilidade papal, "a grande divisão batismal", e, uma escolha do meu contexto, a dupla predestinação calvinista.

> (1) Foi descoberto pelos protestantes que mesmo por trás da doutrina totalmente inaceitável da infalibilidade papal há uma "intenção do evangelho", ou seja, o ensinamento de que o Espírito guiará infalivelmente a Igreja em toda a verdade e que as portas do inferno não prevalecerão contra ela. Esta promessa evangélica à igreja tornou-se individualizada e centralizada no papado até 1870. Esta é uma noz difícil de quebrar. Nos diálogos Anglicano e Católico-Romano, houve algum "progresso" na definição de um ofício petrino de unidade central, ao qual os Anglicanos

estavam abertos.[422] O plano de Fries-Rahner sugeria uma forma de unidade eclesiástica na qual os protestantes reconheciam o valor de um governo administrativo centralizado enquanto os católicos continuam a aceitar a infalibilidade.[423] Nenhum destes compromissos provisórios parece ter ascendido muito.

(2) O documento de Lima de 1982 alcançou certa convergência em relação ao batismo em água.[424] Ambos os lados aceitaram o caráter contínuo da educação cristã. Isso levou à constatação de que o batismo de uma tradição – pedobatismo, seguido pela expressão de um compromisso pessoal de confirmação ou de uma profissão pública de fé – era paralelo à outra tradição de apresentação e bênção na infância seguida pelo ato explícito do credobatismo. As diferenças existentes também se tornaram menos acentuadas quando todos reconheceram que o batismo devia ser visto tanto como dom de Deus como nossa resposta humana a esse dom.

(3) A grande maioria das igrejas reformadas na Europa (o continente com o maior número de calvinistas) aceitou a Concórdia de Leuenberg (1973).[425] Isso envolveu a reinterpretação drástica do "horrível decreto" de João Calvino da igualdade absoluta dos Eleitos e dos Réprobos. A eleição através da graça livre é mantida e ligada ao chamado à salvação em Cristo. Que indivíduos específicos tenham sido eternamente decretados para a condenação final por Deus não é mais aceito por aqueles que

---

[422] Para maiores informações sobre o diálogo Anglicano e Católico Romano, ver H. Meyer e L. Vischer, eds., *Growth in Agreement: Reports and Agreed Statements of Ecumenical Conversations on a World Level* [Crescimento em Concordância: Relatórios e Declarações Acordadas de Conversações Ecumênicas em Nível Mundial] (Geneva: World Council of Churches, 1984).

[423] Para maiores informações sobre o Plano de Fries-Rahner, ver H. Fries e K. Rahner, *Unity of the Churches-An Actual Possibility* [Unidade das Igrejas – Uma Possibilidade Atual], (Philadelphia: Fortress, 1985).

[424] Para maiores informações sobre o Documento de Lima, ver *Baptism, Eucharist and Ministry* [Batismo, Eucaristia e Ministério], (Geneva: World Council of Churches, 1982), Faith and Order Paper [artigo de Fé e Ordem] nº 111.

[425] Para maiores informações sobre a Concórdia de Leuenberg, veja o link, *Apostolic Faith Today* [Fé Apostólica Hoje], pp. 168-74.

já o ensinaram anteriormente. Até mesmo as condenações dos Luteranos nas confissões reformadas eram vistas como não mais aplicáveis às igrejas europeias atuais. Este consenso não foi meramente o resultado do processo de diálogo oficial ecumênico. Ele havia sido preparado por várias décadas de discussões teológicas e as publicações de estudiosos Reformados como G. C. Berkouwer. Um pequeno remanescente de tradicionalistas que ainda defendem a *dupla* predestinação permanece fragmentado em algumas igrejas conservadoras.

Estes exemplos destacam a dificuldade, bem como os resultados positivos do esforço de diálogo. Um diálogo formal entre os Pentecostais clássicos e os carismáticos denominacionais e independentes deve ser muito mais fácil do que os casos mencionados acima, porque a extensão do consenso existente é muito maior entre eles. Em tal diálogo, a intenção do evangelho por trás do ensino da evidência inicial poderia ser sondada e reavaliada. Talvez a influência de uma coleção de ensaios como este possa se tornar um catalisador em todo o processo.

> Outrossim, o reino dos céus é semelhante ao homem, negociante, que buscava boas pérolas; e encontrando uma pérola de grande valor, foi, vendeu tudo quanto tinha, e comprou-a."
> (Mt 13.45-46)

PARTE II

A Evidência Inicial
e o Texto Bíblico:
Quatro Perspectivas

9. NOVAS DIRETRIZES HERMENÊUTICAS NA DOUTRINA DA EVIDÊNCIA INICIAL DO PENTECOSTALISMO CLÁSSICO

Donald Johns

Escrevo este ensaio como um "Pentecostal clássico". Primeiramente, isso significa a consideração de que há uma experiência distinta do crente com o Espírito de Deus, separada da conversão, onde o crente entra em uma nova fase em relação ao Espírito. Os Pentecostais clássicos chamam essa experiência de "ser batizado no Espírito Santo",[426] e para os propósitos deste capítulo, podemos usar o termo "separabilidade" para referir-se à característica dessa experiência como separada da conversão. Segundo, como um Pentecostal clássico, creio que esta experiência é acompanhada por uma atividade particular conhecida como "falar em línguas" (com o Espírito concedendo as palavras para se falar em uma linguagem[427] desconhecida pelo falante); além disso, afirmo que essas "línguas" podem ser usadas como evidência de que um crente foi batizado no Espírito. Posteriormente, há outros tipos de evidência de ser batizado no Espírito; para permitir isso minha tradição geralmente adotou a frase "evidência física inicial" realçando o "valor probatório" do falar em línguas (novamente, termos a que nos referiremos mais tarde). Essas duas crenças – "separabilidade" e "valor evidencial" do falar em línguas – são os dois princípios distintivos do Pentecostalismo clássico.

Imaginei o meu público-alvo principal como sendo formado de Pentecostais clássicos, pessoas que já consideram esses dois princípios como verdadeiros. Com este público em mente, não pretendo que este ensaio seja uma exposição ou defesa completa dessas doutrinas principais. Em vez disso, este ensaio irá sugerir como modelos hermenêuticos passados podem ser inadequados para explicar a doutrina da evidência inicial e indicará como ferramentas recentes de erudição bíblica podem mostrar que há uma sólida base exegética para as doutrinas da separabilidade e do valor evidencial.

Eu adoto essa abordagem porque a hermenêutica tradicional pentecostal clássica[428] tem sido criticada por não fornecer uma base exegética adequada para os dois princípios distintivos do pentecostalismo. Sugerir que houve uma falha em qualquer sentido pode perturbar alguns Pentecostais clássicos. Mas esta verdade tem sido demonstrada de uma forma muito pragmática por um número de pessoas que são agora ex-pentecostais. Com muitos destes fui junto para o *Bible College* ou depois ensinei. Esteja certo que eles são uma minoria, embora seja uma minoria significativa. Sua estrutura doutrinária pentecostal clássica entrou em colapso quando foi sobrecarregada por questões difíceis de estudiosos não pentecostais. Mas estou firmemente convencido de que a aplicação construtiva das ferramentas da erudição bíblica não precisa minar as doutrinas do Pentecostalismo; pelo contrário, seu uso adequado pode fortalecer consideravelmente as bases exegéticas e hermenêuticas para os dois princípios pentecostais distintivamente clássicos de separabilidade e do valor evidencial das línguas. Nesse sentido, então, minhas observações podem contribuir para uma exposição completa desses princípios, ou mesmo para uma defesa.

Muitas vezes, um treinamento especial é necessário para usar corretamente as ferramentas da erudição bíblica. Mas todos os pentecostais clássicos podem fazer uso dos resultados geralmente aceitos pelos especialistas acadêmicos em estudos bíblicos. Com isso em mente, dirijo conscientemente minhas observações não apenas aos eruditos bíblicos pentecostais clássicos, mas também ao restante dos pentecostais clássicos que confiam nas conclusões de seu trabalho.

---

[428] Estarei usando o termo "hermenêutica pentecostal clássica" para referir (1) em geral aos princípios hermenêuticos usados pelos Pentecostais clássicos para toda a Escritura, e (2) mais especificamente aos princípios hermenêuticos usados pelos Pentecostais clássicos ao fazer a exegese dos textos que são diretamente relevantes para o ser batizado no Espírito. Acredito que o segundo conjunto de princípios deve ser um subconjunto do primeiro e não um conjunto diferente.

A INADEQUAÇÃO DE QUADROS ANTERIORES

A inadequação de estruturas passadas para argumentar a validade da separabilidade e do valor evidencial é visível em três áreas: (1) os Pentecostais não responderam a argumentos que leem os Atos de Lucas à luz da compreensão de Paulo sobre o Espírito, que associa mais o Espírito com a conversão do que com a capacitação e não se presta a ver a vinda do Espírito como uma experiência separada da conversão. A fraqueza do pentecostalismo reside aqui em nossa falta de meios adequados para lidar, por um lado, com as declarações paulinas sobre cada crente que recebeu o Espírito; e, por outro lado, negligenciamos tratar profundamente as passagens de Lucas-Atos que descrevem os discípulos pós-Páscoa como pessoas que precisavam receber o Espírito. Os Pentecostais podem resolver este problema adotando e refinando métodos interpretativos aceitos.

(2) Quanto à questão do valor das línguas como evidência do batismo no Espírito, os Pentecostais têm sido criticados também por sua abordagem de padrão indutiva a fim de provar essa doutrina. Isto é, nas três ocasiões em que as pessoas recebem no sentido lucano, pela primeira vez o Espírito, e onde há qualquer descrição do evento, o falar em línguas é mencionado em estreita ligação com o recebimento do Espírito. Estes textos são Atos 2.1-12, 10.44-48 (ver também 11.15-18); e 19.1-7. Duas outras passagens são por vezes incluídas, mas estas têm valor questionável.[429] Entre as três, o texto mais

---

[429] Estes dois outros textos são os seguintes: Simão estava disposto a pagar aos apóstolos pela habilidade de conferir o Espírito (At 8.14-19). Algo que ele viu foi impressionante o suficiente para fazê-lo oferecer o dinheiro para essa habilidade, e ele já tinha visto grandes milagres feitos por Estêvão. Este algo é conjecturado como sendo o falar em línguas. Este pode muito bem ser o caso, mas tal conjectura não pode ser usada de forma circular para estabelecer o padrão. O outro caso é uma combinação de Atos 8.17, onde Ananias diz que Paulo vai receber o Espírito, e 1Coríntios 14.18, onde Paulo afirma que ele fala em línguas mais do que qualquer membro da igreja de Corinto. Aqui, Lucas tem usado boa técnica de contar histórias quando deixa um orador dizer o que vai acontecer, mas esse acontecer nunca é realmente relatado. É verdade que Paulo recebeu o Espírito, e ele falou em línguas, mas não há nenhuma conexão entre os dois nos textos, e assim essa combinação de textos tem pouca ajuda para oferecer ao estabelecer um padrão para o valor evidencial de falar em línguas. Outro texto, embora não de Atos, é Marcos 16.17. Por um lado, há dois grandes problemas com o uso deste texto para estabelecer a visão Pentecostal clássica de ser batizado no Espírito. Primeiro, a passagem de Marcos 16. 9-20 quase certamente não faz parte do texto original de Marcos. Para uma discussão da evidência manuscrita, ver Bruce M. Metzger, *A Textual Commentary on the Greek New Testament* [Um Comentário Textual sobre o Novo Testamento Grego], edição corrigida (Stuttgart, Alemanha: United Bible Societies, 1975), pp. 122-28. Segundo, o v. 17 não conecta o falar em línguas com o fato de ser

convincente é Atos 10.44-48 o que explica como Pedro e seus companheiros sabiam que Cornélio, sua família e amigos haviam recebido o Espírito: "Pois" (Gr.: γάρ = *gar*) eles ouviram falar em línguas e louvar a Deus; eles receberam o Espírito da mesma maneira que os discípulos de Jerusalém. A inadequação da abordagem padrão é que isto é um simples raciocínio indutivo. Para o raciocínio indutivo, quanto mais casos forem observados, melhor, mas há apenas três casos de apoio válidos (embora não haja casos que realmente contradigam o padrão). Estabelecer um padrão por meio do raciocínio indutivo era a melhor maneira que os Pentecostais clássicos tinham de lidar com textos bíblicos narrativos. Mas esta abordagem é vulnerável em vários confrontos: por exemplo, há apenas um número relativamente pequeno de casos a observar; além disso, o método é inconsistente. Afinal, existem outros padrões em Atos que os Pentecostais clássicos não usam doutrinariamente. Aqui também o pentecostalismo clássico pode encontrar um aliado nos recursos da erudição bíblica, particularmente nas recentes contribuições da crítica literária e narrativa, bem como da teologia. Com essas ferramentas, eles podem enfrentar o desafio de mostrar como a narrativa histórica realmente ensina a teologia normativa.

(3) As formulações hermenêuticas pentecostais também podem ser servidas investigando a natureza da linguagem e do significado. Por exemplo, em que sentido "batizado no Espírito" nomeia a experiência que os Pentecostais afirmam? Este problema também está relacionado com a questão envolvendo Lucas/Paulo, mas também se relaciona com o alcance e natureza da linguagem usada por Lucas para descrever a relação do Espírito com o crente.

Podemos notar que os Pentecostais clássicos têm frequentemente associado quaisquer técnicas que têm "crítica" ou "crítico" em seus nomes como ataques à veracidade ou autoridade das Escrituras, então novamente menciono que estou pedindo uma aplicação construtiva dessas técnicas.

Pode parecer, para alguns, que estou pedindo uma revisão completa da hermenêutica pentecostal clássica. Mas isso não é realmente assim. Em alguns casos, descobriremos que a hermenêutica pentecostal clássica adotou intuitivamente técnicas que estão presentes na erudição bíblica contemporânea

---

batizado no Espírito, mas com ser um crente. Por outro lado, o texto é muito precoce e explicitamente dá valor evidencial às línguas, provavelmente em conexão com a grande comissão dada no v. 15 como um sinal da verdade das boas novas que estão sendo pregadas. Assim, o autor desta passagem e, provavelmente, o círculo mais amplo dos associados do autor, deu um valor evidencial às línguas, embora não com referência a ser batizado no Espírito, como fez Lucas.

de uma forma mais desenvolvida e polida. Nesses casos, eu simplesmente clamo por uma adoção consciente e refinamento de princípios que não estão tão longe do que já estamos usando tacitamente. Em outros casos, as técnicas sugeridas serão novas para a maioria dos Pentecostais clássicos, mas seu uso construtivo pode e deve ser integrado à atual abordagem hermenêutica global do pentecostalismo.

Devo notar neste ponto que eu não adotei nenhuma dessas técnicas para lidar com as inadequações da hermenêutica pentecostal clássica atual. Em vez disso, adotei um uso construtivo dessas técnicas por causa da natureza da Bíblia e de seus escritos individuais. Existem outras ferramentas também, mas não são tão centrais para as questões pentecostais clássicas, e por isso não são apropriadas para inclusão em um ensaio como este.

Na próxima seção deste ensaio, explorarei essas três áreas que eu brevemente identifiquei acima e examinarei como as ferramentas da erudição bíblica podem ser úteis para explicar as principais doutrinas do Pentecostalismo. Finalmente, comentarei explicitamente as duas questões que definem alguém como um Pentecostal clássico: a separabilidade e o valor evidencial das línguas.

TEOLOGIA BÍBLICA E O ESPÍRITO EM LUCAS E PAULO

As contribuições da erudição bíblica significativas para nossos propósitos dizem respeito à natureza da teologia bíblica. O sucesso do dogma pentecostal clássico da separabilidade de ser batizado no Espírito depende de ser apropriadamente hermenêutico ler Lucas em seus próprios termos em vez de ver Lucas através da lente de Paulo.

Para entender a natureza da teologia bíblica, é preciso primeiro distingui-la da teologia sistemática. A teologia sistemática constrói uma descrição unificada da verdade de Deus a partir de perspectivas filosóficas e teológicas particulares. Infelizmente, a ênfase na unidade muitas vezes levou à construção de doutrinas da teologia sistemática, tomando versos individuais de toda a Escritura e usá-los como se fossem todos escritos pelo mesmo autor humano, ao mesmo tempo, para o mesmo público. Mas o Novo Testamento, bem como o Antigo é uma coleção de documentos, muitos ou mesmo a maioria dos quais foram escritos para diferentes pessoas em situações específicas, mas distintas. A natureza dos textos bíblicos torna impossível saltar imediatamente de um versículo individual para uma doutrina de teologia sistemática.

Devemos, antes, seguir um caminho um pouco mais longo e considerar a autorrevelação única de Deus a cada autor das Escrituras, as experiências e os antecedentes de cada autor, bem como as necessidades da comunidade. Todos esses fatores afetam o modo como cada autor percebe o que eu chamo de estruturas da verdade teológica: quais são os temas teológicos, como eles estão relacionados uns com os outros e como eles são aplicados às vidas humanas, bem como as diferentes maneiras que cada autor usa palavras e formas de linguagem mais abrangentes.

Ora, estou ciente de que não há uma única definição universalmente aceita de teologia bíblica, mas como uma definição de trabalho, podemos dizer que a teologia bíblica, primeiro apresentará a teologia de um autor do Novo Testamento em seus próprios termos, categorias e formas de pensamento.[430] Uma vez que isso é feito para cada autor do Novo Testamento, as apresentações resultantes podem estar relacionadas entre si, redes de conexões estabelecidas e pontos de contraste também estabelecidos. Mas nenhum autor deve receber primazia sobre os demais; especialmente o intérprete não deve usar as estruturas teológicas de um escritor como um esboço em que todas as teologias dos outros escritores são feitas para se ajustarem. Nem o intérprete deve forçar o significado de um autor para um termo em todos os outros autores.

Uma sensibilidade a esses princípios de uma teologia bíblica sólida é vital porque um desafio significativo à visão pentecostal da separabilidade veio ao se tentar fazer com que Lucas se encaixasse no molde paulino acerca da terminologia e estrutura teológica. Ou seja, de acordo com a abordagem mais sistemática, o Espírito é recebido na conversão (o que Paulo realmente diz), e somente na conversão (o que Paulo *não* diz, mas é assim que o argumento segue caminhando). Os princípios de uma teologia bíblica expõem a falha em tal abordagem e, por sua vez, oferecem uma base mais firme para o dogma Clássico de Separabilidade. Se a apresentação que Lucas faz do recebimento do Espírito está totalmente desenvolvida dentro de suas próprias estruturas teológicas, deve ser evidente que Lucas e Paulo nem sempre escreverão sobre os mesmos aspectos da relação entre o crente e o Espírito.[431]

---

[430] Adaptado de G. E. Ladd, *A Theology of the New Testament* [Uma Teologia do Novo Testamento], (Grand Rapids: Eerdmans, 1974), p. 25.

[431] Para um exemplo deste tipo de trabalho publicado sobre Lucas, ver Roger Stronstad, *The Charismatic Theology of Saint Luke* [A Teologia Carismática de São Lucas], (Peabody, Mass.: Hendrickson, 1984). Um trabalho disponível (como deste escrito) que eu suspeito ser promissor é *The Development of Early Christian Pneumatology* [O Desenvolvimento da Pneumatologia Cristã

A relação entre o crente e o Espírito Santo é complexa, e nenhum autor do Novo Testamento discute a totalidade daquela. Lucas enfatiza o ministério capacitado pelo Espírito, mas ignora amplamente os aspectos éticos do Espírito no crente e o papel do Espírito na conversão. Paulo discute os três. Mas está tudo bem – uma abordagem bíblico-teológica permite que cada autor do Novo Testamento seja ele mesmo e diga o que quer dizer, mesmo que difira em perspectiva de outro escritor, e se um escreveu ou não uma carta e o outro contou uma história.

Outra implicação de desenvolver uma teologia bíblica em vez de uma teologia sistemática é que o Pentecostes não é o "aniversário da igreja". O que está em jogo aqui? Se a igreja vier a existir como tal no Pentecostes, então pode ser (e é) argumentado que o batismo no Espírito e os fenômenos associados que Lucas descreve envolvem uma dádiva única do Espírito à igreja como um todo. O Pentecostes iniciou uma nova fase na relação do Espírito Santo com a igreja e, portanto, com os crentes individuais que constituíram a igreja, mas o Pentecostes não foi o início dessa relação. O Pentecostes, conforme descrito em Atos, deve ser interpretado principalmente nas estruturas teológicas de Lucas, não nas de Paulo, e para Lucas, a igreja está em continuidade direta com o povo de Deus da antiga aliança. Qualquer noção do Pentecostes como "aniversário da igreja" é, portanto, estranha à sua compreensão. Além disso, para Lucas, se alguma mudança para a igreja deve ser feita como um novo grupo identificável, ela deve começar com o chamado de João Batista, que iniciou o processo de destilação do povo de Deus em um grupo identificável que em última instância resultou na igreja como a conhecemos hoje.[432] Assim, a igreja pré-Pentecostes pode ser descrita nos termos paulinos de Romanos 8.9-11, ou seja, eles "tinham o Espírito de Cristo", estavam "no Espírito", e o Espírito estava "vivendo neles". Mas Lucas ainda pode registrar a vinda do Espírito como uma vinda e ter pouco ou nada a dizer sobre o papel do Espírito na conversão,[433] porque está interessado no papel do Espírito na divulgação das Boas Novas.

A contribuição da teologia bíblica também entra em cena com Atos

---

Prmitiva] de Robert P. Menzies com referência especial a Lucas-Atos, uma dissertação de Ph.D. feita na Universidade de Aberdeen, na Escócia, que será publicada na *JSNT Supplement Series*.

[432] Cf. R. F. O'Toole, S.J., *Unity of Luke's Theology* [A Unidade da Teologia de Lucas], (Wilmington, Del.: Michael Glazier, 1984), p. 21.

[433] E João pode acrescentar mais uma dimensão ou fase à recepção do Espírito, João 20. 21-23. É também uma metodologia pobre forçar arbitrariamente este texto no Evangelho de João para a estrutura teológica lucana ou paulina.

8.4-24 advertindo-nos a não desconfiar do julgamento de Lucas quando afirma que os samaritanos "creram". Eles agora também eram povo do Senhor. Não ter recebido o Espírito Santo no sentido lucano não tinha nada a ver com o fato de se faziam ou não parte do povo de Deus. Ainda assim, a questão preocupou os apóstolos e chamou a atenção deles.

Em um texto similar (Atos 19), os homens já eram "discípulos", partícipes do povo de Deus, embora houvessem sido deixados para trás pelos desenvolvimentos na história da salvação. Paulo,[434] talvez suspeitando que tal fosse o caso, descobriu que eles não receberam o Espírito quando creram.[435] Ele pergunta mais adiante e descobre que esses discípulos estavam localizados no estágio de João Batista na história da salvação. Sua resposta não é uma afirmação de que nem sequer ouviram dizer que havia uma coisa como o Espírito. Sua familiaridade quase certa com a mensagem de João e com o Antigo Testamento deve impedir tal tradução. Em vez disso, havendo sugestão de construção semelhante em João 7.39, entendo sua declaração como significando que eles não tinham ouvido falar que a profecia de João Batista a respeito do Batizador Vindouro, fora cumprida, e que as pessoas estavam agora sendo batizadas no Espírito.

De qualquer forma, esses discípulos são atualizados; eles respondem com fé e são batizados. Então o Espírito Santo vem sobre eles, proporcionando um fechamento apropriado ao tratamento de Lucas de receber o Espírito. Como a mensagem sobre o Espírito começou com João Batista, agora finalmente um grupo de seus próprios discípulos finalmente recebem o Espírito.

Em Atos 10, devemos primeiro observar que Lucas novamente mostra continuidade entre o velho e o novo. Esta casa dos gentios adorava o único Deus verdadeiro, visto que na visão metafórica de Pedro no versículo 15, Deus indica haver purificado Cornélio e sua casa, portanto, eles não devem ser chamados de comuns ou seculares, e que devem ser tratados como membros

---

[434] Aqui devemos notar que as declarações de Paulo em Atos não devem ser interpretadas primeiramente dentro das estruturas da teologia paulina, mas dentro daquelas da teologia lucana. Paulo em Atos pode dizer apenas o que Lucas lhe permite dizer. Isso não sugere que Lucas inventou os discursos de Atos do nada. Mas todos foram filtrados através da rede teológica lucana, e todos servem aos objetivos teológicos de Lucas.

[435] Para esta expressão, cf. o correspondente em 11.17. O ponto não é que o crer e receber deve ter lugar ao mesmo tempo, embora no paradigma de Lucas os dois devam estar dentro do mesmo período de tempo geral. É preferível que receber o Espírito no sentido Lucano é uma sequência natural do crer em Jesus, e quando não era assim, havia motivo de preocupação. Também cf. a conversão de Paulo e o recebimento do Espírito em Atos 9, que foram separados por três dias.

do povo de Deus. Em 10.35, Pedro conclui que Cornélio e sua casa já são aceitáveis a Deus. Nos versículos 36-38 parece que esses gentios já estão cientes da mensagem que Jesus pregou, embora talvez não do resultado final do ministério de Jesus: sua morte e ressurreição. Um forte exemplo pode ser dado de que Cornélio e companhia já eram membros do povo de Deus como Lucas definiu. O caso é um pouco mais forte do que um exemplo construído a partir de 11.14, 18 que Cornélio ainda não era um membro do povo de Deus. Minha visão do *status* de Cornélio e de sua família certamente está de acordo com o tema de Lucas sobre a universalidade da oferta da salvação.

Olhando para o acontecimento real, os crentes dentre os circuncidados[436] que vieram com Pedro ficaram admirados, não que os gentios pudessem ser salvos, mas que eles também pudessem receber o dom do Espírito. O espanto na salvação vem mais tarde, e é da parte da igreja maior em Jerusalém.

A TEOLOGIA E A PALAVRA NARRATIVA DE DEUS

As pessoas usam diferentes formas de linguagem e gêneros para atingir diferentes objetivos. A Bíblia contém muitas dessas formas e gêneros. Toda a Bíblia é a mensagem de Deus para a humanidade ("palavra de Deus"), isto é, Deus está por trás de sua produção e comunica o que pretende seja comunicado. Se assim for, então o conjunto de objetivos que nossa hermenêutica deve adotar em geral é aquele que é indutivamente ditado pelas formas e gêneros e seus usos, não por um único objetivo da doutrina. O conjunto específico de metas adotadas variará com o tipo específico de texto. Lucas escolheu escrever um discurso narrativo, não expositivo, e assim os objetivos hermenêuticos que adotamos devem ser apropriados. Estes incluirão a doutrina, mas eles não devem ser limitados a ela.

A maioria dos eruditos bíblicos concorda hoje que as narrativas bíblicas expressam as opiniões teológicas de seus autores. Isso costumava ser um ponto de discórdia entre os Pentecostais clássicos, quando alegaram que a narrativa poderia ensinar teologia e, portanto, poderia ser usada como base para a doutrina, e muitos não pentecostais alegaram o contrário.

Isso não quer dizer que a maioria dos eruditos bíblicos veja necessariamente

---

[436] Talvez assim designado para distingui-los dos crentes que não eram dentre os circuncidados, ou seja, Cornélio e sua casa.

a teologia ensinada pela narrativa (ou qualquer outro tipo de texto bíblico, por exemplo) como vinculativa para os crentes modernos. Isso depende do ponto de vista do especialista sobre a autoridade da Escritura. O que eu quero apontar aqui é que a erudição bíblica desenvolveu ferramentas para explorar a teologia que os autores da narrativa bíblica expressam através de suas obras.

Para entender o que isso significa ao se lidar com textos narrativos, primeiro devemos determinar o que os textos narrativos fazem na comunicação humana. A narrativa pode ensinar diretamente, porque os autores bíblicos geralmente incluem discursos de seus personagens para fazer seus próprios apontamentos, e os comentários do narrador muitas vezes avaliam ou explicam um evento narrado. Isso é significativo para o Pentecostal clássico, porque o narrador em Atos 10.46 atribui explicitamente valor evidencial ao falar em línguas e afirma que essa era a visão de Pedro e de seus associados. Então Pedro, em Atos 10. 47 e 11. 15-17 afirma que os gentios receberam o dom do Espírito da mesma maneira que os discípulos fizeram no dia de Pentecostes.

Crítica da Redação

Além desses discursos aprovados pelo autor, no entanto o exegeta precisa de um conjunto especial de ferramentas para obter a mensagem que o autor queria ensinar. Um dos melhores *kits* de ferramentas para essa finalidade é a redação ou crítica de composição.[437] A crítica da redação examina como um autor do Novo Testamento usa suas fontes, já que certas coisas são escolhidas, enquanto outras são deixadas de fora, e se a seleção de material mostra um padrão teologicamente motivado, então a perspectiva teológica do autor (inspirado) pode ser estabelecida. Uma descrição das perspectivas teológicas que o autor bíblico incorporou na narrativa é a fonte primária para estabelecer uma teologia bíblica, no nosso caso, uma teologia lucana. Dada a minha visão conservadora da inspiração e autoridade da Escritura e da teologia que cada autor ensina esta descrição também afetará a doutrina. Os autores também organizam o material de diferentes maneiras, e isso também pode mostrar perspectivas teológicas. Além disso, os autores modificam o material, por exemplo, resumindo, parafraseando, esclarecendo e mudando

---

[437] Um excelente exemplo do uso construtivo da crítica da redação no estudo de textos relevantes é o artigo de Robert P. Menzies apresentado na reunião de novembro de 1990 da *Society for Pentecostal Studies*: "The Baptist's Prophecy in Lucan Perspective: A Redactional Analysis of Luke 3.16" [A Profecia do Batista na Perspectiva Lucana: Uma Análise Redacional de Lucas 3.16]."

a perspectiva. Finalmente, os autores escrevem seu próprio material, que não deve ser tomado como sugerindo que eles estavam escrevendo ficção; podiam compor relatos sem falsificar as informações que os relatos contêm.[438]

Também é verdade que os melhores resultados aqui podem ser obtidos quando uma fonte está disponível para comparação com o trabalho em estudo (por exemplo, Marcos como uma fonte para Lucas, ou Samuel-Reis como uma fonte para Crônicas). Se a fonte estiver disponível, está fora de dúvida onde a seleção, arranjo e modificação ocorreram. Mas mesmo quando se trabalhe com outros materiais, os críticos da reação prestam atenção a pontos detalhadamente específicos ao procurar as preocupações teológicas do autor. Esses pontos de detalhe estão objetivamente presentes no texto, e as observações dos críticos da redação muitas vezes se revelam valiosas. Além disso, se praticado corretamente, há controles que impedem de tentar fazer o texto dizer o que ele não diz.

A crítica redacional é uma das áreas que é semelhante ao que os Pentecostais clássicos vêm fazendo desde o início, extraindo a teologia expressa pelos textos narrativos, especificamente os de Atos. Mas usar uma disciplina real faria os resultados de nossa exegese muito mais precisos e mais fortes. Um exemplo do trabalho do crítico de redação Robert F. O'Toole é que, em Atos, "os discípulos continuam a obra de Jesus".[439] Não se pode dizer que O'Toole seja um pentecostal, mas suas ideias, especialmente sobre os ministérios proféticos de Jesus e seus seguidores pós-Pentecostes,[440] são paralelas de várias das conclusões do autor Pentecostal Roger Stronstad em sua obra *Charismatic Theology of Saint Luke* [Teologia Carismática de São Lucas] (1984). Além disso, O'Toole fornece uma maior estrutura da teologia lucana na qual a conclusão de Stronstad, que o Pentecostes envolve a transferência do ministério carismático de Jesus para seus discípulos, pode caber.

A área principal, porém, onde eu vejo a crítica redacional ajudando os Pentecostais clássicos é em fazer a exegese dos principais textos pentecostais em Atos. Ela pode contribuir muito para uma base mais firme para a separabilidade e para o valor evidencial do falar em línguas, ajudando a expor os motivos de Lucas por trás da preferência em relatar o falar em línguas e

---

[438] Alguns críticos da redação tomam os dois últimos pontos e vão longe demais com eles, concluindo que o evangelista inventou certas histórias ou partes de histórias sobre Jesus. Esse tipo de crítica de redação eu não posso endossar, mas o problema é mais com as opiniões da pessoa que usa o método do que com o método em si.

[439] O'Toole, *Luke's Theology* [A Teologia de Lucas], p. 62. Este é o título do capítulo 3, pp. 62-94.

[440] O'Toole, *Luke's Theology* [A Teologia de Lucas], pp. 81-82.

a escolha em relatar que alguns crentes não receberam o Espírito e assim por diante.

Teologia Narrativa

A teologia narrativa, uma disciplina relativamente nova dentro da hermenêutica, afirma que a própria forma da história tem significado para a teologia. Esta disciplina objetiva não tanto traduzir histórias bíblicas em doutrinas como em ajudar-nos a entender como as pessoas usam as histórias e, portanto, o efeito que as histórias bíblicas devem ter sobre nós.[441] Esses efeitos não são doutrina, mas são significativos tanto para a doutrina quanto para alguém que vive a vida no mundo em relação a Deus e a outras pessoas.

Uma maneira de usar as histórias é coesivamente, dar ao grupo uma identidade, contar a um grupo sobre si mesmo, promover o vínculo do todo e promover comportamentos e experiências consistentes com a identidade do grupo. Reconhecemos especialmente histórias sobre os começos de um grupo ou pontos cruciais na história do grupo ou histórias que revelam o gênio, as qualidades essenciais desse grupo.[442] "Como a igreja pode pregar as Boas Novas sobre Jesus tão poderosamente?" Posso ouvir Teófilo perguntar. "Bem," diz Lucas, "deixe-me contar uma história... No dia de Pentecostes [...]" Esta função das histórias é relevante porque as histórias de Atos dizem à igreja sobre si mesma, sobre suas qualidades essenciais e sobre o Pentecostes em si, sobre um ponto crucial que inaugura uma nova qualidade essencial, ser cheia com o Espírito, que tem como meta um serviço eficaz, poderoso e dirigido por Deus. Embora seja possível abstrair este ponto teológico em termos proposicionais como acabei de fazer, o ponto teológico pode ser percebido diretamente através da história.

A teologia narrativa também mostra como as histórias me ajudam a estruturar meu "mundo". Esta declaração exige uma pequena explicação. O mundo objetivo, o total da realidade, mesmo aquela parte do total com que entro em contato, é muito complexo, desorganizado e talvez muito assustador para que eu possa viver nele. Então, reduzo a realidade objetiva

---

[441] Para uma introdução às preocupações de várias formas desta disciplina, ver G. Fackre, "Narrative Theology: An Overview" [Teoria Narrativa: Uma Visão Geral], *Int* 37 (Outubro de 1983), pp. 340-52.

[442] S. Hauerwas, "Casuistry and Narrative Art" [Casuística e Arte Narrativa], *Int* 37 (Outubro de 1983), pp. 377-88; M. Goldberg, "Exodus 1.13-14," *Int* 37 (Outubro de 1983), pp. 389-91.

a uma compreensão simplificada, algo que eu possa lidar, ou seja, o meu "mundo".[443] Aqui eu posso encontrar a ordem. Eu entendo como meu "mundo" funciona, e isso me proporciona uma sensação de segurança. Então eu sobreponho o meu "mundo" ao mundo exterior, sobrepondo a minha versão à realidade objetiva. Minha versão filtra dados e experiências externas. A maioria das pessoas não pode dizer a diferença entre seu próprio "mundo" e o mundo objetivo real, porque um está sobreposto ao outro e porque tudo o que não se encaixa na sua própria versão é filtrado, descartado como falso ou simplesmente ignorado. Mas voltando ao ponto: o mundo real é um mundo de movimento e vida, e as histórias fornecem os princípios que fazem a estruturação do próprio "mundo", não em abstração estática, mas em ação vital.[444]

Amos N. Wilder acredita que a história bíblica abrangente fornece ordem ao "mundo" do crente, embora se demonstre como uma ordem que é sempre ameaçada pelo caos, anarquia ou imagens falsas da realidade. De acordo com Wilder, as histórias bíblicas fornecem uma "casa do ser", um lugar onde podemos encontrar ordem, segurança e significado. Além disso, essas histórias formam os padrões básicos para nossas próprias histórias pessoais.[445] Se eu tratar essa característica com seriedade, as histórias bíblicas, incluindo aquelas de interesse imediato em Atos, devem fornecer uma ordenação do meu próprio "mundo" e um paradigma ou padrão de como viver minha vida, que tipo de experiências, esperar com Deus, etc.

Agora, qualquer história pode realmente fornecer apenas uma pequena sala na "casa do ser". Mas quanto melhor a história, melhor ela corresponde ao meu "mundo" já existente, e quanto mais importância eu atribuir à história, mais eu vou usá-la para viver no mundo real. Por outro lado, uma boa história que não corresponde ao meu "mundo" já existente pode ter o efeito de levar-me a mudar meu "mundo".

Parte do poder de uma história para fortalecer, moldar ou mudar meu "mundo" vem de sua capacidade para cativar a imaginação do leitor. Uma história constrói uma pequena réplica do mundo real na imaginação do leitor, mas é uma réplica governada por suas próprias regras. À medida que a imaginação do leitor é atraída para a história, o mundo da história se torna o próprio "mundo" do leitor, a certa profundidade e por um período

---

[443] Eu sempre incluí o "mundo" entre aspas nesta seção onde quer que se refira a este mundo percebido como oposto ao mundo real.

[444] Cf. A. N. Wilder, "Story and Story-World", *Int* 37 (Outubro de 1983), pp. 359-61.

[445] A. N. Wilder, *Jesus' Parables and the War of Myths* (Philadelphia: Fortress, 1982), p. 51.

de tempo. Cedo ou tarde o leitor deve ressurgir do mundo da história. Mas a forma como percebemos o verdadeiro mundo objetivo provavelmente mudará um pouco. Às vezes, a mudança é quase imperceptível – talvez nos tornemos um pouco mais endurecidos à violência depois de assistir a um programa de TV. Outras vezes a mudança pode ser mais dramática, como quando encontramos o nosso "mundo" fragmentado por uma das parábolas de Jesus, descobrindo que Deus não age de acordo com nossas regras.

As histórias bíblicas não só ajudam a fornecer estrutura para meu "mundo", elas fornecem uma amostra inspirada do "mundo" de outra pessoa, uma amostra que Deus quer que eu experimente ao entrar no mundo da história do texto bíblico. É fácil responder intuitivamente a uma história contemporânea – o que é difícil é uma interpretação que reproduz e expõe conscientemente a mecânica dessa resposta intuitiva. Mas a "alteridade" do mundo da Bíblia torna esse tipo de análise ainda mais necessária para moldar nossas respostas intuitivas e nos ajudar a responder corretamente à história bíblica. Temos que entender o tipo de resposta que uma história teria evocado dos vários tipos de leitores a quem essa história foi contada pela primeira vez e, em seguida, reler a história com essa resposta em mente.

Além disso, Deus revelou-se, e isto inclui revelar a verdade sobre si mesmo – mais ou menos a ideia de "doutrina". No entanto, revelar-se é mais do que apenas revelar dados: é também encontro. O registro desses encontros é agora preservado para todo o povo de Deus nas histórias das Escrituras. Quando encontro a verdade sobre Deus na Bíblia, ela se torna revelação da verdade de Deus para mim. Todavia, a narrativa bíblica também registra o próprio encontro, não apenas a verdade sobre Deus. Ao ler a narrativa bíblica e entrar no mundo da história bíblica, posso, através da leitura, experimentar esses encontros com Deus, e esta experiência deve incluir um encontro pessoal com Deus, à medida que o Espírito usa a narrativa da palavra de Deus para dirigir-se a mim. Essas experiências dentro do mundo bíblico da história destinam-se a moldar e guiar minhas experiências *fora* do da história contada no mundo bíblico. E um dos primeiros encontros de Deus com seu povo no livro de Atos é o recebimento do Espírito.

Assim, interpretar um texto narrativo bíblico não é meramente reconstruir um relato histórico, embora seja válido usar uma narrativa histórica como Atos. Em vez disso, o autor inspirado acreditava que uma história tinha um significado contínuo para a comunidade de fé. Lucas manteve a forma de história em Atos porque o significado do que ele queria comunicar é mais diretamente percebido através da história do que através da prosa expositiva e, provavelmente, porque ele queria afetar o leitor em maneiras que não poderiam ser feitas por qualquer forma diferente que não a história.

A narrativa bíblica como palavra de Deus, então, exige uma hermenêutica que, antes de tudo, presta muita atenção ao mundo que uma história bíblica constrói. Tal hermenêutica deve ajudar o leitor a entrar no mundo da história e *experimentar* as regras ou princípios pelos quais o mundo da história bíblica opera. Em Atos, estas incluirão as histórias de receber o Espírito. Afinal, essas histórias são palavra de Deus, ao passo que nossa doutrina baseada na Escritura não é. O padrão ou o efeito paradigmático das histórias é automático quando as histórias são contadas em cenários que invocam o uso coesivo da linguagem dentro de uma comunidade. Mas dada nossa distância no tempo e na cultura do mundo bíblico, nossa hermenêutica deve explicitamente ajudar o leitor a refletir sobre o padrão ou o efeito paradigmático que cada história deve ter.

Segundo, entrar no mundo da história bíblica em Atos também envolverá o recebimento do Espírito, e isso deve levar a uma experiência pessoal real de ser batizado no Espírito, que pode então ser avaliada contra as histórias contadas por Lucas. Aqui, então, é outra área onde os Pentecostais clássicos adotaram intuitivamente uma abordagem semelhante. Os Pentecostais clássicos explicitamente avaliam sua experiência contra as histórias bíblicas. Muitas vezes eu preenchi formulários de minhas próprias instituições denominacionais onde a pergunta foi feita, "você foi batizado no Espírito Santo de acordo com Atos 2.1-4?"

Terceiro, a hermenêutica deve reter a doutrina como um objetivo principal. Assim, a hermenêutica que eu proponho também deve ser capaz de examinar aquela "casa do ser" que uma história cria, bem como reconhecer o significado das estruturas, princípios, forças, relações e dinâmicas envolvidos. Quando estas são teológicas, elas devem ser incorporadas à teologia bíblica e sistemática. Assim, Lucas conta as histórias do Pentecostes e de outras ocasiões em que as pessoas foram batizadas no Espírito. Ao fazê-lo, constrói um mundo de histórias onde afirma efetivamente que o mundo real opera com os mesmos princípios. Isto está muito próximo do que o termo "normativo" significa na discussão "geral *versus* normativo"[446] em relação ao falar em línguas. Isto é, Lucas parece estar afirmando que um desses princípios pelo

---

[446] "Normal" normalmente significa a visão de que o falar em línguas é uma atividade cristã normal e benéfica, como visto em Atos e 1 Coríntios. Mas nem todo cristão deve esperar falar em línguas, quer ele seja ou não batizado no Espírito por qualquer definição. "Normativo"

qual o mundo real opera é que uma pessoa fala em línguas como evidência vital da experiência geral de ser batizado no Espírito.

A NATUREZA DA LINGUAGEM E SIGNIFICADO E A HERMENÊUTICA

Crítica literária: Metáfora

A teologia bíblica envolve a compreensão do uso de um autor individual da terminologia teológica e usa isto para expor as estruturas teológicas dele. Quando examinamos a terminologia de Lucas para receber o Espírito, descobrimos que grande parte dela é metafórica.[447]

Em estudos crítico-literários recentes, a compreensão da metáfora explodiu para além dos limites familiares de "uma comparação que não usa 'como' ou 'porque'." Hoje, a metáfora não é vista como uma ilustração de um significado já conhecido. Em vez disso, uma metáfora *cria* significado colocando uma imagem sobre o mundo real. A metáfora então pede ao ouvinte para visualizar o mundo real através da imagem como se a imagem fosse uma janela que molda e colore a vista. É aquele momento de percepção enquanto usamos nossa imaginação para entender a realidade usando a janela da imagem.

Usar uma metáfora é uma das poucas maneiras pelas quais as pessoas podem estender a linguagem humana para se aplicar às novas situações. Não deve ser surpreendente que grande parte da terminologia de Lucas envolvendo o recebimento do Espírito seja metafórica, já que o Pentecostes inaugurou uma nova fase na relação de Deus com seu povo. Mas depois que as metáforas estiveram em circulação por um tempo, elas já não estimulam mais a imaginação a criar significado. Elas se tornam "mortas" (note o termo metafórico) e, quando usadas, elas são ouvidas simplesmente como

---

significa que as histórias em Atos ensinam que todos os cristãos que são batizados no Espírito Santo falarão em línguas.

[447] A seguinte lista resume os termos de Lucas. Note que a maioria delas são metáforas: *derramar*: At 2.17,18; 10. 45; *dom*: At 2. 38; 10. 45; 11. 17; *batizados*: At 1. 5; 11.16; *vir sobre*: At 1. 8; 19. 6; *cheio com*: At 2. 4; 4. 8,31; 9. 17; 13. 9,52; Lc 1. 15, 41, 67; *cair sobre*: At 8. 16; 10. 44; 11. 15; *receber*: At 2. 38; 8. 15; 10. 47; 19:2; *promessa*: At 2. 39; Lc 24. 49; *revestido de poder*: Lc 24. 49.

linguagem literal, não figurativa. É preciso um esforço consciente para trazer uma metáfora de volta à vida, para restaurar o seu poder para, mais uma vez criar significado para o ouvinte ou leitor. Muitos dos termos metafóricos de Lucas agora precisam desse trabalho restaurador.

Sempre que um exegeta estuda termos teológicos nas Escrituras, existe o risco de confundir lexicografia com teologia. Ainda assim, se é assunto de um teólogo do Novo Testamento estabelecer a teologia de um escritor neotestamentário em seus próprios termos, categorias e formas de pensamento, um estudo da terminologia teológica do escritor pode ser significativo. Além disso, uma vez que a metáfora cria significado na imaginação do leitor, ela pode ser portadora de uma visão mais teológica do que uma quantidade similar de linguagem não metafórica. O significado da metáfora para este ensaio, então, é que, analisando o significado gerado pelas metáforas, individual e coletivamente, nós Pentecostais clássicos poderíamos entender melhor a visão lucana da relação do Espírito com o crente.

Lucas escolheu termos metafóricos que exigiram dos leitores originais o uso de várias figuras mentais para entenderem o recebimento do Espírito. Algumas dessas metáforas são novas, outras podem ter sido um tanto convencionais, tendo uma derivação do Velho Testamento. No entanto, mesmo uma imagem familiar do Antigo Testamento pode ter um poder restaurador quando aplicada a um evento tão desconcertante e desconhecido como a igreja falando em línguas e louvando a Deus no dia de Pentecostes. Mas visto existirem várias metáforas descrevendo o recebimento do Espírito em Atos, devemos inicialmente concluir que a imagem produzida por qualquer uma delas não pode ser definitiva. Nenhum termo, nem mesmo metafórico, pode cobrir adequadamente até mesmo este intervalo bastante estreito da experiência humana do Espírito de Deus.

Essas imagens geradas por metáforas são necessárias, mas ainda não são o fim para a pessoa cuja tarefa é discutir a experiência em termos de teologia sistemática. Na esfera da sistemática, devemos perguntar por que cada metáfora foi usada para descrever a realidade espiritual subjacente, e como essas metáforas se complementam trabalhando juntas para construir uma impressão mais completa dessa realidade. Por trás dessas metáforas está outra pessoa, uma pessoa divina, o Espírito Santo, que não é uma coisa ou liquefeito. No entanto, porque o Espírito é tão "outro", as imagens são necessárias para captar algum entendimento do que implica a relação entre o Espírito e o crente. Finalmente, enquanto a teologia sistemática exige que traduzamos essas metáforas para o discurso teológico expositivo, a teologia bíblica nos obriga a mantê-las e usá-las na apresentação dos temas e estruturas teológicas de Lucas. Uma vez que este ensaio está principalmente preocupado com ser batizado no Espírito, podemos examinar brevemente essa metáfora. Veremos que isto é significativo, especialmente no que diz respeito à separabilidade.

Nas memórias gravadas da mensagem de João o Batista, existem várias imagens daquele que vem. Estes são, em grande parte, ícones visuais, metáforas: o próprio João foi um batizador, e preparou o caminho para um batizador escatológico. João torna-se "metade do quadro" de uma metáfora que descreve aquele que vem. Mas o batismo daquele que vem, seria de uma ordem diferente, não usando um líquido físico para imersão, mas sim o poder divino, o Espírito do Senhor visto nos termos do Antigo Testamento. O próprio João também usa metáforas, olhando para as práticas agrícolas, para as imagens de queimar árvores improdutivas e de separar o trigo e queimar a palha (É provável que a reutilização da imagem do fogo para a destruição da palha e das árvores frutíferas improdutivas deva advertir o leitor a querer ser batizado no Espírito Santo e *no fogo*, frase que tem certa vigência entre os Pentecostais clássicos). O papel daquele que vem seria trazer o reino de Deus, que traz bênçãos para aqueles que se renderem a ele, e a destruição para aqueles que não se submeterem.[448] As bênçãos são aqui particularizadas como sendo batizadas no Espírito.

O leitor pode não se lembrar da imagem que João faz de Jesus depois que o Senhor apareceu em cena e ter construído uma definição de si mesmo como o Filho do Homem (embora essa frase realmente deva ser entendida). Ainda que estejam adormecidas, essas imagens ainda estão no lugar, e são reativadas no final de Lucas (24.49) e no início de Atos 1.5-8 pelo próprio Jesus. Ele diz a seus discípulos que sua grande tarefa começará em breve, mas eles devem esperar para a concretização realizada em suas vidas da imagem usada por João Batista, ou seja, de que seriam batizados no Espírito Santo.

A espera é significativa porque deixa Jesus sair fisicamente do palco. O que quer que envolva o ato de ser batizado no Espírito, não requer a presença física de Jesus, o Batizador escatológico.[449]

---

[448] Para um tratamento completo e uma interpretação um pouco diferente, veja o artigo de Robert P. Menzies, citado acima, "The Baptist's Prophecy" [A Profecia do Batista]. Ele torna a metáfora do batismo subordinada à metáfora de vitória que imediatamente se segue.

[449] W. G. Kümmel, *The Theology of the New Testament* [A Teologia do Novo Testamento] (Nashville: Abingdon, 1973), p. 313. Contraste, então, a imagem produzida por João o Evangelista com as ações de Jesus em direção aos dez discípulos em João 20. 21-23. Lá, uma ação física estava envolvida, e nenhuma ação externa estava presente naqueles que receberam o Espírito dessa

Mas voltemos ao fim de Lucas e ao começo de Atos. As estruturas metafóricas são reativadas, mas também enriquecidas pela adição de outras imagens. Uma diferença significativa é que Jesus não chama a atenção para si mesmo como o Batizador; em vez disso, ele focaliza a atenção na atividade do Pai. Em Atos 2.33, Pedro, entretanto, reafirmará o papel de Jesus em receber o Espírito prometido do Pai e derramar aquele Espírito sobre os discípulos.

Na abertura de Atos, estamos justificados em contrastar 1.5 com 1.8, porque no verso 8 Jesus aponta para uma missão mundial de seus discípulos e promete que receberão poder para essa missão "quando o Espírito Santo vier sobre eles". Este poder será aquele que virá e persistirá, ou só virá quando necessário? O último parece correto, já que Atos relata que Pedro e Paulo estavam "cheios com o Espírito" em três ocasiões distintas.[450] O particípio aoristo em 1.8 poderia ser facilmente traduzido "sempre que [o Espírito Santo] vier sobre vós". Por outro lado, o v. 5, com sua terminologia de batismo, parece apontar para um único evento específico na vida desses discípulos: "vós sereis batizados com o Espírito Santo, não muito depois destes dias".

Este evento também seria, naturalmente, o primeiro "vir sobre", "receber poder" e também "estar cheio". Assim, parece provável que, embora todas essas metáforas estejam interconectadas, Lucas traz Jesus sugerindo uma distinção entre o termo batismo e os outros. Ou seja, para qualquer pessoa, a imagem do batismo é usada em relação aos aspectos iniciais e não é repetida com cada "enchimento" ou "vir sobre".

Todos os usos não paulinos de ser batizado no Espírito são posicionados em contraste com o batismo de João, e como o batismo de João foi de iniciação, a mudança efetuada pelo fato de ser batizado no Espírito deve ser visto de algum modo como iniciação. Mas este sentido iniciático não é o da inclusão no povo de Deus, isto é, a salvação; que é impedido pela teologia lucana. Mas a teologia lucana sugere que ser batizado no Espírito é uma iniciação em um serviço poderoso e eficaz, um serviço que envolve especialmente o discurso profético inspirado.[451]

---

forma naquela ocasião. Sigo Kümmel um pouco para ler este texto joanino: ele observa que João vincula a vinda do Espírito no texto joanino não com atividades sobrenaturais carismáticas, mas sim com autoridade espiritual. Isto é, em certo sentido, um equivalente joanino da Grande Comissão. Pode muito bem ser uma comissão apostólica, a outorga de "autoridade apostólica".

[450] Pedro: 2. 4; 4. 8; 4. 31; Paulo: 9. 17; 13. 9; 13. 52.

[451] Ver, ex., Stronstad, *Charismatic Theology* [Teologia Carismática], p. 51-52.

Semântica: Relacionamentos Sintagmáticos

A análise das relações sintagmáticas e sua contribuição para o significado é especialmente útil ao discutir o batismo no Espírito, uma vez que muitos dos termos que descrevem a experiência são, na verdade, frases e, claro, todas elas ocorrendo dentro da sintaxe da oração. As relações sintagmáticas (também chamadas de "relações colocacionais") são as relações que as palavras podem desenvolver entre si dentro da sintaxe da frase como resultado de seus significados de interação. Algumas combinações de palavras são apropriadas, enquanto outras não são.[452] Por exemplo, usamos palavras como "bebida" e "forte" com "café", mas não usamos "comer" ou "poderosa". Assim, "beber" e "forte" podem formar relacionamentos sintagmáticos com "café", mas com "comer" e "poderosa", não. A análise das relações sintagmáticas tenta entender as razões pelas quais certas combinações são apropriadas e o que a interação dos significados das palavras contribui para a compreensão do conjunto como um todo.

O estudo das relações sintagmáticas das palavras na fala não metafórica deve ser a chave para descobrir o que significam as relações sintagmáticas expressadas na fala metafórica. Tenha em mente que as relações sintagmáticas que são possíveis para uma palavra são principalmente uma questão de regras de uso de uma linguagem não escrita, regras que não são propriedade privada de nenhum indivíduo. Tendem a ser consistentes entre os autores, embora não funcionem completamente desta forma. Não é possível analisar cada termo em profundidade aqui, mas podemos mostrar a relevância da análise das relações sintagmáticas com a questão da separabilidade.

Considerações envolvendo as relações sintagmáticas de *baptizo* me levaram a identificar 1 Coríntios 12.3 como um texto relacionado diretamente ao ser batizado no Espírito Santo. Vejamos:

> kai gar en heni pneumati hemeis pantes eis hen soma ebaptisthemen, eite Ioudaioi eite Hellines eite douloi eite eleutheroi, kai pantes hen pneuma epotisthemen.

---

[452] Para mais informações sobre relacionamentos sintagmáticos, ver P. Cotterell e M. Turner, *Linguistics and Biblical Interpretation* [Linguística e Interpretação Bíblica], (Downers Grove: InterVarsity Press, 1989), pp. 155-56; M. Silva, *Biblical Words and Their Meaning: An Introduction to Lexical Semantics* [Palavras Bíblicas e Seu Significado: Uma Introdução à Semântica Léxical], (Grand Rapids: Zondervan, 1983), pp. 119, 141-43.

> Pois todos nós fomos batizados em um Espírito, formando um corpo, quer judeus, quer gregos, quer servos, quer livres, e todos temos bebido de um Espírito.

Os nãos pentecostais também mantiveram essa interpretação. Mas, sua visão define o ser batizado no Espírito como recebendo o Espírito no momento da salvação, tornando-se parte do corpo de Cristo. Este significado de ser batizado no Espírito é então transferido para as ocorrências não paulinas do termo. Mas uma análise sintagmática de *baptizô* no Novo Testamento exclui essa interpretação. Em vez disso, o princípio pentecostal clássico da separabilidade é fortalecido, porque (1) Paulo não usa o "batizado no Espírito" para se referir ao evento complexo de conversão, e (2) Paulo fala sobre ser batizado no Espírito de uma forma parcialmente paralela a Lucas. Os detalhes dessa análise são muito longos para serem incluídos aqui, mas vou expor minhas próprias conclusões. Como é o uso padrão, o termo *"en"* especifica o metafórico "líquido" em que o batismo é realizado, ou seja, o Espírito. O *"eis"* (sempre incorretamente traduzido como "em" neste texto), como é usual em conexão com *baptizo*, dá o propósito para o batizado, tendo em vista o "corpo". O versículo 13 está no meio de uma discussão sobre a unidade do corpo, a igreja local, não importa qual função carismática cada crente individual tenha. Cada função carismática contribui para a função geral saudável de todo o corpo, e todos esses poderosos dons vêm do mesmo Pai, Filho e Espírito (embora o Espírito seja enfatizado mais fortemente). Como o ministério carismático é direcionado para o corpo, ele promove a fusão no "um corpo", isto é, a função saudável e a unidade do corpo. O "um" não padrão na frase "em *um* Espírito" é uma reiteração da unidade da fonte de todos os ministérios carismáticos (*cf.* vv. 4, 8, 9, 11). Assim, no uso paulino, ser batizado no Espírito não faz com que alguém se torne uma parte do corpo de Cristo. O significado que surge da relação sintagmática de *"baptizo"* mais a partícula *"eis"* não especifica que a coisa que está sendo batizada torna-se parte do objeto introduzido pela preposição *eis*. Em vez disso, ser batizado no Espírito é a iniciação ao ministério carismático[453] que é direcionado ao corpo, à igreja local, promovendo a função e a unidade saudáveis. Por um

---

[453] Os aspectos iniciais vêm do significado de *baptizo* e do uso especializado de "ser batizado no Espírito" por João Batista, Jesus e a Igreja Primitiva. O "ministério carismático" é um forte fator contextual aqui em 1Coríntios 12, além de ser um fator nas palavras de Jesus relatadas em Atos 1. 5-8.

lado, Paulo aborda um propósito para o ser batizado no Espírito que não é coberto por Lucas, o que não deve ser surpreendente em vista dos princípios teológicos do Novo Testamento discutidos acima. Por outro lado, assim como em Lucas-Atos, ser batizado no Espírito inicia o crente no ministério carismático, não na salvação, e isso fortalece o princípio da separabilidade.

CONCLUSÕES

Duas questões têm corrido sob a superfície ao longo deste ensaio: a separação e o valor evidencial. Três áreas da atual erudição bíblica estavam mais frequentemente na superfície, mas as questões apareceriam de tempos em tempos conforme o significado de cada área da erudição mostrada. Das três, as duas primeiras, a teologia bíblica e a teologia narrativa, são as mais significativas; a terceira é importante, mas está mais relacionada às questões específicas dentro das tarefas mais amplas definidas pelas duas primeiras. As considerações narrativas teológicas e bíblicas do Novo Testamento sugerem que Lucas-Atos podem e devem ser uma fonte de doutrina. Atos conta histórias que ensinam, bem como fornecem um padrão ou paradigma para nossas próprias experiências e relacionamento com Deus, podendo se tornar um padrão para avaliar nossas próprias histórias, vidas, e experiências com Deus. Por isso quero dizer que essas histórias são destinadas por Deus para fornecer vislumbres quanto ao modo como as coisas são, devem ser, ou não devem ser. Estas histórias são palavras narrativas de Deus e seremos negligentes se não as deixarmos funcionar como tal.

Embora seja verdade que Lucas foi escrito não apenas para responder às duas perguntas sobre ser batizado no Espírito e o uso das línguas como evidência, vimos que as narrativas e os discursos contêm materiais teológicos relevantes. Chegou a hora de tirar algumas conclusões específicas sobre estas duas questões.

Separabilidade

A expressão "ser batizado no Espírito" pode ser legitimamente usada como é hoje pelos Pentecostais clássicos? A resposta, acredito, é *sim*. Os cristãos através dos tempos usaram termos bíblicos para nomear doutrinas teológicas sistemáticas. Mas a mesma ressalva se aplica como sempre, de não confundirmos a doutrina da teologia sistemática com o termo bíblico propriamente dito. Nessa área, por exemplo, a doutrina pentecostal clássica engloba na verdade a maioria dos termos usados por Lucas para o recebimento do Espírito e, portanto, extrai de textos onde nem mesmo o termo *baptizô* é usado. Mas a terminologia "ser batizado" é a mais apropriada de todos os termos lucanos para a discussão teológico-sistemática da experiência iniciática de receber o Espírito.

A aplicação de princípios e métodos aceitos da crítica bíblica – incluindo o estabelecimento de uma teologia bíblica ao invés de uma teologia sistemática, reconhecendo a natureza do gênero e implementando as ferramentas de redação e crítica literária – aos textos tradicionais da doutrina da evidência inicial apoiam a ideia de que ser batizado no Espírito Santo é algo distinto da conversão. Ele pode ocorrer dentro do mesmo período de tempo que a conversão, mas é distinto. A conversão envolve o estabelecimento de relacionamento com Deus; ser batizado no Espírito envolve a iniciação em poderoso e carismático ministério.

O Valor Evidencial das Línguas

Qual é a relação entre ser batizado no Espírito e o falar em línguas? É difícil negar que o falar em línguas *realmente* acompanhou o fato de ser batizado no Espírito em três textos em Atos. É uma técnica comum de contar histórias em todo o mundo para narrar as coisas em grupos de três, tendo em vista que três vezes deve ser suficiente para contar qualquer coisa. O efeito paradigmático dessas histórias deve nos levar a esperar as mesmas coisas em nossa própria experiência com o Espírito. Na verdade, à medida que somos atraídos para a história, devemos experimentar o Espírito juntamente com Pedro, Cornélio e todo o resto. Ao contar essas histórias, Lucas mostra que este é o modo como seu mundo funciona. Como palavra de Deus para nós, a versão de Lucas do mundo merece nossa séria consideração.

Então, existe um texto em que falar em línguas é explicitamente usado como prova de que os crentes tinham recebido o Espírito no sentido lucano, a saber, Atos 10.45-47. Pedro conclui que Cornélio e sua casa haviam recebido o Espírito da mesma maneira que ele e seus discípulos tinham recebido, e a explicação de Pedro é posteriormente aceita pelos "apóstolos e irmãos" na igreja de Jerusalém. Devemos notar que o falar em línguas neste texto é realmente um sinal ou evidência de segundo nível, uma vez que o recebimento do Espírito é em si um sinal de que esses gentios foram, de fato, admitidos neste novo grupo que reconhece Jesus Cristo como Senhor. No entanto, a função do sinal de primeiro nível pode dar uma pista a seguir em declarar o valor das línguas como evidência para o recebimento do Espírito. Pedro argumenta que o recebimento do Espírito mostrou que esses gentios eram de fato membros do povo de Deus, isto é, o recebimento do Espírito tinha valor probatório. Mas o propósito primário de receber o Espírito não é apenas provar que alguém é salvo. Há uma conexão entre ser salvo e receber o Espírito. Receber o Espírito fornece evidência de que alguém é salvo, mas providenciar essa evidência não é o propósito primordial de Deus ao dar o Espírito no sentido lucano.

Correspondentemente, Lucas apresenta as línguas como um resultado natural de ser batizado no Espírito Santo. Neste texto, ele funciona como narrador que avalia o raciocínio de Pedro e seus companheiros afirmando que eles eram sabedores do recebimento do Espírito pelos gentios porque hes ouviram falar em outras línguas e magnificar a Deus. Mas um uso válido de um resultado natural não é o mesmo que dizer que o propósito de línguas de Deus está provado. O objetivo principal do fogo não é produzir fumaça, mas esse resultado natural tornou possível tanto o velho provérbio "onde há fumaça, há fogo" quanto a nova tecnologia dos alarmes de incêndio por detectores de fumaça. Grande parte do pensamento pentecostal sobre este problema escolheu ver *dois* tipos de falar em línguas, ou ainda *três*: as línguas como "evidência física inicial" de ser batizado no Espírito, o dom de línguas de acordo com 1Coríntios 12-14, e uma "linguagem de oração" particular, novamente com referência a 1 Coríntios 14. A distinção entre os dois últimos especialmente é, em minha opinião, impossível de justificar exegeticamente.[454]

Parece-me que falar em línguas é essencialmente um tipo de experiência, produzida por certo tipo de contato com o Espírito divino. A primeira vez que este tipo de contato ocorre é o evento iniciático de ser batizado no Espírito, mas o mesmo tipo de discurso inspirado pode ser o resultado de contatos subsequentes também. Se *baptizô* significa "imersão" ou "transbordamento", há um esmagar da *psique* humana pela pessoa e poder do Espírito de Deus. A respeito de por que Deus escolheu produzir línguas como uma manifestação deste divino "vir sobre", eu uso uma dica fornecida por Robert Capon em suas Parábolas da Graça que "[Jesus] (e também o Espírito) ora em nós. De forma

---

[454] A referência usual a 1Coríntios 14. 56 para estabelecer que línguas mais interpretação é igual a profecia negligencia dois pontos. Primeiro, em 14. 2, e novamente no v. 28, Paulo vê as línguas como dirigidas a Deus; a interpretação simplesmente torna o conteúdo compreensível para as pessoas. Segundo, enquanto Paulo iguala o valor da profecia e das línguas mais a interpretação no v. 5b, ele não iguala sua *função*.

algum orar é realmente nossa obra".[455] Se assim for, então, para iniciar um crente em um ministério carismático que é completamente alimentado e dirigido pelo Espírito, o Espírito deve operar toda a obra, pelo menos no conteúdo da fala. O resultado é oração e louvor, que é em si a obra total do Espírito Santo.

Em suma, podemos dizer que Lucas está preocupado com os crentes serem "batizados" no Espírito, iniciados em poderosos serviços carismáticos, mas está ainda mais preocupado com o serviço em si. Os "enchimentos" subsequentes são para direcionar e capacitar os crentes a servir em ambientes específicos a fim de espalhar o evangelho. Da mesma forma, Paulo em 1Coríntios 12.13 não se interessa pela mera iniciação, mas pelo poderoso impacto da manifestação do Espírito no ministério do corpo local de Cristo. Assim, eu concluo que as línguas podem ser usadas como a evidência física inicial de que um crente foi batizado no Espírito, iniciado em poderoso serviço, mas ainda mais importante é que o crente realmente continue no serviço capacitado e dirigido pelo Espírito. "Você foi iniciado no serviço carismático dirigido pelo Espírito para seu Senhor?" É uma questão válida, e eu considero o equivalente difícil de "você foi batizado no Espírito Santo?" Falar em línguas como "evidência física inicial" pode ajudar a responder a essas duas perguntas equivalentes. Mas ainda mais importante é a pergunta: "Você está continuando com o poder do Espírito, em serviço capacitado e dirigido pelo Espírito?"

---

[455] Robert Farrar Capon, *The Parables of Grace* [As Parábolas da Graça], (Grand Rapids: Eerdmans, 1988), p. 70. A declaração é parte de sua discussão sobre a oração do Senhor.

10. UM OLHAR PENTECOSTAL UNICISTA SOBRE A EVIDÊNCIA INICIAL

Jimmy Hall

UMA VISÃO PENTECOSTAL UNICISTA SOBRE A EXPERIÊNCIA DE SALVAÇÃO

A introdução da doutrina da *"Finished Work of Calvary"* [Obra Consumada do Calvário] em 1910-1911 por William Durham precipitou a primeira divisão doutrinária entre os Pentecostais, com pelo menos metade das igrejas e ministros seguindo seu ensinamento contra a santificação como uma segunda obra da graça.[456] As organizações Pentecostais que originalmente haviam se erguido como grupos Holiness mantinham uma perspectiva Wesleyana da santificação, a maioria dos ministros não afiliados adotou a doutrina da "obra consumada".[457]

Os ministros da "obra consumada", incluindo aqueles que formaram as Assembleias de Deus em 1914, ensinaram uma experiência de dois estágios,

---

[456] F. J. Ewart, *The Phenomenon of Pentecost* [O Fenômeno do Pentecostes] (St. Louis, Mo.: Pentecostal Publishing House, 1947), pp. 73-75; H. V. Synan, *The Holiness-Pentecostal Movement in the United States* [O Movimento Holiness-Pentecostal nos Estados Unidos] (Grand Rapids: Eerdmans, 1971), pp. 162-63.

[457] W. W. Menzies, *Anointed to Serve: The Story of the Assemblies of God* [Ungido para Servir: A História das Assembleias de Deus], (Springfield, Mo.: Gospel Publishing House, 1971), pp. 76-77.

isto é, a da salvação e do batismo do Espírito, enquanto os grupos Holiness Pentecostais continuaram a ensinar uma experiência de três estágios consistindo de salvação, santificação e batismo no Espírito.[458]

A controvérsia doutrinária posterior que causou uma divisão teve início em 1914, quando os Pentecostais começaram a batizar em nome de Jesus Cristo e associaram esta prática à doutrina da Unicidade de Deus. Conhecida inicialmente como o "novo problema", a doutrina varreu a comunhão Pentecostal, sendo abraçada por muitos dos líderes do grupo "obra consumada".[459] Uma divisão veio nas Assembleias de Deus em 1916, quando a organização adotou uma declaração trinitária e rejeitou o batismo em águas administrado unicamente em nome de Jesus Cristo ou do Senhor Jesus.[460] Aproximadamente um quarto dos ministros das Assembleias de Deus se retirou para formar uma organização Pentecostal Unicista.[461]

A maioria dos Pentecostais Unicistas também diferia de seus irmãos que permaneciam nas Assembleias de Deus sobre a doutrina da salvação. Assim como a mensagem de "obra consumada" de Durham reduziu a experiência anterior de três estágios para apenas dois, os Pentecostais Unicistas reduziram a experiência de duas etapas a um estágio; isto é, eles viam o enchimento do Espírito Santo como a conclusão do processo de salvação ao invés de como uma subsequente capacitação de poder para o serviço. Talvez sem pensamento consciente, eles deram um salto notável sobre as questões debatidas pelos reformadores para abraçar o foco doutrinário e práticas da igreja do Novo Testamento. Em vez de discutir as questões da justificação, da santificação, da adoção e da regeneração, eles simplesmente seguiram a ênfase bíblica na fé, obediência à Palavra de Deus, arrependimento, batismo com água e enchimento do Espírito como a experiência normal de salvação de todos os cristãos.

Uma vez que a maioria dos Pentecostais Unicistas vê o batismo do Espírito Santo com a evidência de falar em línguas como a conclusão da experiência de salvação, a primeira parte deste capítulo explora a base bíblica da perspectiva da soteriologia Unicista em relação ao arrependimento, o batismo de água em nome de Jesus Cristo e o recebimento do Espírito. A

---

[458] W. J. Hollenweger, *The Pentecostals* [Os Pentecostais], (Minneapolis: Augsburg, 1977; repr. Peabody, Mass.: Hendrickson, 1988), pp. 24-5.

[459] Menzies, *Anointed to Serve* [Ungido para Servir], p. 115.

[460] Ewart, *Phenomenon* [O Fenômeno], pp. 54-55.

[461] Menzies, *Anointed to Serve* [Ungido para Servir], pp. 118-20. Menzies relata que o rol ministerial das Assembleias de Deus caiu de 585 para 429.

segunda parte centra-se no falar em línguas como a evidência física inicial do batismo do Espírito.

A Experiência da Salvação

O Novo Testamento não apresenta cristãos que não são cheios do Espírito, mas sim que, para se tornar cristão, uma pessoa crê em Jesus Cristo, se arrepende de seus pecados, é batizada em nome de Jesus Cristo e é cheia do Espírito Santo (At 2.38)[462]. Embora o arrependimento, o batismo em água e o recebimento do Espírito sejam "passos"[463] distintos no processo de salvação, juntos constituem a "completa"[464] experiência da salvação, o novo

---

[462] A doutrina fundamental da Igreja Pentecostal Unida diz: "A doutrina básica e fundamental desta organização será o padrão bíblico de salvação completa, que é o arrependimento, o batismo na água pela imersão em nome do Senhor Jesus Cristo para a remissão dos pecados e o batismo do Espírito Santo com o sinal inicial de falar em outras línguas, conforme o Espírito nos concede que falemos. Esforçar-nos-emos por manter a unidade do Espírito até que todos nós cheguemos à unidade da fé, advertindo ao mesmo tempo todos os irmãos que não contendam por suas diferentes visões à desunião do corpo." *Articles of Faith*, [Artigos de Fé], *"Fundamental Doctrine"* [Doutrina Fundamental], *Manual of the United Pentecostal Church International* [Manual da Igreja Internacional Pentecostal Unida] (Hazelwood, Mo.: United Pentecostal Church International, 1990), p. 22.

[463] A palavra *passos* é usada pelos Pentecostais Unicistas para identificar três elementos da experiência salvífica: o arrependimento, o batismo em água e o enchimento do Espírito. No entanto, uma vez que a sequência nem sempre segue esta ordem (note o reverso do batismo com água e o batismo do Espírito Santo em Atos 10), a palavra passos é funcional, mas não ideal. O uso dos passos corresponde ao que Laurence Christenson chama de "três elos: arrependimento e fé, batismo em água e batismo com o Espírito Santo". Ele afirma que esta lista é "a sequência normal sem lapso de tempo significativo. Para todos os efeitos práticos, é uma experiência unificada com três aspectos distintos." Christenson identifica o padrão desta "experiência unificada" como: "A Palavra de salvação em Cristo é proclamada; o ouvinte recebe a palavra, crê, e é batizado em águas; o crente é batizado com o Espírito Santo". L. Christenson, *Speaking in Tongues and Its Significance for the Church* [O Falar em Línguas e Seu Significado para a Igreja] (Minneapolis: Bethany Fellowship, 1968), pp. 37-38.

[464] Os primeiros Pentecostais usaram a palavra pleno para enfatizar a experiência distintiva do Espírito Santo. Ela apareceu em frases como "evangelho pleno" e "plenitude do Espírito". [Cf. D. W. Dayton, *Theological Roots of Pentecostalism* [As Raízes Teológicas do Pentecostalismo] (reimpressão, Peabody, Mass.: Hendrickson, 1991); Ed.]. Os Pentecostais Unicistas sempre usam o termo pleno para indicar o processo finalizado da salvação, incluindo o arrependimento, o batismo em água, e o batismo do Espírito. A palavra não se destina a indicar que uma pessoa está meio ou parcialmente salva, mas simplesmente reconhece a autenticidade da experiência

Nascimento da água e do Espírito, o que Jesus declarou ser necessário para entrar no reino de Deus (Jo 3.3,5).[465] O arrependimento e o batismo com água não são considerados obras da lei ou obras para obtenção da salvação, pois a salvação é um dom gratuito de Deus concedido a todos pela graça através da fé. O arrependimento e o batismo nas águas, entretanto, são as respostas bíblicas de fé que um pecador faz à pregação do evangelho.

Visto que Pedro esboçou estes passos no processo de salvação para a multidão reunida no dia de Pentecostes, que perguntou "o que deveriam fazer", a igreja hoje deve dar a mesma resposta aos pecadores que querem ser salvos.[466] Embora as instruções expressas nas frases "creiam em Jesus Cristo" e "aceite Jesus como seu Salvador" sejam verdadeiras, elas são inexplicavelmente incompletas sem que saibamos os motivos para isso.

Devemos notar que Jesus (Lc 13.1-3), Pedro (At 2.38; 3.19; 8.22), Paulo (At 17.30; 26.20), e os outros apóstolos e líderes (At 11.18) consideravam o arrependimento necessário para a salvação. Da mesma forma, Jesus (Mt 28.19, Mc 16.16, Jo 3.3,5), Pedro (At 2.38; 10.48; 1Pe 3.21) e Paulo (At 19.5; 22.16, Rm 6.3-5, Gl 3.27) colocaram o batismo nas águas no plano da salvação. Além disso, Jesus (Jo 7.37-39; 14.16-20, 26; 15.6; 16.7; Lc 24.49, At 1.5, 8), Pedro (At 2.14-40; 8.14-17; 15.7-8), e Paulo (At 19.1-6, Rm 8.9-16, 1Co 3.16; 6.19; 12.13, Gl 3.14; Ef 1.13-14) consideravam o enchimento do Espírito Santo como a experiência normal e essencial dos crentes.

O arrependimento, o batismo em água em nome de Jesus Cristo e o enchimento do Espírito são ligados a experiência de conversão dos crentes no livro de Atos.[467] Por exemplo, em Atos 8, quando os samaritanos creram

---

de uma pessoa em fé, no arrependimento e no batismo em água, tudo o que leva ao enchimento do Espírito.

[465] D. K. Bernard, *The New Birth* [O Novo Nascimento] (Hazelwood, Mo.: Word Aflame Press, 1984), pp. 85-101. Bernard apresenta a visão da maioria dos Pentecostais Unicistas sobre o novo nascimento.

[466] L. Ford, *"The 'Finger of God' in Evangelism"* [O 'dedo de Deus' no Evangelismo], em J. I. Packer e P. Fromer, eds., *The Best In Theology* (Carol Stream, Ill.: Christianity Today, 1987), vol. 1, pp. 292-93. Ford afirma: "Uma conversão verdadeira e completa deve envolver tanto a limpeza arrebatadora que ocorre no perdão como a ocupação do Espírito purificador quando o Espírito Santo faz morada. Certamente, para os primeiros cristãos, ficou claro que uma conversão completa incluía a aceitação da Palavra de Deus, sendo batizado em nome de Jesus e recebendo o Espírito Santo."

[467] Christenson faz este mesmo apontamento: "Este é o nosso indício mais claro na Escritura de que o batismo com o Espírito Santo é um aspecto do nosso relacionamento com Cristo que é distinto do arrependimento e do batismo. Ele está intimamente ligado a ambos, mas é possível

Evidência Inicial 223

em Filipe a respeito do reino de Deus, eles foram batizados em nome de Jesus Cristo e mais tarde foram cheios com o Espírito Santo. Embora o texto não afirme que os samaritanos se arrependeram, isso pode ser assumido com segurança. Pedro disse a Simão, o Feiticeiro: *"Arrepende-te, pois, dessa tua iniquidade, e ora a Deus, para que porventura seja perdoado o pensamento do teu coração"* (At 8.22). Se Pedro ensinou que o arrependimento era o caminho para o perdão, é razoável supor que Filipe pregou o arrependimento aos samaritanos antes de batizá-los.

Paulo se arrependeu no caminho de Damasco enquanto entregava sua vida a Jesus. Este arrependimento é demonstrado indireta, mas explicitamente na pergunta: *"Senhor, que queres que eu faça?"* (At 9.6). Após jejum e oração por três dias em Damasco, Deus enviou Ananias para batizar Paulo e impor as mãos sobre ele para que ele pudesse receber tanto a sua visão como o Espírito Santo (At 9.17-18).

Embora a sequência do batismo com água e do batismo com o Espírito fosse revertida na conversão dos gentios, as três etapas ainda são identificáveis.[468] O registro de Atos 10 não menciona o arrependimento, mas os líderes da igreja reconheceram que o enchimento do Espírito revelou-se a partir de uma condição de arrependimento, pois "glorificaram a Deus, dizendo: Na verdade até aos gentios deu Deus arrependimento para vida" (At 11.18).

Os doze discípulos de João Batista (At 19) também completaram os três passos. Visto que foram batizados "para o arrependimento" por João Batista, eles só precisavam do batismo cristão e do enchimento do Espírito Santo. Depois que Paulo explicou sobre Cristo, ele batizou os doze discípulos em nome de Jesus Cristo e impôs as mãos sobre eles, e eles receberam o Espírito Santo (At 19.1-7).

No livro de Atos, então, podemos identificar os passos do arrependimento, o batismo em água em nome de Jesus Cristo, e o enchimento do

---

ter um sem o outro, como o texto indica claramente. No entanto, *não é considerado normal ter um sem o outro*" (Christenson, *Speaking in Tongues* [Falando em Línguas], pp. 49-50 [ênfase de Christenson]).

[468] A analogia bíblica de ser sepultado com Cristo no batismo antes de ser levantado juntamente com ele para andar na novidade da vida (Rm 6.3-5) indica que o batismo na água normalmente antecede o batismo no Espírito. Enquanto esta ordem prevaleceu em dois eventos (At 8.16; 19.5-6) e talvez em outros (At 2.38-41; 9.17-18 e 22.16), a ordem inversa em Atos 10. 44-48 revela que as pessoas podem e recebem o Espírito Santo antes do batismo em água. Em outras palavras, receber o Espírito Santo não depende do batismo em água. Ao mesmo tempo, At 10. 44-48 enfatiza a necessidade do batismo nas águas, pois os que receberam o Espírito Santo foram ordenados a serem batizados em nome de Jesus Cristo.

Espírito Santo (At 2.38, 8.12-22, 9.6-18 e 22.16; 10.43-48 e 11.18; 19.1-6). Uma vez que estes constituem a pregação e a prática da igreja primitiva, é razoável supor que a igreja hoje deve seguir este padrão bíblico.

O Batismo em Água em Nome de Jesus

É interessante notar que em cada um dos eventos usados pelos Pentecostais para estabelecer o falar em línguas como a evidência física inicial de receber o Espírito Santo, o batismo nas águas é especificamente dito em nome de Jesus (At 2.38 e 8.16, 22.16; 10.48; 19.5), e esta fórmula está implícita em três outros eventos (At 8.36-39; 16.31-33; At 18.8 e 1Co 1.13-15). Além disso, esta fórmula em Atos encontra força e apoio nas referências ao batismo nas epístolas, pois estas declaram que fomos batizados em Cristo e sepultados com ele no batismo (Rm 6.3-5; 1Co 6.11; Gl 3.27 e Cl 2.12).

Embora todas as referências em Atos e nas Epístolas indiquem que o batismo nas águas foi administrado em nome de Jesus Cristo, não se deve supor que esta fórmula apostólica contradiga o comando de Cristo em Mateus 28.19, ou que foi uma revelação adicional dada a Pedro no dia de Pentecostes. Pelo contrário, o batismo em nome de Jesus Cristo é o cumprimento bíblico do mandamento de batizar em nome do Pai, do Filho e do Espírito Santo.

No Novo Testamento, o batismo nas águas está intimamente ligado ao batismo do Espírito. Até mesmo o uso da palavra *batizar* para designar o recebimento do Espírito originou-se quando João Batista comparou o batismo em água com a experiência do Espírito que viria através de Cristo. Aparentemente, João considerava seu batismo do arrependimento para a remissão dos pecados como preparatório para o batismo do Espírito por Cristo, e a igreja também ministrou o batismo em água na preparação para o batismo no Espírito (At 2.38, 8.12-17; 19.1-6).

Em sua conversa com Nicodemos, Jesus ligou a água e o Espírito no novo nascimento, afirmando que, a menos que uma pessoa nasça da água e do Espírito, não pode entrar no reino de Deus (João 3.5). O novo nascimento é um, mas envolve dois elementos, a água e o Espírito.[469]

No dia de Pentecostes, Pedro pregou o batismo em água no nome de Jesus Cristo como uma preparação para receber o Espírito Santo (At 2.38),

---

[469] Bernard, *New Birth* [Novo Nascimento], pp. 129-36. Os Pentecostais Unicistas não ensinam a regeneração batismal, mas o batismo nas águas é "por causa da remissão dos pecados" (At 2.38). A regeneração é a obra do Espírito Santo.

Evidência Inicial 225

e este foi o padrão refletido no reavivamento em Samaria (At 8.12-17) e em Éfeso (Atos 19.1-6). Como preparação para o batismo do Espírito, o batismo com água não completa a experiência de conversão, mas reflete a morte de Jesus Cristo para a remissão de pecados e antecipa o enchimento do Espírito. Atos 8.16 implica que o batismo de água por si só não é suficiente para a salvação, mas que deve ser complementado pelo batismo do Espírito: *"Porque sobre nenhum deles tinha ainda descido [o Espírito Santo]; mas somente eram batizados em nome do Senhor Jesus."*

Essa mesma percepção está refletida na pergunta de Paulo aos homens de Éfeso. Quando ele descobriu que eles não tinham recebido o Espírito Santo, ele perguntou: "Em que sois batizados então?" (At 19.3). Assim como o batismo de João foi preparatório para a vinda de Cristo, Paulo viu o batismo cristão como preparatório para o recebimento do Espírito Santo.

Na própria conversão de Paulo, esse mesmo padrão foi aparentemente seguido. Embora a principal missão de Ananias fosse que Paulo recebesse o Espírito Santo, ele lhe disse *"levanta-te, batiza-te, e lava os teus pecados, invocando o nome do Senhor"* (At 9.17-18; 22.16).

Os gentios em Atos 10 receberam o Espírito Santo antes de serem batizados em água, mas a ligação entre o batismo com água e o batismo do Espírito ainda está presente. Pedro perguntou: *"Pode alguém porventura recusar a água, para que não sejam batizados estes, que também receberam como nós o Espírito Santo? E mandou que fossem batizados em nome do Senhor"* (At 10.47-48). Pedro afirmou que o recebimento do Espírito Santo não negava a necessidade do batismo nas águas, e os outros aparentemente concordaram.

A relação integrada e complementar do batismo com água e do enchimento do Espírito na experiência de conversão encontra apoio na analogia de recapitular a morte, o sepultamento e a ressurreição de Cristo. O batismo com água é comparado com a morte e sepultamento de Cristo, a partir do qual o convertido deve ressuscitar na ressurreição de Cristo (recebendo nova vida no Espírito) para "andar em novidade de vida" (Rm 6.1-6; 7.6). O rito do Antigo Testamento da circuncisão também serve como um tipo de iniciação na igreja. Em vez da circuncisão, os convertidos do Novo Testamento são *"sepultados com ele [Cristo] no batismo, nele também ressuscitastes pela fé no poder de Deus, que o ressuscitou dentre os mortos"* (Cl 2. 11-12).

Em Romanos 6 e Colossenses 2, o batismo com água é apresentado como o rito pelo qual os pecados são enterrados ou purgados da vida do converso, preparando-o para o recebimento da vida em Cristo, e esta vida vem pelo receber o Espírito de Cristo, o Santo Espírito (Rm 8.2, 9-10). Assim, estas referências em Romanos e Colossenses associam inseparavelmente o batismo em água e o recebimento do Espírito na experiência de salvação.

Gálatas 3.27-28 não identifica especificamente se o termo batizado lá se refere ao batismo com água, ou com o Espírito, ou ambos, mas 1Coríntios 12.13 refere-se particularmente ao batismo do Espírito. Destacando o papel regenerativo do batismo do Espírito, o versículo afirma explicitamente que "por um Espírito" uma pessoa é batizada no corpo de Cristo. Já que o Novo Testamento apresenta apenas um batismo do Espírito, é seguro assumir que o batismo do Espírito aqui é a mesma experiência do Batismo do Espírito em Atos.

O batismo em Gálatas 3.27 pode se referir ao batismo em água, ou talvez isso signifique que tanto o batismo em água quanto o batismo com o Espírito formam a experiência iniciática que leva um convertido a Cristo. Esta interpretação corresponderia ao "um só batismo" em Efésios 4.5 e à implicação em Tito 3.5-6 que o batismo com água e o derramamento do Espírito estão envolvidos na experiência da salvação.

O Batismo do Espírito Santo

No Antigo Testamento, o Espírito de Deus movia-se, enchia e ungia pessoas para realizar o plano e o propósito de Deus, mas a experiência era menor do que aquela disponibilizada neste lado do Calvário ou era limitada aos indivíduos escolhidos para serviço especial (Hb 11.39-40, 1Pe 1.10-12). Em Jeremias, Deus prometeu estabelecer uma nova aliança na qual ele colocaria sua *"lei em seu interior, e a escreverei no seu coração [...] porque todos eles me conhecerão, desde o menor até o maior deles"* (Jr 31. 31-34; Hb 8.7-8; 10.16-20). Que esta profecia, bem como Joel 2.28-32, se refere à nova aliança instituída pelo derramamento do Espírito sobre o dia de Pentecostes parece conclusivo.

Sob os antigos e novos pactos, a salvação vem da graça de Deus através da fé, mas a experiência de salvação sob a nova aliança é muito mais gloriosa que a experiência da primeira aliança que parecia não ter tido glória e é comparada a viver em escravidão (2Co 3.7-11; Gl 4. 21-31). Em outras palavras, a nova aliança tornou obsoleta a antiga aliança, pois o antigo serviu apenas como um professor que nos apontou para Cristo. Enquanto os mandamentos da antiga aliança revelavam pecado, eles não davam a uma pessoa poder sobre a pecaminosidade da natureza humana. Em contraste, o recebimento do Espírito Santo sob a nova aliança destrói o pecado na vida de uma pessoa, estabelecendo que alguém é livre para viver segundo a justiça de Deus (Rm 6-8).

A nova aliança começou somente após a morte, ressurreição e ascensão de Jesus Cristo (Hb 9.14-17), mas em seu ministério Jesus antecipou as bênçãos da nova aliança. Ele falou de um novo nascimento da água e do Espírito (Jo 3. 3, 5), vida abundante (Jo 10.10), remissão dos pecados (Lc 24.47), liberdade do poder do pecado (Jo 8.32-36), e a vinda do Espírito Santo (Jo 7.37-39; 14.16-19, 26; 15.26; 16.7-11; 20.22; Lc 24.49; At 1.4-8). Do Evangelho de João, parece que Jesus prometeu o dom do Espírito a uma mulher samaritana (Jo 4.10-14) e a todos os crentes durante a Festa dos Tabernáculos (Jo 7.37-39), mas o Espírito Santo não foi dado até que Jesus fosse glorificado (Jo 7.39). Em outras palavras, o batismo do Espírito tornou-se disponível somente depois que Jesus foi para a cruz (Hb 9.15-17) e ascendeu (Jo 16.7; Lc 24.9; At 1.5-8).

Embora Jesus tenha aparecido após sua ressurreição aos discípulos reunidos, soprou sobre eles e ordenou: "Recebei o Espírito Santo" (Jo 20.22), não se deve presumir que lhes deu o Espírito Santo neste momento. Tal interpretação está em conflito com João 7.39 e 16.7, bem como toda a narrativa nos Evangelhos e Atos. Mais tarde, imediatamente antes de sua ascensão, Jesus instruiu os discípulos a esperar em Jerusalém a vinda do Espírito. Esta interdição seria insignificante se os discípulos já tivessem recebido o Espírito Santo.[470]

Interpretar o sopro de Jesus sobre os discípulos como uma transmissão de uma porção do Espírito Santo e não sua natureza plena cria outro problema, pois implica que o Espírito pode ser dividido. Da mesma forma, separar o Espírito Santo do Espírito de Cristo ou Cristo leva ao triteísmo e contradiz claramente a linguagem de passagens como Romanos 8.9-15 em que o Espírito Santo é chamado de Espírito de Cristo e simplesmente Cristo.[471] Parece que Jesus soprou sobre os discípulos por duas razões: (1) enfatizar sua necessidade de receber o Espírito Santo e (2) ilustrar como o Espírito viria a eles.

---

[470] G. D. Fee, "Baptism in the Holy Spirit: The Issue of Separability and Subsequence" [O Batismo no Espírito Santo: A questão da Separabilidade e Subsequência], *Pneuma* 7 (1985), pp. 89-90. Fee observa que os problemas exegéticos tornam tênue a interpretação de João 20.22 como uma experiência regeneradora do Espírito.

[471] P. Hocken, "The Meaning and Purpose of 'Baptism in the Spirit'," *Pneuma* 7 (1985), pp. 131,133. Hocken sugere que o triteísmo implícito na separação de Jesus e do Espírito Santo poderia ter causado a divisão doutrinária que produziu o Movimento Pentecostal Unicista. Ele sustenta que o argumento de receber o Espírito de Cristo na conversão e o Espírito Santo no batismo do Espírito não é satisfatório.

A efusão do Espírito no dia de Pentecostes começou a nova aliança: cumpriu a profecia de Jeremias, Joel e João Batista, a prometida bênção de Abraão (Gl 3.13) e a promessa de Jesus (Jo 7.37-39; 14.16-19, 16.7, Lc 24.49, At 1.4-8). Embora os discípulos tivessem experimentado a salvação como fornecido sob a antiga aliança, no Pentecostes experimentaram a salvação do Novo Testamento com sua maior bênção de poder transformador.

Pelo menos oito verbos são usados nos Evangelhos e Atos para indicar a experiência do Espírito Santo – *batizar* (Mt 3.11, Mc 1.8, Lc 3.16, Jo 1.33, At 1.5; 11.16), *preencher* (At 2.4; 9.17), *receber* (Jo 7.39; 20.22, At 2.38; 8.15,17,19; At 8.16; 10.44; 11.15), *cair sobre* (At 1.8; 19.6), *derramar* (At 2.17; 10.45), *dado* (At 8.18; 11.17), e *dotar* (Lc 24.49). Embora esses termos descrevam várias perspectivas do derramamento do Espírito, eles se referem à mesma experiência e são usados de forma intercambiável.

Dos sete termos que aparecem em Atos, seis descrevem o derramamento do Espírito no dia de Pentecostes: *batizar, vir, preencher, derramar, cair* e *receber*. No derramamento sobre os gentios, aparecem cinco termos: *cair, derramar, receber, batizar* e *dar*. Três termos descrevem a recepção do Espírito pelos samaritanos: *cair, receber* e *dar*. Apenas dois termos denotam o batismo do Espírito dos discípulos de João Batista: *receber* e *vir*. No caso de Paulo, apenas o termo *enchimento* é usado.

Embora a maioria dos Pentecostais e Carismáticos ensine que ser batizado ou ser cheio com o Espírito Santo seja uma experiência subseqüente à salvação,[472] sua posição sobre este assunto é questionável na Bíblia.[473] Primeiro, inferir que, uma pessoa creu já recebeu o Espírito é contradizer a linguagem clara da Escritura (At 8 e 19), e implicaria que Simão, o Feiticeiro, havia

---

[472] A. A. Hoekema, *Tongues and Spirit-Baptism* [As Línguas e o Batismo do Espírito], (Grand Rapids: Baker, 1981), pp. 57-58; R. M. Riggs, *The Spirit Himself* [O Mesmo Espírito] (Springfield, Mo.: Gospel Publishing House, 1949), pp. 43-61, 101; D. e R. Bennett, *The Holy Spirit and You* [O Espírito Santo e Você] (Plainfield, N.J.: Logos International, 1971), pp. 56, 64-5; H. M. Ervin, *This Which You See and Hear* [Isto Que Vós Agora Vedes e Ouvis], (Minneapolis: Bethany Fellowship, 1968), p. 42; Christenson, *Speaking in Tongues* [O Falar Línguas], pp. 37, 48.

[473] Fee, "Issue of Separability and Sequence" [O Problema da Separabilidade e da Sequência], pp. 91-96. Embora não chegue às mesmas conclusões a respeito da Unicidade de Deus, Fee escreve: "Note, finalmente, que em nenhum lugar o Novo Testamento diz: 'Salve-te, e então fique cheio do Espírito'. Para eles, ser salvo, que incluía arrependimento e perdão obviamente, significava especialmente ser cheio com o Espírito. Que todos os crentes em Cristo são cheios do Espírito é o *pressuposto* dos escritores do Novo Testamento [...] Eles simplesmente não pensaram na iniciação cristã como um processo de dois estágios, para eles, ser um cristão significava ter o Espírito, ser uma "pessoa no Espírito" (Ênfase de Fee).

Evidência Inicial

recebido o Espírito de Cristo, embora seu coração não fosse correto aos olhos de Deus, e ele ainda estava *"em fel de amargura, e em laço de iniquidade"* (At 8.13, 20-23). Segundo, 1Coríntios 12.13 claramente afirma: *"nós fomos batizados em um Espírito, formando um corpo"*. Se o batismo do Espírito coloca uma pessoa na igreja, então ele é parte da experiência da salvação.[474]

Em Atos e nas Epístolas, os cristãos não se dividem entre os "batizados com o Espírito" e os que não são batizados; pelo contrário, a suposição é que todos os cristãos estão cheios do Espírito. Romanos 8.9 é explícito: *"Se alguém não tem o Espírito de Cristo, esse tal não é dele"*. 1Coríntios 3. 16 e 6.19 afirmam que os cristãos são templos do Espírito Santo, e Efésios 1.13-14 diz que eles são selados com o Espírito e que o Espírito é o penhor da sua herança. Os cristãos são ordenados a andar no Espírito (Rm 8.4; Gl 5.16,25), para serem guiados pelo Espírito (Rm 8.14; Gl 5.18), para mortificar as obras do Corpo por meio do Espírito (Rm 8.13), e para dar o fruto do Espírito (Gl 5.22) – todos os quais requerem a presença do Espírito em suas vidas.

Em uma notável promessa de batismo no Espírito, Jesus se identificou como o Consolador que viria a habitar nos discípulos:

> E eu rogarei ao Pai, e ele vos dará outro Consolador, para que fique convosco para sempre; o Espírito de verdade, que o mundo não pode receber, porque não o vê nem o conhece; mas vós o conheceis, porque habita convosco, e estará em vós. Não vos deixarei órfãos; voltarei para vós. (Jo 14. 16-18; ver também Mt 18. 20; 28.20)

Quando uma pessoa recebe o Espírito Santo, recebe a Cristo, a esperança da glória (Cl 1.27). Os termos Espírito, Espírito do Senhor, Espírito Santo, Espírito de Deus, Espírito de Cristo, e Cristo, são usados indistintamente no Novo Testamento para identificar o Espírito que habita em nós. (ver Rm 8.9-15). Assim Jesus Cristo vive dentro de nós pelo Espírito Santo. Em 2Coríntios 3.17, Paulo identificou o Espírito como sendo o Senhor: *"Ora, o*

---

[474] Riggs, *Spirit Himself* [O Mesmo Espírito], pp. 58-59. Numa tentativa de distinguir a palavra batizar em 1Coríntios 12.13 de seu uso em referência ao Espírito nos Evangelhos e Atos, Riggs interpreta a oração: "Por um só Espírito somos todos batizados num corpo", significando a regeneração e não o batismo do Espírito. Estranhamente, ele interpreta a última oração deste versículo, "e todos temos bebido de um Espírito", como o batismo do Espírito. Ele afirma: "As duas orações deste versículo, então, falam de duas experiências: salvação e Batismo no Espírito". Que o verso usa duas analogias para descrever a mesma experiência parece ser mais lógico.

Senhor é o Espírito; e onde está o Espírito do Senhor, aí há liberdade". (Ver também Gl 4.6, Fp 1.19).

O FALAR EM LÍNGUAS COMO A EVIDÊNCIA INICIAL

Embora a história registre ocorrências esporádicas do falar em línguas entre grupos como os Jansenistas, Camisards, Huguenotes, os primeiros Quakers, Metodistas primitivos, Irvingitas e grupos Holiness, a doutrina do falar em línguas como evidência inicial do recebimento do Espírito Santo era desconhecida. Foi esse ensinamento, porém, que desencadeou o renascimento Pentecostal deste século.[475]

Sob a orientação de Charles Fox Parham, os alunos do *Bethel Bible School* em Topeka, no Kansas, concluíram a partir de um estudo bíblico que o único sinal consistente do enchimento do Espírito é o falar em línguas. Em 1 de janeiro de 1901, uma das estudantes, Agnes Ozman, falou em línguas quando Parham impôs as mãos sobre ela em oração.[476] Duas noites depois, no dia 3 de janeiro, outros estudantes e Parham receberam o Espírito Santo com a evidência de falar em línguas.[477]

Durante os anos seguintes, Parham e seus trabalhadores incendiaram reavivamentos Pentecostais em cidades e vilas em Kansas, Missouri, Oklahoma, Texas e Illinois. De Houston, Texas, William J. Seymour levou o ensinamento de Parham para Los Angeles, onde se tornou o líder do avivamento na famosa Missão de Fé Apostólica na Rua Azusa. De Los Angeles, a mensagem e a experiência Pentecostais logo chegaram às nações ao redor do mundo.

Embora os Pentecostais e outros cristãos tenham discutido, debatido e desafiado o ensino de que falar em línguas é a única evidência física inicial do

---

[475] R. Lovelace, *"Baptism in the Holy Spirit and the Evangelical Tradition"* [O Batismo no Espírito Santo e a Tradição Evangélica], Pneuma 7 (1985), p. 119; Menzies, *Anointed to Serve* [Ungido para Servir], pp. 37, 39; S. E. Parham, *The Life of Charles E. Parham* [A Vida de Charles E. Parham] (Joplin, Mo.: Hunter Printing Company, 1930), pp. 52, 58-58.

[476] Parham, *Life*, pp. 52-53, 59, 66. Embora exista alguma confusão sobre a data em que Ozman recebeu o Espírito Santo (ela aparentemente falou algumas palavras em línguas durante a oração, vários dias antes do dia 1 de janeiro de 1901), foi dela a experiência de falar em línguas quando Parham impôs as mãos sobre ela que provocou o derramamento Pentecostal em Topeka.

[477] *Ibid.*, pp. 53, 61.

Evidência Inicial   **231**

batismo do Espírito Santo, a maioria dos primeiros Pentecostais neste século aceitou a doutrina.[478] Todas as principais organizações Pentecostais clássicas, incluindo os defensores da visão Unicista, adotaram a evidência inicial do falar em línguas como parte de sua declaração de crenças.

Ao estabelecer que o falar em línguas é a evidência externa do recebimento do Espírito Santo, os Pentecostais dependem principalmente do padrão histórico no livro de Atos. Outras passagens de apoio incluem Marcos 16. 17; 1Coríntios 12, 14; Isaías 28. 11-12.

Esta seção primeiramente examina as quatro passagens cruciais do livro de Atos que apóiam a doutrina: (1) a vinda do Espírito no dia de Pentecostes em Atos 2; (2) o reavivamento em Samaria em Atos 8; (3) o derramamento do Espírito sobre os gentios em Cesareia em Atos 10; e (4) o receebimento do Espírito Santo por parte dos discípulos de João Batista em Éfeso em Atos 19. Então olharemos brevemente a experiência de Paulo e a profecia em Isaías 28 antes de responder por que Deus escolheu as línguas. Finalmente, discutiremos o testemunho interior do Espírito.

O Dia de Pentecostes

Três sinais miraculosos acompanharam o derramamento do Espírito Santo no dia de Pentecostes, mas nem o som do céu que encheu a sala nem as "línguas repartidas como que de fogo" que apareceram aos discípulos foram repetidas em derramamentos posteriores do Espírito. O milagre do falar em línguas – não o som ou a aparência de línguas inflamadas ou mesmo o comportamento extático dos discípulos – comandava a atenção e a curiosidade da multidão que se reunia em torno deles. A pergunta da multidão, "que é

---

[478] E. E. Goss, *The Winds of God* [Os Ventos de Deus] ed. rev. (Hazelwood, Mo.: Word Aflame Press, 1977), p. 104. Goss relata que em uma conferência em Waco, Texas, em fevereiro de 1907, um grupo de pentecostais concordou em um teste para determinar se falar em línguas era a evidência do batismo do Espírito. Goss disse que o teste "satisfez até mesmo os mais céticos entre nós" que o falar em línguas é a evidência. Agnes Ozman fez o mesmo teste experiencial: "Alguns meses depois, fui persuadido em meu coração sobre a evidência do batismo do Espírito Santo e provei o Senhor nove vezes sobre isso" (Parham, *Life*, p. 67). Um proeminente líder pentecostal, E. F. Bosworth criou uma crise nas Assembleias de Deus quando discordou da doutrina da Evidência Inicial. Depois de um debate sobre este assunto no Conselho Geral em 1918, as Assembleias de Deus adotaram uma declaração mais firme apoiando o falar em línguas como a Evidência Inicial do batismo do Espírito. Bosworth retirou-se da organização (Menzies, *Anointed to Serve* [Ungido Para Servir], pp. 126-30).

isto?" Referia-se aos discípulos falarem em línguas desconhecidas para eles, mas compreendidas por aqueles que as ouviram.[479]

Enquanto o som que encheu a casa era de Deus, ele não estava diretamente associado com a experiência interior dos discípulos. Em vez disso, anunciava a iminência do derramamento prometido do Espírito sobre os discípulos que aguardavam. Da mesma forma, as línguas de fogo forneceram uma manifestação corporativa. As línguas repartidas *"pousaram sobre cada um deles"* para significar a disponibilidade do derramamento para cada indivíduo. Como o som e as línguas repartidas aconteceram imediatamente antes do recebimento do Espírito Santo, serviram como um prelúdio e depois desapareceram da cena quando os discípulos foram cheios com o Espírito. Por outro lado, falar em línguas aconteceu a cada pessoa no momento em que o Espírito Santo foi recebido.

O milagre do falar em línguas exigia a cooperação entre o Espírito interior e os discípulos, pois eles falavam "conforme o Espírito lhes concedia que falassem". O Espírito dentro de cada pessoa concedia que falassem – a expressão e a forma do que foi falado – e a pessoa falava as palavras que o Espírito inspirava.

Quando a multidão que estava em Jerusalém para celebrar a Festa de Pentecostes ouviu galileus falando nas línguas de seus países de origem, ficaram perplexos. Alguns na multidão atribuíram toda a cena à embriaguez, mas a maioria reconheceu o milagre e pediu uma explicação.

O apóstolo Pedro respondeu que eles estavam testemunhando o derramamento do Espírito profetizado por Joel. Em sua explicação, ele ligou o falar em línguas com o Espírito Santo: *"De sorte que, exaltado pela destra de Deus, e tendo recebido do Pai a promessa do Espírito Santo, [Jesus Cristo] derramou isto que vós agora vedes e ouvis"* (Atos 2.33). Em outras palavras, depois de sua exaltação, Jesus "derramou" o Espírito Santo, cuja evidência era falar em línguas – o que eles viram e ouviram.

---

[479] Uma vez que a palavra grega *glossa*, que significa língua ou linguagem, aparece em Atos 2, 10 e 19, parece conclusivo que os discípulos em Jerusalém, os gentios em Cesareia e os discípulos em Éfeso falavam em línguas. Em Jerusalém, o povo compreendeu as línguas, mas não há nenhuma indicação de que alguém tenha entendido as línguas faladas em Cesareia e Éfeso. Além disso, uma vez que a mesma palavra ocorre em 1Coríntios 12 e 14, parece que o dom de "variedade de línguas" e de "língua desconhecida" também se referem a línguas, desconhecidas talvez pelos presentes e não necessariamente identificáveis entre os milhares de línguas e dialetos falados hoje na terra.

Entre os Samaritanos

Embora o registro bíblico não estabeleça especificamente que as pessoas em Samaria falavam em línguas quando receberam o Espírito Santo, isso implica que um sinal milagroso ocorreu. Várias observações significativas podem ser feitas: (1) os samaritanos acreditavam na mensagem que Filipe pregava sobre Jesus Cristo, mas eles não receberam o Espírito Santo no momento de sua fé inicial; (2) os samaritanos não receberam o Espírito Santo quando foram batizados em água; (3) os milagres de libertação e cura trouxeram grande alegria ao povo, mas a alegria não era o sinal do derramamento do Espírito Santo; (4) Filipe e os apóstolos sabiam que o Espírito Santo não havia caído sobre os samaritanos; (5) Pedro e João vieram de Jerusalém para ajudar os samaritanos a receberem o Espírito Santo; (6) Filipe e os apóstolos esperavam um sinal miraculoso definitivo para acompanhar o recebimento do Espírito; e (7) os apóstolos e outros testemunharam o sinal exterior quando os samaritanos receberam o Espírito Santo.

Concluímos que a evidência inicial antecipada e manifestada em Samaria não era fé, libertação de demônios, curas, milagres, batismo com água ou alegria. Embora o Espírito Santo tenha sido dado quando os apóstolos impuseram as mãos aos crentes samaritanos, este ato não foi nem o dom do Espírito Santo nem a evidência. (Significativamente, a imposição de mãos não acompanhou o derramamento do Espírito em Atos 2 ou Atos 10). A imposição de mãos ajudou os destinatários, mas conferir o Espírito Santo é obra de Deus e não do homem, pois somente Jesus batiza com o Espírito Santo. Além disso, conferir o Espírito Santo estava além das orações ungidas dos apóstolos, pois dos próprios destinatários veio a evidência do enchimento do Espírito

A passagem revela que a evidência foi exteriormente observada pelos apóstolos e outros. Simão, o Feiticeiro, testemunhou o sinal: (At 8.18-19). Uma vez que a evidência foi observada tanto pelos crentes quanto pelos perversos, isto foi um sinal externo. Além disso, sua natureza miraculosa é evidente na medida em que impressionou um mágico que desejava poder de outorgar este sinal sobrenatural segundo sua vontade.

Enquanto Atos 8 não nomeia nenhuma evidência específica, uma comparação do evento samaritano com as efusões do Espírito em Atos 2, 10 e 19 indica fortemente que os samaritanos falavam em línguas.[480]

---

[480] Hoekema, *Tongues* [Línguas], p. 70. Um crítico do Pentecostalismo, Hoekema admite, no entanto, que o falar em línguas era o sinal do recebimento do Espírito entre os Samaritanos.

Entre os Gentios

Através de uma visão de animais proibidos como alimento, Deus revelou a Pedro que os gentios estavam incluídos no plano de salvação. Seguindo a instrução do Espírito, Pedro foi a Cesareia com três homens enviados de Cornélio, um gentio que orava a Deus. Seis cristãos judeus acompanharam Pedro como testemunhas desta missão aos gentios.

Em sua mensagem a Cornélio, seus parentes e amigos, Pedro declarou que Deus havia mostrado que aceita qualquer pessoa, seja judeu ou gentio que se volte para ele, pois *"todos os que nele crerem receberão o perdão dos pecados pelo seu nome [de Jesus]"* (At 10.43). Naquele momento, *"caiu o Espírito Santo sobre todos os que ouviram a palavra"* (At 10.44).

O derramamento do Espírito aqui explicitamente demonstra que o falar em línguas é a primeira evidência externa de receber o Espírito Santo, pois apenas isso convenceu Pedro e os crentes judeus que o acompanharam que os gentios haviam recebido o Santo Espírito:

> E os fiéis que eram da circuncisão, todos quantos tinham vindo com Pedro, maravilharam-se de que o dom do Espírito Santo se derramasse também sobre os gentios. Porque os ouviam falar línguas, e magnificar a Deus (At 10. 45,46).

Significativamente, quando Pedro mais tarde explicou aos líderes da igreja o que havia acontecido em Cesareia, comparou-a com a efusão no dia de Pentecostes: *"caiu o Espírito Santo sobre eles, como também sobre nós no princípio"* (At 11.15). Além disso, afirmou que a experiência dos gentios foi um cumprimento da promessa de Cristo de batizar com o Espírito Santo (At 11.16). Isso revela que, nesta data inicial da história da igreja, os líderes consideraram o derramamento no Pentecostes como o padrão pelo qual as pessoas receberiam o batismo do Espírito. Já que o falar em línguas era o único sinal presente em Cesareia, apenas isso levou a igreja a equiparar este evento com o derramamento no dia de Pentecostes.

Devemos lembrar que os primeiros cristãos judeus não esperavam nem aceitavam facilmente que os gentios pudessem ser incorporados na igreja, mas a evidência do falar em línguas persuadiu os líderes de que Deus lhes tinha concedido a salvação. Pedro declarou não só a base de sua aceitação dos gentios, mas a base sobre a qual a igreja em geral teve de alterar sua doutrina com respeito aos gentios: *"Portanto, se Deus lhes deu o mesmo dom que a nós, quando havemos crido no Senhor Jesus Cristo, quem era então eu, para que pudesse resistir a Deus?"* (At 11.17). Podemos concluir que sem a evidência de falar em línguas nem Pedro, nem os seis cristãos judeus, nem os líderes da igreja teriam reconhecido que os gentios haviam recebido o Espírito Santo e, portanto, estavam incluídos no plano de salvação de Deus. Os líderes, portanto, reconheceram o falar em línguas como a evidência inicial do batismo no Espírito, fazendo com que eles glorifiquem a Deus e reconheçam: *"até aos gentios deu Deus o arrependimento para vida"* (At 11.18).

Os Discípulos de João Batista

O ministério de Paulo aos doze discípulos de João Batista revela que concordou com os outros apóstolos que o falar em línguas é a evidência inicial do Espírito Santo. Sua pergunta, *"Recebestes já o Espírito Santo quando crestes?"* (At 19.2) não negou sua fé, embora Paulo tenha discernido que era falha por conhecimento incompleto e falta de entendimento. Sua preocupação imediata era a experiência deles com o Espírito, acerca do qual não tinham conhecimento.

Começando do conhecimento espiritual que tinham Paulo os informou de Cristo e então os batizou em nome de Jesus, após isso ele impôs as mãos sobre eles e receberam o Espírito Santo começando a falar em línguas.

Obviamente, Paulo esperava e reconhecia o mesmo sinal inicial que Pedro e João esperavam e testemunharam em Samaria. Em ambos os lugares, a confissão de fé e o batismo nas águas não eram o sinal evidencial, pois os apóstolos impuseram as mãos àqueles que já haviam professado fé e já se haviam submetido ao batismo com água. Em Atos 19, Lucas registrou o sinal: *"veio sobre eles o Espírito Santo, e falavam línguas, e profetizaram"* (At 19.6).

Não devemos supor que a frase "e profetizavam" indica um sinal adicional ou opcional, pois aparece somente aqui em conexão com o batismo do Espírito e é paralelo à frase *"e magnificar a Deus"* em Atos 10.46. As frases indicam apenas que as pessoas falaram palavras de inspiração e louvor em sua própria língua depois de receberem o Espírito.

Uma vez que a ordem do evento de conversão em Éfeso segue de perto o padrão registrado em Atos 8, é evidente que Paulo, Pedro, João, Filipe e outros líderes da igreja concordaram que o batismo do Espírito é acompanhado pelo falar em línguas. Além disso, eles também reconheceram que visto que a fé, a confissão, o arrependimento, o batismo em água, a libertação de demônios, os milagres de cura e a grande alegria descreverem encontros autênticos com o Espírito, nenhum serve como evidência de enchimento do Espírito.

A Experiência de Paulo

O relato da conversão de Paulo em Atos 9 não menciona o falar em línguas, mas em sua Primeira Carta aos Coríntios, ele afirmou que falava em línguas, experiência que atribuiu ao Espírito de Deus (1Co 12.10-11; 14.18).

A profecia de Isaías

Paulo reivindicou as palavras proféticas em Isaías 28.11-12 de seu cenário histórico para associá-las com o falar em línguas no Novo Testamento: *"Está escrito na lei: Por gente de outras línguas, e por outros lábios, falarei a este povo; e ainda assim me não ouvirão, diz o Senhor. De sorte que as línguas são um sinal, não para os fiéis, mas para os infiéis; e a profecia não é sinal para os infiéis, mas para os fiéis"* (1Co 14.21-22). Em outras palavras, falar em línguas é um sinal de que Deus fala a seu povo. No entanto, mesmo com esse milagre, Deus reconheceu que, como um todo, o povo não o ouviria ou acreditaria nele.

Esta profecia também associa o falar em línguas com o repouso e refrigério. Jesus falou de repouso para aqueles *"cansados e oprimidos"* (Mt 11.28). Do mesmo modo, o escritor aos Hebreus referiu-se a um descanso que não vem da observância do sábado sob a lei de Moisés, mas de uma experiência espiritual inserida pela fé (Hb 4.9-11). Aparentemente, o repouso profético em Isaías (28.12), o repouso dado por Jesus, e os repouso dos crentes que entram pela fé se refere à mesma experiência. Nesse caso, o descanso espiritual da nova aliança é comunicado por Deus através da experiência de falar em línguas.

Observamos, além disso, que Pedro pode ter se referido à profecia de Isaías em sua exortação instrutiva à multidão que se reuniu após a cura do coxo: *"Arrependei-vos, pois, e convertei-vos, para que sejam apagados os vossos pecados, e para que venham assim os tempos do refrigério pela presença do Senhor"* (At 3.19). A construção e os elementos paralelos neste versículo e em Atos 2.38 – arrependimento, mancha ou remissão de pecados, e Deus enviando um refrigério ou dando o dom do Espírito Santo – podem novamente identificar o refrigério como o batismo do Espírito e, consequentemente, apoiar o doutrina da evidência inicial.

Por que falar em línguas?

Embora a Bíblia não explique explicitamente por que Deus escolheu o falar em línguas como a evidência do Espírito Santo, uma razão pode ser o poder da própria fala. O poder de expressar o pensamento é o poder da personalidade e revela o caráter. Jesus disse: *"do que há em abundância no coração, disso fala a boca"* (Mt 12.34). Visto que a habilidade da fala separa a humanidade de outras criaturas, como uma pessoa usa esse dom de palavras identifica seu caráter moral e religioso.

A Bíblia declara que a língua é "um fogo; como um mundo de iniquidade [...] e [...] contamina todo o corpo" (Tg 3.6). Além disso, uma pessoa não regenerada não pode domar a língua, pois "é um mal que não se pode refrear; está cheia de peçonha mortal" (Tg 3.8). Portanto, para que uma pessoa seja salva, essa pessoa deve submeter sua mente (crendo) e sua língua (confessando Jesus Cristo) a Deus, colocando assim seu eu totalmente sob o senhorio de Jesus. Para falar em outra língua, à medida que o Espírito concede que fale, deve-se abandonar o controle da língua aos impulsos do Espírito. Portanto, falar em línguas pelo Espírito revela que o Espírito Santo "selou" o indivíduo – identificando a pessoa com Cristo e significando que a pessoa agora pertence a Cristo (1Co 6.19-20, Ef 1.13-14; 4.30).[481]

Uma Segunda razão possível pela qual Deus escolheu o "falar em línguas" é que ele pode ser a única evidência inicial universal possível. Uma vez que o sinal é para testemunhar o momento em que Deus enche o ser de uma pessoa, então o sinal deve revelar a presença sobrenatural de Deus movendo-se dentro da pessoa e em cooperação com a pessoa. Se uma pessoa simplesmente fala em uma língua conhecida, nenhuma evidência sobrenatural está presente, mas se uma pessoa fala em uma língua desconhecida, então este acontecimento miraculoso atesta a presença interior e a obra do Espírito.

Embora seja difícil conceber outra evidência que universalmente revelaria a ligação integral entre a pessoa que está sendo cheia com o Espírito e o

---

[481] F. L. Arrington, *"The Indwelling, Baptism, and Infilling with the Holy Spirit: A Differentiation of Terms"* [A Morada, o Batismo e o Enchimento do Espírito Santo: uma Diferenciação de Termos], *Pneuma* 3 (1981), pp. 2-3.

próprio Espírito, falar em línguas pode ser a única evidência inicial possível do batismo no Espírito.

O Testemunho Interno

Três relatos principais sobre o recebimento do Espírito Santo mencionam especificamente o falar em línguas (At 2.1-4; At 10. 44-48 e 19.1-6). No entanto, enquanto falar em línguas é a primeira evidência física do batismo do Espírito, este sinal externo não diminui a realidade do testemunho interno dessa experiência.

Atos 2.4 indica o testemunho interior do Espírito, afirmando que os discípulos falavam em línguas *"conforme o Espírito lhes concedia que falassem"*. Em outras palavras, a evidência física surgiu a partir da inspiração ou motivação do completo enchimento do Espírito. Portanto, é inconcebível que os discípulos não discirnam internamente a presença preenchedora do Espírito, uma vez que o Espírito inspirou e formou as palavras que eles falaram.

Por um lado, se o falar em línguas fosse psicologicamente induzido ou simplesmente um esforço humano, seria um jargão e, portanto, não um testemunho do Espírito. Por outro lado, quando o Espírito concede que se fale, uma pessoa fala numa língua, embora seja desconhecida para ele e talvez para qualquer outra pessoa presente. O que é falado emerge do espírito e da alma regenerados do crente, refletindo e projetando um novo relacionamento com Deus. Ao explicar o dom das línguas, Paulo escreveu que falar em "línguas desconhecidas" é uma comunicação entre o espírito de uma pessoa e Deus, no qual o falante recebe edificação espiritual (1Co 14.2). Chamar o falar em línguas meramente de algarávia denigre a comunicação interior pela qual o espírito de uma pessoa interage com o Espírito de Deus (Ver 1Co 14.2, 4, 13-14, 19, 27).

No dia de Pentecostes, as pessoas na audiência entendiam as "línguas", mas os falantes não entendiam o que falavam. Se ninguém tivesse compreendido as línguas faladas, o milagre teria permanecido e a evidência ainda teria sido eficaz, pois a evidência não é apenas externa para os outros, mas externa e interna para a pessoa que recebe o Espírito.

Embora a discussão de falar em línguas em 1 Coríntios 12 e 14 não aborde a questão da evidência inicial do batismo do Espírito, a essência de falar como o Espírito concede que se fale é a mesma. Todo o falar em línguas da Bíblia emerge do Espírito residente e não meramente da vontade humana.

Paulo escreveu que o Espírito de Deus testifica ao nosso espírito que somos seus filhos: "O próprio Espírito testifica com o nosso espírito que somos filhos de Deus" (Rm 8.16). O batismo no Espírito une uma pessoa com Deus como Pai, fazendo com que a pessoa clame: "*Aba, Pai*" (Rm 8.15). Mesmo a experiência dramática de Paulo perto de Damasco teria sido insuficiente sem a culminante experiência salvífica do batismo do Espírito. De fato, o cristianismo seria reduzido a uma filosofia ou a um sistema teológico de pensamento se seus adeptos não encontrassem Cristo dentro de seu ser, pois Cristo dentro do crente é o único testemunho vivo de sua ressurreição.

Esse testemunho interno está, portanto, além da teoria e do entendimento humano; é mais do que uma profissão de fé, pois reside não em abstrações teológicas, mas na realidade da união do Espírito de Deus com o espírito de uma pessoa, uma união na qual o Espírito Santo é dominante, mas sem coerção ou absorção (1Co 6.17). Paulo expressou esse testemunho interno em linguagem paradoxal: "Já estou crucificado com Cristo; e vivo, não mais eu, mas Cristo vive em mim; e a vida que agora vivo na carne, vivo-a pela fé do Filho de Deus, o qual me amou, e se entregou a si mesmo por mim" (Gl 2.20). João também se refere ao testemunho interno do Espírito: "E nisto conhecemos que ele está em nós, pelo Espírito que nos tem dado" (1Jo 3.24, veja também 1Jo 4.13).

Embora o fruto do Espírito – amor, gozo, paz, longanimidade, benignidade, bondade, fé, mansidão e temperança – fale de uma obra interna do Espírito que produz padrões externos de atitude e comportamento, os não cristãos podem experimentar e, até certo ponto, exibirem atitudes e comportamentos semelhantes. No entanto, embora os não cristãos possam refletir o caráter humano de um tipo elevado, talvez superar muitos cristãos professos em caridade, dedicação e sacrifício, sem o Espírito habitador, o que eles conseguirem, ainda estará contaminado por seus impulsos carnais não regenerados. Somente o Espírito Santo dentro de uma pessoa santifica e purifica o espírito e a alma interior.

O reino de Deus é "justiça, e paz e alegria no Espírito Santo" (Rm 14.17). Uma vez que os seres humanos podem conhecer uma medida de justiça, paz e alegria sem o dom do Espírito Santo, a distinção é que a justiça residente pelo Espírito não tem condenação (Rm 8.1). A paz que Jesus dá não é "como o mundo a dá" (Jo 14.27), mas uma "paz [...] que excede todo entendimento" (Fp 4.7). A alegria humana é experimentada em relação às circunstâncias de uma pessoa, mas a alegria do Espírito Santo é "gozo indescritível glorioso", mesmo nos tempos de fardos, tentações e provações de fogo (1Pe 1.6-8). Experimentar a justiça sem condenação, paz além da compreensão, e alegria inefável cheia de glória não anula a necessidade da evidência física inicial do batismo do Espírito, mas focaliza a fonte do Espírito no interior de quem vem falando em línguas.

Se Deus fosse meramente uma ideia abstrata e não um ser pessoal, então a pessoa que possui a ideia de Deus possuiria a ele. Mas Deus é mais que uma ideia. Ele é um Espírito-Ser pessoal, e quando um indivíduo o recebe, Deus entra pessoalmente na sua vida. Tal momento não pode passar despercebido nem por aquela pessoa nem por outros. Deus dá um testemunho interno e uma expressão física externa do batismo do Espírito.

CONCLUSÃO

A maioria dos Pentecostais Unicistas vê o batismo no Espírito como a conclusão da experiência salvífica que é iniciada pela fé em Jesus Cristo, o arrependimento e o batismo em água em nome de Jesus Cristo. Com outros Pentecostais clássicos, os Pentecostais Unicistas sustentam que a indispensável evidência física inicial do batismo do Espírito Santo é o falar línguas segundo o Espírito conceda que se fale.

11. NORMAL, MAS NÃO NORMATIVO: A EVIDÊNCIA INICIAL E O NOVO TESTAMENTO

Larry. W. Hurtado

Este é um tipo de ensaio diferente dos que costumo escrever. Por um lado, os que contribuíram para a seção "exegética" deste volume foram convidados a discutir o material do Novo Testamento sobre o falar línguas, o que é basicamente um trabalho acadêmico em exegese. Por outro, foi-nos pedido que considerássemos este material com referência à moderna doutrina pentecostal de que falar em línguas constitui a "evidência física inicial" do "batismo no Espírito Santo". Isso muda a tarefa de uma simples descrição de textos do Novo Testamento para um exercício de teologia bíblica (tingida com potencial para tensões polêmicas). Além disso, fomos convidados a contribuir para esta coleção em parte porque representamos diferentes histórias pessoais e posições em relação ao falar em línguas, que investe esses ensaios com mais de um elemento explicitamente autobiográfico, não sendo, portanto, um simples exercício de exegese ou teologia bíblica.

Nesse espírito sincero, ofereço um resumo do meu próprio relacionamento com o movimento Pentecostal. Recebi a minha formação espiritual inicial nos círculos pentecostais e participei nas igrejas das Assembleias de Deus entre os anos de 1957 a 1975. Nos anos seguintes, minha participação foi em uma igreja Batista e atualmente tem se dado em uma igreja Anglicana.

Embora tenha pertencido uma vez, eu não sou, por escolha própria, membro de um segmento Pentecostal. Logo, se minhas associações formais forem usadas como critério para julgamento de minhas credenciais, suponho que eu poderia ser classificado como um "ex-pentecostal". Este termo poderia sugerir que desejo estar completamente desassociado de qualquer ligação com o "Pentecostalismo", todavia, no meu caso, esta sugestão seria absolutamente incorreta. Foi-me pedido que escrevesse este ensaio porque represento uma postura diferente em relação ao pentecostalismo e aos fenômenos associados, tais como o falar em línguas. Eu suponho, levando em conta o linguajar sugerido por um analista dos movimentos mundiais de renovação influenciados pelo Pentecostalismo que eu poderia ser chamado de "pós-pentecostal", embora qualquer rótulo seja de valor limitado na compreensão de pessoas e questões importantes.[482] Sucintamente, minha própria postura em relação ao Pentecostalismo e ao falar em línguas envolve a seguinte combinação: (1) uma gratidão e apreço pelas características do Pentecostalismo que moldaram minha vida espiritual nos meus anos anteriores; (2) uma afirmação da legitimidade de tais fenômenos como o falar em línguas como uma característica da espiritualidade cristã e da vida da igreja; e (3) uma compreensão doutrinária da obra do Espírito Santo e do significado do falar em línguas em particular que me impede de aceitar as formulações tradicionais das igrejas pentecostais com as quais eu estou diretamente familiarizado.

Em lugar de uma visão Pentecostal tradicional de que o falar em línguas constitue a "evidência física inicial" necessária de uma dotação especial do Espírito tomo a posição de que o falar em línguas pode ser afirmado como um traço aceitável e até salutar da vida devocional cristã, mas em si não constitui "evidência" de qualquer *status* espiritual especial ou de uma experiência separada do Espírito além da regeneração. Eu não considero o falar em línguas como uma anormalidade, ou como algo para ser evitado. Isto é, para usar a linguagem das ciências comportamentais, "normal", dentro da faixa de comportamento devocional cristão que é compatível com a espirituidade legítima e personalidade saudável. Estudos controlados sobre os cristãos modernos cuja vida religiosa incorpora o falar em línguas não indicam nenhuma razão para ver qualquer conexão entre o fenômeno e a personalidade doentia[483]. Ademais, como tentarei mostrar brevemente, o Novo Testamento sugere que o falar em línguas pode ser "edificante", mas

---

[482] D. B. Barrett, "Statistics, Global," *DPCM*, pp. 810-30, especialmente 824.
[483] K. McDonnell, *Charismatic Renewal and the Churches* [A Renovação Carismática e as Igrejas], (New York: Sea-bury Press, 1976), ainda é o levantamento mais completo dos estudos sócio-científicos da glossolalia.

não vejo como o falar em línguas pode ser transformado em "norma", como se pretende quando o fenômeno é requerido como "a evidência inicial" de ser "cheio do Espírito" ou de uma experiência especial chamada "o batismo no Espírito Santo".

Em lugar das tradicionais formulações pentecostais sobre o falar em línguas, e em vez da rejeição usual ou do desprezo gentil ao fenômeno entre os cristãos fora dos círculos Pentecostais e Carismáticos, há esta terceira alternativa que defendo. No que se segue, proponho explicar por que a considero mais convincente e atraente como um reflexo dos dados do Novo Testamento. Para fazer isso, infelizmente, terei de mostrar por que não considero persuasiva a visão defendida nos círculos tradicionais do Pentecostalismo. Por fim, uma das ênfases mais impressionantes do meu passado Pentecostal era o fato de que a Escritura é o critério mais importante para a validação das doutrinas. Na discussão a seguir, enfocarei, portanto, os dados bíblicos sobre o falar em línguas para determinar que tipo de doutrina podemos exigir desse fenômeno.

A QUESTÃO DA "EVIDÊNCIA INICIAL"

Talvez a primeira observação exegética a oferecer seja uma negativa, porque a questão do que constitui a "evidência inicial" de uma pessoa que recebeu o "batismo no Espírito" simplesmente não é levantada em nenhum lugar do Novo Testamento. Naturalmente, aqueles que mantêm as tradicionais opiniões pentecostais não acharão esta declaração surpreendente ou controversa. O argumento de que o falar em línguas é a evidência inicial de uma experiência especial do Espírito nunca foi apresentado como baseado em ensinamentos explícitos no Novo Testamento. Em vez disso, a doutrina Pentecostal tradicional equivalia às inferências sugeridas como apropriadamente extraídas de certas passagens, particular e especialmente no livro de Atos.

Agora, seria a forma mais severa de biblicismo recusar-se a lidar com qualquer questão teológica não tratada explicitamente nas Escrituras ou declarar uma doutrina inválida simplesmente porque não é explicitamente ensinada lá. Para mencionar um exemplo óbvio, a doutrina da Trindade não é ensinada explicitamente no Novo Testamento; mas quase todos concordariam que isso por si só não torna a doutrina inválida nem torna as questões associadas à doutrina inadequadas para se tratar.

Contudo, para explorar um pouco melhor o exemplo citado, a razão principal pela qual o Novo Testamento pode ser investigado com respeito à doutrina da Trindade é a clareza ante o fato de que a fé e os ensinamentos sobre Deus e Cristo refletidos ali, representam antecipadamente etapas de um processo religioso e teológico que resultou na doutrina desenvolvida da Trindade e da Cristologia das duas naturezas que acompanham os primeiros cinco séculos da Era Cristã. Isto é, embora um período de tempo tenha decorrido antes que a doutrina clássica da Trindade fosse totalmente formulada, muito cedo os estágios das questões e forças que levaram a essa formulação podem ser rastreados até ao próprio Novo Testamento e refletidos diretamente nas muitas passagens nas quais Deus e Cristo são explicitamente o foco. Parece que o movimento cristão, desde os primeiros estágios observáveis, estava empenhado em tentar entender a Deus à luz de Cristo e concedeu a Cristo a veneração normalmente reservada somente a Deus na tradição bíblica dentro da qual o cristianismo surgiu.[484] Dos estágios observáveis mais primitivos do movimento cristão em diante numa linha ininterrupta, está claro que as perguntas doutrinárias sobre o Deus e o relacionamento de Cristo com Deus eram questões centrais.

No caso da questão da "evidência inicial", no entanto, estamos lidando com uma ênfase que surgiu em conexão com a evolução de certos movimentos de renovação na América do Norte do final do século XIX e início do século XX, particularmente os movimentos Holiness e a influência de Movimentos Keswick representados por figuras como R. A. Torrey.[485] Perante as percepções difundidas de uma falta de vitalidade espiritual nas principais denominações cristãs daquele período, questões como se há um nível separado e superior do poder do Espírito Santo após a regeneração, como esta experiência subsequente é compreendida e quais os fenômenos são a "evidência" dessa experiência, se tornaram prementes em vários círculos comprometidos com a renovação.

Não é meu propósito debruçar-me sobre os antecedentes históricos do movimento Pentecostal moderno e suas formulações teológicas. O ponto é simplesmente que a questão da "evidência inicial" do "batismo no Espírito" é estranha ao Novo Testamento e reflete conflitos relativamente modernos na igreja e em grupos em formação. Ao contrário de questões como a doutrina

---

[484] Ver, p. ex., L. W. Hurtado, *One God, One Lord: Early Christian Devotion and Ancient Jewish Monotheism* [Um Deus, Um Senhor: A Devoção Cristã Primitiva e O Antigo Monoteísmo Judaico], (Philadelphia: Fortress, 1988).

[485] Ver, p. ex., o resumo e a bibliografia em K. Kendrick, "*Initial Evidence, A Historical Perspective*" [Evidências Inicial, Uma Perspectiva Histórica] *DPCM*, pp. 459-60; ver também cap. 6 nesse volume.

cristã de Deus, a questão de se há um nível separado de capacitação do Espírito após a regeneração, com uma "evidência" necessária, parece não estar refletida no Novo Testamento. Não encontramos os estágios iniciais de uma discussão levando a tal questão no Novo Testamento; e a afirmação de que o Novo Testamento ensina tal experiência e de que o falar em línguas deve ser tomado como a evidência inicial dessa experiência equivale para eisegese, uma leitura inadequada de seus pontos de vista no texto bíblico.

Poucos cristãos, no entanto, se propuseram a desvirtuar o Novo Testamento, e as visões pentecostais padrão sobre a "evidência inicial" devem ser vistas como resultantes de um tratamento zeloso, mas equivocado dos dados bíblicos. Na próxima seção, portanto, examinamos o material bíblico-chave, para esboçar sua interpretação correta.

ATOS E O FALAR EM LÍNGUAS

Como já foi dito, o argumento habitual para a visão pentecostal do falar em línguas como a "evidência inicial" exigida do batismo no Espírito equivale a um tratamento por inferência de certas passagens, particularmente nos Atos dos Apóstolos.[486] Essencialmente, o argumento se desdobra da seguinte maneira.

Primeiro, entre as cinco passagens em Atos, onde as pessoas são "cheias" do Espírito Santo ou lhes é conferido o Espírito, o falar em línguas é mencionado em três casos como resultado imediato (2.1-4; 10.44-47; 19.1-7). Nas outras duas passagens geralmente consideradas (8.14-19; 9.17-19), nenhum fenômeno específico é destacado. Assim, quando fenômenos específicos estão ligados com o dom do Espírito em Atos, o falar em línguas é mencionado. Nos outros casos, o falar em línguas não é mencionado, mas pode ser deduzido (assim o argumento prossegue) como tendo ocorrido com base na ocorrência explicitamente mencionada nos três casos claros.

---

[486] A defesa mais ampla de um ponto de vista Pentecostal clássico conhecido por mim é C. Brumback, *"What Meaneth This?" A Pentecostal Answer to a Pentecostal Question* [Que Significa Isto? Uma Resposta Pentecostal a uma Questão Pentecostal] (Springfield. Mo.: Gospel Publishing House, 1947), esp. pp.191-287. Para abordagens mais sofisticadas (e mais cautelosas) das passagens de Atos de uma perspectiva Pentecostal "clássica", veja-se, por exemplo, W. G. MacDonald, *Glossolalia in the New Testament* [A Glossolalia no Novo Testamento], (Springfield. Mo.: Gospel Publishing House, ca. 1964); idem, "Pentecostal Theology: A Classical Viewpoint," *Perspectives on the New Pentecostalism* [Teologia Pentecostal: Um Ponto de Vista Clássico, Perspectivas sobre o Neo-Pentecostalismo], ed. R. P. Spittler (Grand Rapids: Baker, 1976), pp. 58-74; and B. C. Aker, "Initial Evidence, A Biblical Perspective" [Evidência Inicial, Uma Perspectiva Bíblica], *DPCM*, pp. 455-59.

Segundo, é assumido como *a priori* que as passagens de Atos que descrevem o dom do Espírito devem ser tomadas como base suficientemente aceitável para formular uma doutrina do recebimento do Espírito para todos os tempos, incluindo, obviamente, uma doutrina da "evidência inicial" do recebimento do Espírito. Ou seja, as descrições do recebimento e enchimento do Espírito em Atos são tomadas aprioristicamente como tendo força didática e prescritiva, apontando para uma doutrina do recebimento do Espírito na vida dos crentes. Isso também é basicamente uma inferência, visto que o autor de Atos em nenhuma parte indica explicitamente tal intenção. Esta inferência é realmente mais crucial, parece-me, pois apenas assumindo que Atos se destina a fornecer a base para a formulação de uma doutrina do recebimento do Espírito na vida do crente, pode-se ordenar as passagens particulares mencionadas acima como que para desenvolver uma doutrina da maneira como o Espírito é recebido e é manifestado no recebimento. Como mencionado anteriormente, não há contestação de que a doutrina da "evidência inicial" não é explicitamente ensinada em nenhum lugar do Novo Testamento. Todo o argumento depende, então, de se é apropriado fazer as inferências sobre as passagens de Atos resumidas aqui.

Dentro dos limites deste ensaio, não é possível nem necessário tentar tratar em profundidade o Espírito Santo em Atos.[487] Vou restringir-me a uma discussão de assuntos específicos diretamente relevantes para o foco deste livro.

A questão principal invocada pelo uso pentecostal de passagens de Atos resumidas acima é basicamente a seguinte: qual é o propósito aparente dos relatos de Atos dos recebimentos do Espírito? Colocar a questão desta forma é reconhecer como um princípio hermenêutico que nosso uso da Escritura no argumento teológico deve estar em consonância com a intenção histórica do autor / editor da escritura bíblica que estamos estudando. Gordon Fee tem, eu acho, discutido este ponto de forma bastante convincente, com particular referência ao uso pentecostal da Escritura.[488]

A investigação acadêmica dos propósitos de Lucas-Atos equivale a um

---

[487] Ver esp. J. H. E. Hull, *The Holy Spirit in the Acts of the Apostles* [O Espírito Santo nos Atos dos Apóstolos], (London: Lutterworth Press, 1967); J. D. G. Dunn, *Baptism in the Holy Spirit* [O Batismo no Espírito Santo], (London: SCM, 1970); idem, *Jesus and the Spirit* [Jesus e o Santo Espírito], (Philadelphia: Westminster, 1975); R. Stronstad, *The Charismatic Theology of St. Luke* [A Teologia Carismática de S. Lucas], (Peabody, Mass.: Hendrickson, 1984).

[488] G. D. Fee, "*Hermeneutics and Historical Precedent – A Major Problem in Pentecostal Hermeneutics*" [Hermenêutica e Antecedência Histórica – Um Problema Maior na Hermenêutica Pentecostal], em Spittler, *Perspectives*, pp. 118-32.

corpo considerável de material e ainda não produziu unanimidade.[489] Mas é geralmente reconhecido que a representação do progresso do evangelho da igreja de Jerusalém, através de várias linhas culturais, geográficas e étnicas, para Roma, a capital do Império Romano, forma pelo menos uma parte importante da intenção em Lucas-Atos. Ao longo de Atos, o progresso do evangelho é acompanhado e impulsionado pelo Espírito Santo, e as passagens focadas na tradição Pentecostal são simplesmente exemplos desse padrão mais amplo.

No livro dos Atos, o recebimento e as manifestações do Espírito em Jerusalém no Pentecostes (2.1-4), em Samaria (8.14-19), e na conversão de um gentio chamado Cornélio (10.44-48) são todas cenas dramáticas mostrando o progresso do evangelho a novos grupos étnicos e culturais. A concessão do Espírito a Paulo em Damasco (9.10-19) é parte do maior enfoque do autor sobre Paulo como o grande agente do progresso do evangelho, cuja carreira consome a segunda metade do livro (capítulos 13 a 28), onde o Espírito dirige e ajuda Paulo em cada circunstância. E o relato sobre os discípulos de João Batista em Éfeso também se ajusta ao padrão. Juntamente com o relato anterior sobre Apolo (18.24-28), Atos 19.1-7 mostra como o evangelho cumpre e oculta o ministério do Batista.[490]

É essa ênfase no papel do Espírito no progresso do evangelho nesses pontos cruciais e dramáticos que são a principal preocupação do autor nas passagens apontadas no ensino Pentecostal. A meu ver, o propósito do autor não era fornecer uma base para formular *como* o Espírito é recebido, mas mostrar *que* o Espírito levou e acompanhou o progresso do evangelho em todas as conjunturas significativas e foi o poder que permitiu a obra dos líderes cristãos.

Isso explica por que o autor às vezes faz e às vezes não se preocupa em descrever especificamente como o Espírito foi manifestado quando as pessoas são descritas como "cheias" ou dotadas do Espírito. Quando Lucas enfatiza fenômenos específicos, ele não parece fazê-lo para ensinar uma doutrina do recebimento do Espírito. Pelo menos, não há nenhuma dica de

---

[489] Para uma análise da obra, agora levemente datada, ver I. H. Marshall, *Luke: Historian and Theologian* [Lucas: Historiador e Teólogo], (Grand Rapids: Zondervan, 1970). Para uma investigação mais recente da questão, ver R. L. Maddox, *The Purpose of Luke-Acts* [O Propósito de Lucas-Atos], (Edinburgh: T. &T. Clark, 1985).

[490] Note que os discípulos do Batista aqui são especificados como doze em número, correspondentes ao número dos apóstolos de Jerusalém. Isso sugere que o autor pretende que essa passagem seja vista em comparação com o episódio do Pentecostes em Atos 2, onde os apóstolos de Jerusalém recebem o Espírito.

que este era o seu propósito. Sua intenção sugere demonstrar a validade dos desenvolvimentos evangélicos descritos, como por exemplo, em 10.44-48, em que o falar em línguas e exaltar a Deus entre os gentios na casa de Cornélio são tomados como sinais de que o Espírito realmente levou a proclamação aos gentios e que estes deveriam ser acolhidos na comunhão cristã.

A questão relacionada ali é sobre a legitimidade da proclamação do evangelho aos gentios e não de uma doutrina da "evidência inicial" como uma capacitação do Espírito distinguível da regeneração. Isto é evidente a partir da passagem imediatamente seguinte (11.1-18), onde a declaração de Pedro de que os gentios tinham recebido "o mesmo dom" do Espírito Santo que foi dado à igreja de Jerusalém é parte do argumento de Pedro para a conveniência de sua comunhão com os cristãos gentios. Isto só pode indicar que a casa de Cornélio foi tornada participante da mesma salvação escatológica que a igreja de Jerusalém. Em 19.1-7, a menção do falar em línguas e do profetizar em conexão com o dom do Espírito aos discípulos do Batista parece destinada a ilustrar a superioridade do evangelho de Cristo à mensagem de João, cujos discípulos, Lucas registra, nem ainda tinham ouvido que havia o Espírito Santo (19.2).

Em Atos 4.31, uma sexta passagem narrando uma outorga do Espírito, geralmente negligenciado nas discussões tradicionais pentecostais, os apóstolos Pedro e João e outros cristãos de Jerusalém são descritos como "cheios" com o Espírito e são habilitados a falar com ousadia "a palavra de Deus." Assim, os fenômenos mencionados como acompanhando o Espírito (línguas, profecia, ousadia, etc.) variam nas seis passagens de Atos, mostrando que Lucas não estava preocupado com nenhum fenômeno, como línguas, sugerindo que ele não via a outorga do Espírito em termos de "evidência" consistente de fenômeno algum.

O mais que se poderia legítimamente inferir a partir das descrições da concessão do Espírito em Atos sobre a visão lucana de tais fenômenos como o falar em línguas, a profecia e a proclamação corajosa do evangelho é que todos esses fenômenos eram características familiares da vida espiritual cristã primitiva e eram manifestações do Espírito Santo. Se alguém estivesse procurando usar as passagens de Atos para propósitos didáticos, pode-se sugerir também que tais fenômenos devem, portanto, ser considerados como entre as manifestações legítimas, "bíblicas" do Espírito no progresso contínuo do evangelho e da vida das Igrejas. Mas a afirmação de que essas passagens refletem uma doutrina fixa de como o Espírito deve ser recebido na vida dos crentes, incluindo uma doutrina de "evidência inicial" do recebimento do Espírito, não tem base na aparente intenção do autor de Atos. Na medida em que a visão Pentecostal tradicional da "evidência inicial" se baseia nessas passagens de Atos (e essas passagens são a base bíblica oferecida), a visão deve ser considerada, sugiro, como uma afirmação infundada. Em suma, a doutrina Pentecostal da "evidência inicial" repousa sobre uma noção simplificada e não examinada do propósito das narrativas de Atos e envolve o procedimento duvidoso de extrapolar seletivamente das três referências às línguas em Atos a uma doutrina que pretende capturar a maneira necessária de ser "cheio" com o Espírito.

O FALAR EM LÍNGUAS EM 1CORÍNTIOS

O outro importante conjunto de material do Novo Testamento relacionado diretamente com o falar em línguas é 1Coríntios 12-14, e a essas passagens nos voltamos agora.[491] No pensamento tradicional Pentecostal, as línguas faladas descritas em 1Coríntios 12-14 são diferentes das línguas faladas em Atos. Tradicionalmente, os Pentecostais têm identificado o falar em línguas de Atos como o fenômeno que eles chamam de "evidência inicial" do batismo do Espírito; mas o falar em línguas mencionado em 1Coríntios 12-14 é um dom especial do ministério de fala destinado a edificar a congregação. Sugiro, entretanto, que esta esquematização impõe uma dicotomia artificial nas referências neotestamentárias às línguas, e que a imagem real é, ao mesmo tempo, mais complicada e mais simples. Eu já indiquei acima que não considero persuasiva a visão tradicional Pentecostal das línguas em Atos; no que segue, eu procuro mostrar a relevância de 1Coríntios 12-14 para a compreensão do fenômeno das línguas do Novo Testamento.

Primeiramente, as referências de Paulo às línguas indicam que o fenômeno é familiar aos seus leitores originais. Ele nunca define o fenômeno, mas prossegue em colocá-lo em seu contexto adequado contra o aparente mau uso e estima equivocada das línguas entre pelo menos alguns dos cristãos coríntios. De fato, como é comumente reconhecido entre os eruditos, o fascínio coríntio pelo falar em línguas provavelmente foi a razão pela qual Paulo dedicou tanta atenção ao fenômeno nesta epístola. Agora, embora possa

---

[491] Para um comentário mais recente e útil da discussão deste material, ver G. D. Fee, *The First Epistle to the Corinthians* [A Primeira Epístola aos Coríntios], NICNT (Grand Rapids: Eerdmans, 1987), pp. 569-713. Para outra abordagem do material refletindo a simpatia com a espiritualidade Pentecostal, ver, p. ex., A. Bittlinger, *Gifts and Graces, A Commentary on 1Corinthians 12-14* [Dons e Graças, Um Comentário sobre 1Coríntios 12-14], (Grand Rapids: Eerdmans, 1967).

ser uma espécie de argumento baseado no silêncio, alguém pensaria que, em suas instruções bastante detalhadas sobre o falar em línguas, Paulo teria incluído uma referência a seu suposto significado como "evidência inicial" do batismo do Espírito, se tal entendimento das línguas era atual naquele tempo. O fato de Paulo não sugerir nem mininamente este ensino deveria recomendar toda cautela aos que mantém a visão Pentecostal tradicional.

Segundo, embora seja correto que Paulo inclua o falar em línguas entre vários "dons" ou "manifestações" do Espírito a ser usado "para o que for útil" (12.4-11), ele continua a qualificar a operação do falar em línguas de tal maneira que parece distingui-lo dos outros dons mencionados. Pode-se ter a impressão de que Paulo inclui o falar em línguas entre os fenômenos que podem ser manifestados na congregação, principalmente porque os coríntios estavam inclinados ao exercício das línguas nesse cenário. A tática do apóstolo é admitir a legitimidade das línguas como um "dom" congregacional, mas somente quando sua manifestação se conforma com suas regras, as quais parecem destinadas a evitar os abusos promovidos entre eles. Pelo fato de Paulo ver o falar em línguas como uma manifestação genuína do Espírito, ele não pode proibir o fenômeno (14.39-40). Mas, por causa do abuso coríntio do falar em línguas, e por causa de suas limitações inerentes como um "dom ministerial", ele desencoraja seu uso na congregação em preferência a outros dons como a profecia, como veremos agora.

Observe como Paulo limita o exercício das línguas como um "dom" congregacional. Em 12.27-30, Paulo limita o significado de qualquer um dos "dons" listados (incluindo as línguas), enfatizando que todos eles são divinamente dados (vv. 27-28) e que nenhum (incluindo o falar línguas) é tencionado para ser exercido por todos os cristãos (vv. 29-30).

Mais tarde, porém, Paulo prossegue distinguindo o falar em línguas, impondo limites específicos ao seu funcionamento na congregação. Em 1Coríntios 14.1-12, Paulo ressalta a incompreensibilidade do falar em línguas como a principal limitação de sua utilidade na igreja. Em suma, na visão de Paulo, se o ouvinte não pode entender racionalmente o significado do que é dito, o ouvinte não pode ser "edificado". O falar em línguas não é "dom" para o ouvinte, a menos que possa ser feito compreensível por uma interpretação (esp. 14.5). Os cristãos que procuram exercer as manifestações do Espírito devem ter como objetivo edificar aos outros (14.12), e isso significa que todas as línguas pronunciadas na reunião comunitária cristã devem ser interpretadas para que os outros possam compartilhar o dom (14.13). Na verdade, tendo em vista a importância de falar inteligentemente a outros na congregação Paulo aconselha evitar o falar em línguas desconhecidas em favor da fala na língua vernácula (14.18-19). Se "estrangeiros" *(idiotai)* ou "incrédulos" *(apistoi)* estiverem presentes, Paulo adverte, o falar em línguas provavelmente será contraproducente, levando-os a declarar a loucura da congregação (14.23).

De fato, Paulo desencoraja o falar em línguas como um "dom" congregacional, permitindo o fenômeno na congregação somente com reservas e restrições firmes (especialmente, as línguas devem sempre ser interpretadas quando manifestadas na igreja). Nós vemos sua hesitação e relutância sobre a manifestação pública das línguas em 14.26-33. Paulo inclui o falar em línguas na amostragem de fenômenos que podem ser contribuídos *"quando vos ajuntais"* (v. 26). Mas observe a maneira sutil como Paulo minimiza a importância das línguas falando em comparação com a profecia nesta passagem. Paulo usa formas verbais imperativas para exortar a edificação mútua (14.26, *genestho*), para promover profecias e a "ponderação" do que é dito por outros (14.29, *laleitôsan, diakrinetosan*), e ordenar aos falantes que deem lugar a outro (14.30, *sigatô*). Em 14.27-28, Paulo usa imperativos para insistir na interpretação da mensagem em língua *(diermeneuetô)* e para direcionar o que fala línguas a ser silencioso *(sigatô)* e falar *(laleitô)* "consigo mesmo e com Deus" se não houver ninguém presente para interpretar. Em contraste com todos esses imperativos, a maneira quase tímida em que Paulo menciona o falar em línguas em 14.27 parece deliberada e marcante. "Se alguém falar em língua desconhecida" *(eite glôssê tis lalei)* sugere, no máximo, uma permissão algo relutante para o exercício congregacional das línguas, e então somente sob uma série de restrições: no máximo dois ou três falando, um de cada vez, e a interpretação sempre exigida.[492] E 14.29-33, com suas várias referências à profecia e sua negligência gentil ás línguas, sugere o que é claramente afirmado anteriormente (14.1-5), que a profecia (oração inspirada no vernáculo) é o modo preferido de Paulo, para a expressão carismática no ministério congregacional.

Tudo isso significa que, contrariamente ao ponto de vista tradicional Pentecostal, em 1Coríntios 12-14 não temos a defesa de um "dom" especial de falar em línguas destinado a ser usado na congregação. Em vez disso, temos Paulo desencorajando as línguas na igreja, permitindo o fenômeno relutantemente e somente se o que for falado em línguas seja interpretado a fim de que a igreja possa obter o benefício. Por fim, temos a impressão de

---

[492] Veja o debate de Fee sobre as restrições posicionadas sobre as línguas em 14.27-28 *(First Corinthians* [Primeira aos Coríntios], pp. 691-92).

que o exercício das línguas na igreja nunca foi sugerido por Paulo, mas foi promovido pelos coríntios.

Paulo admite livremente a validade espiritual das línguas e seus benefícios pessoais ao orador (14.2, 4) e confirma seu próprio exercício de falar em línguas (14.18). Ele claramente inclui o fenômeno como uma das manifestações do Espírito que caracterizou a espiritualidade cristã que era conhecida e aprovada por ele. Todavia, se para o apóstolo o falar em línguas não parece ser a "evidência inicial" do batismo do Espírito, e se para ele o fenômeno também não é realmente um dom ministerial preferido para a congregação, que papel parece ser atribuído ao falar em línguas?

A resposta, que vem em vários pontos em 1Coríntios 14, sugere que o falar em línguas é essencialmente uma forma distintiva de oração e louvor, sobretudo com seu valor na devoção privada.[493] Em 14.13-19, as ilustrações de Paulo quanto ao uso do falar em línguas são limitadas à oração (vv. 14-15), dando graças (a Deus) em línguas (vv. 16-17), e cantando (louvando) a Deus em línguas (vs. 15). Orar e cantar em línguas, o que Paulo também pode se referir como orando e cantando "com meu espírito", são mencionados como variações para orar e cantar "com meu entendimento".[494] No contexto, a expressão "com meu entendimento" deve significar oração e cânticos na(s) língua(s) entendida(s) racionalmente pelo orador. Assim, as referências de Paulo à oração / louvor "com meu espírito" sugerem que ele pensou no que chamaríamos de personalidade humana como tendo mais de uma esfera ou nível, sendo o "espírito" humano um tipo de nível interno ou reino não completamente acessível à "mente" do conhecimento racional.[495]

Esta compreensão das línguas como oração e louvor faz sentido em 14.2-4, onde Paulo diz que o que fala em línguas "não fala aos homens, senão a Deus", ou alguém que ora em línguas (mas não entende) "mistérios [*mysteria*] no Espírito",[496] e aquele que fala em línguas "edifica-se a si mesmo". Isto

---

[493] Mais uma vez, refiro os leitores para a abordagem incisiva de Fee, *First Corinthians* [Primeira aos Coríntios], pp. 670-76.

[494] Sobre a tradução e o significado dos termos *pneuma* (espírito) e *nous* (mente) em 1Coríntios 12-14, ver esp. *ibid.*, p. 578 (n. 43), pp. 669-71.

[495] Sobre o termo "espírito" como uma categoria antropológica, ver, e.g., J. D. G. Dunn, "Spirit" [Espírito], NIDNTT 3, pp. 693-95.

[496] Como Fee nota, o termo "mistérios" de 1Co 14.2 pode ser visto à luz do mesmo termo em 13.2 (*First Corinthians* [Primeira aos Coríntios], p. 656). Mas devemos notar que em 13.2 Paulo se refere à possibilidade de compreender os mistérios divinos, enquanto em 14.2 os mistérios falados em línguas não podem ser entendidos, nem mesmo pelo que fala em línguas.

é, pelo fato do falar em línguas ser oração e louvor, pode ser descrito como dirigido a Deus, ao contrário da profecia, que é uma direção divinamente inspirada às pessoas. Aqui Paulo não oferece nenhuma explicação de como o falar línguas edifica o orador, e sua convicção de que a prática é edificante pode muito provavelmente ser baseada na experiência, dada a sua própria declaração de familiaridade pessoal com o falar em línguas (14.18).

A qualidade de falar em línguas inspirada pelo Espírito significa que ela deve ser produtiva, edificante, mesmo que não se entenda "com a mente" como isto pode ser. Mas o fato de não fazer sentido para a mente racional, sugere-se que o falar em línguas não pode ser de valor para ninguém além do orador. Isso, por sua vez, significa que as línguas devem ser vistas essencialmente como uma forma distinta de oração devocional para uso privado, "um a um com Deus", poderíamos dizer, e não nas reuniões comunitárias de cristãos. Tanto quanto podemos dizer sobre o raciocínio de Paulo, este é o papel primordial atribuído para o falar em línguas; e este era provavelmente o uso principal na igreja primitiva, onde o uso incorreto das línguas pelos coríntios foi evitado. Paulo deixa claro que as violações de suas restrições sobre o falar em línguas não são aceitáveis (14.37-38!).

CONCLUSÃO

Em suma, o material em Atos não justifica uma doutrina da "evidência inicial" na qual o falar em línguas é o requisito para todos os cristãos como o selo de algum tipo de *status* ou experiência espiritual pós-regeneração. Há um uso lucano das línguas em certos episódios de Atos como parte da intenção do autor de mostrar a genuinidade da disseminação do evangelho a novos grupos e pessoas. Assim como 1Coríntios 12-14 não pode ser entendido como referindo-se a outro tipo de falar em línguas, um suposto dom ministerial para uso congregacional. Em 1Coríntios 12-14, Paulo tenta reorientar os coríntios para longe de seu fascínio pelo falar em línguas como um fenômeno congregacional, promovendo a compreensão do falar em línguas como oração e louvor que se encaixam principalmente para devoções privadas e insistindo que qualquer manifestação de línguas na congregação só pode ser permitida sob condições estritas (dois ou três no máximo, um de cada vez, sempre interpretado).

O uso lucano das línguas como um sinal do avanço do evangelho e a familiaridade de Paulo com as línguas (em Corinto, em sua própria vida e, provavelmente, em seu cotidiano nas igrejas em outros lugares) se combinam para nos permitir concluir que o falar em línguas era elemento característico da espiritualidade cristã primitiva, assim como era tanto familiar, quanto aceito. E à luz deste e dos estudos modernos mencionados anteriormente, sugiro que possamos considerar o fenômeno como "normal", dentro do alcance da espiritualidade cristã que ainda pode ser aprovado ou mesmo encorajado em nossos dias. Mas creio não haver qualquer base para estabelecer o falar em línguas como marca distintiva de qualquer dom especial ou estado espiritual, por mais que Paulo e os cristãos subsequentes tenham testemunhado seu efeito edificante para o indivíduo que ora e louva "com o espírito".

Além disso, sugiro que isso trivializa o que pode ser uma experiência preciosa de devoção pessoal, quase mística, para tornar o falar em línguas nalgum fenômeno necessário que admita alguém a um *status* de plenitude, quer de natureza "Pentecostal", ou qualquer outro que seja. Certamente, as grandes contribuições do Movimento Pentecostal para o Cristianismo moderno serão vistas como sendo sua ênfase na realidade do poder do Espírito Santo, a intensidade vibrante de sua vida devocional e de adoração, além de seu compromisso com a evangelização mundial. A partir dessas contribuições, o resgate do falar em línguas como expressão legítima da espiritualidade cristã certamente se encaixa. No entanto, a doutrina da "evidência inicial", a despeito de sua significação histórica para o Pentecostalismo institucionalizado, deve ser posta de lado como uma compreensão sincera, porém equivocada das Escrituras.

12. EVIDÊNCIAS DO ESPÍRITO, OU O ESPÍRITO COMO EVIDÊNCIA? ALGUMAS REFLEXÕES NÃO PENTECOSTAIS

J. Ramsey Michaels

Termos como "novo nascimento", "eleição", "santificação", "justiça imputada" e a "vida vitoriosa" eram bastante comuns no vocabulário teológico em que minha fé foi nutrida, mas "evidência inicial" nunca foi. Não consigo me lembrar de ter ouvido a frase até que comecei a ensinar alunos Pentecostais em um seminário interdenominacional. Eu logo percebi que a terminologia era importante para eles na avaliação de sua própria experiência religiosa e sua relação com a tradição de que tinham vindo. Ensinando em outro meio, não tenho muita ocasião para discutir as "evidências iniciais" na sala de aula, mas ninguém que ensina a Bíblia ou teologia pode ignorar a importância do termo para certos amigos e colegas. A "evidência inicial" é parte da autodefinição Pentecostal, e Springfield, lugar que passei parte de minha vida, é o lar da Assembleia de Deus, maior das denominações pentecostais.

Como analisar criticamente a terminologia religiosa dos outros, especialmente quando os "outros" são bons amigos e discípulos do mesmo Senhor? "Muito cuidadosamente." É bom prosseguir exatamente da mesma forma que se procede a examinar as próprias tradições e as queridas fórmulas de crença ou experiência, ou seja, com honestidade, justiça e respeito. Isto requer que se inicie onde a própria tradição Pentecostal começa, ou seja, com o livro de Atos e a experiência do Pentecostes. Também se exige não terminar lá.

A "EVIDÊNCIA INICIAL" NO LIVRO DE ATOS

O argumento pentecostal para as línguas como a "evidência física inicial" do batismo no Espírito Santo repousa, sobretudo, na experiência de Cornélio e seus companheiros de Cesareia, relatada em Atos 10. O sermão de Pedro (10.34-43) foi interrompido quando "caiu o Espírito Santo sobre todos os que ouviam a palavra" (10.44). Lucas não explica exatamente *como* "o Espírito Santo caiu", mas ele nos diz que a reação a ele foi clara e imediata: "E os fieis que eram da circuncisão, todos quantos tinham vindo com Pedro, maravilharam-se de que o dom do Espírito Santo se derramasse também sobre os gentios. Porque os ouviam falar línguas e magnificar a Deus" (10.45-46).

O argumento Pentecostal, como eu o entendo, é que o fenômeno do "falar em línguas" funciona como a evidência audível (isto é, física) de que "o dom do Espírito Santo havia sido derramado". Pedro parece confirmar isso com a pergunta retórica: "Pode alguém, porventura, recusar a água, para que não sejam batizados estes que também receberam, como nós, o Espírito Santo?" (v. 47), e com o mandamento de que eles fossem "batizados em nome de Jesus Cristo" (v. 48). As palavras "como nós", no versículo 47, ligam o incidente à primeira vinda do Espírito entre os crentes judeus no Pentecostes, em Atos 2.1-4, onde aqueles que foram "cheios do Espírito Santo" semelhantemente "começaram a falar noutras línguas" (2.4). O fenômeno do falar em línguas no dia de Pentecostes em Atos 2 fornece o ponto de referência para validar a experiência de Cornélio e seus companheiros em Atos 10. Para os Pentecostais, a história de Cornélio fornece o clássico *exemplo* bíblico da "evidência inicial", e sobre ela a *doutrina* Pentecostal da evidência inicial é amplamente baseada.

Não há nada de errado começar com derivar crenças e práticas normativas a partir de narrativas[497]. Os documentos primários da fé cristã são, afinal, as quatro narrativas evangélicas da vida e ensinamentos de Jesus. Seus testemunhos da obra de salvação de Deus por meio de Jesus Cristo não precisam ser confirmados pela lógica discursiva do apóstolo Paulo para serem válidos. As cartas de Paulo são tão "ocasionais", tão enraizadas em situações históricas específicas quanto os Evangelhos o são – mais ainda, de fato. Não há razão para que as coisas que Paulo escreveu para suas igrejas no calor das controvérsias necessariamente tenham precedência sobre as histórias usadas pelos escritores do Evangelho para nutrir a fé de suas comunidades. O problema com o uso do livro de Atos pelos Pentecostais não é que eles

---
[497] Cf. J. R. Michaels, "Luke-Acts" [Lucas-Atos], *DPCM*, p. 545.

tenham construído uma doutrina de "evidência inicial" de um incidente isolado (a vinda do Espírito sobre Cornélio no livro de Atos é dificilmente isso!). O problema está mais na maneira em que o movimento da narrativa para a doutrina é feito.

A primeira pergunta a fazer é: "O que se entende por *evidência*?" Uma típica definição do dicionário diz que evidência é "aquilo que serve para provar ou refutar alguma coisa", ou "aquilo que serve de base para conhecer algo com certeza" ou "uma indicação externa da existência ou fato de alguma coisa".[498] Tais definições assumem "algo" como desconhecido ou invisível, tendo a "evidência" como o indicador tangível ou visível de sua existência, realidade ou verdade. Na narrativa de Atos, então, qual é a "evidência" e o que é o "algo" para o qual a evidência aponta? De acordo com a maioria das interpretações pentecostais, o falar em línguas é a evidência externa e o batismo do Espírito Santo é a realidade interior à qual o fenômeno das línguas aponta. Mas é esse o caso nas próprias narrativas? No relato de Pedro na casa de Cornélio, o ponto não é que as línguas fossem a evidência "exterior" e "física" da obra "interior" e "invisível" do Espírito Santo. Pelo contrário. O Espírito mesmo[499] não é nada nesta passagem, se não "exterior" e "físico". Não é uma "voz ainda pequena" dentro dos corações dos indivíduos. Pelo contrário, é visível e ruidoso o suficiente para levar o sermão de Pedro a um fim abrupto! Ao relatar a história um capítulo depois, Pedro indica que estava apenas começando a pregar quando o Espírito de repente o interrompeu (At 11.15).

É verdade que Lucas faz uma pausa momentânea para explicar o que era toda a confusão: "Porque os ouviam falar línguas, e magnificar a Deus" (10.46). Este comentário parentético, mais do que qualquer outra coisa na passagem, é o que sugere aos Pentecostais que as línguas são a "evidência inicial", enquanto o Espírito é a realidade para a qual a evidência aponta. Não há dúvida de que "falar línguas" e o "magnificar a Deus"[500] são

---

[498] *Funk & Wagnalls Standard College Dictionary* (New York: Funk & Wagnaills, 1977), p. 460.

[499] Ao usar "ele" (inglês: *it*) ou "ele mesmo", (inglês: *itself*) para o Espírito Santo neste ensaio, não pretendo de modo algum negar a personalidade do Espírito. Os pronomes neutros simplesmente indicam que nessas passagens particulares a personalidade do Espírito não está sendo enfatizada. A introdução de pronomes masculinos ou femininos não só daria a impressão de que esses primeiros recebedores do Espírito estavam conscientemente a par da personalidade do Espírito (o que é improvável), mas também levantaria desnecessariamente a questão do gênero do Espírito.

[500] Há espaço para discordância honesta sobre se as frases «falar em línguas» e «magnificar a Deus» se referem ao mesmo fenômeno ou a dois fenômenos distintos ou sobrepostos. Gramaticalmente eles parecem ser distintos, mas o paralelo com Atos 2.11 sugere que eles podem ser os mesmos

acompanhamentos da vinda do Espírito (pelo menos neste caso), mas os acompanhamentos não são exatamente a mesma coisa que a evidência em si. Pedro expressa para Lucas a conclusão a ser tirada da evidência em Atos 10.47 ("Pode alguém porventura recusar a água, para que não sejam batizados estes, *que também receberam como nós o Espírito Santo?*") e novamente em 11.17 ("Portanto, se Deus lhes deu *o mesmo dom* que a nós, quando havemos crido no Senhor Jesus Cristo, quem era então eu, para que pudesse resistir a Deus?"). O "mesmo dom" mencionado em Atos 11.17 é a prova decisiva a que apela Pedro, mas o dom não é claramente o dom de línguas. É mais o "dom do Espírito Santo" mencionado em Atos 10.45, bem como mais cedo em 2.38.[501] O falar em línguas (como outros fenômenos como profecia, visões ou milagres) podem *acompanhar* o dom sob certas circunstâncias, mas as línguas em si não é o dom paradigmático e, portanto, não "evidencia" nada.

Isso também é verdade em Atos 19, a única outra referência ao falar em línguas no livro de Atos. Quando Paulo chegou a Éfeso, perguntou a um grupo de discípulos: "Recebestes vós o Espírito Santo quando crestes?" O apóstolo supôs que, se os samaritanos tivessem recebido o Espírito, eles o conheceriam, mas o fato primordial é que eles sabiam não terem recebido: "Nós nem ainda ouvimos que haja Espírito Santo" (At 19.2). Não há nenhum rastro no livro de Atos da busca da alma dos cristãos modernos que continuam se perguntando: "Eu tenho o Espírito? Eu o sinto? Eu tenho sido batizado no Espírito? Eu estou cheio do Espírito?" – e nunca estão absolutamente certos da resposta. Depois que Paulo lhes explicou o testemunho de João Batista sobre Jesus Cristo, estes discípulos "foram batizados em nome do Senhor Jesus" (19.5). Então, quando Paulo impôs as mãos, "veio sobre eles o Espírito Santo" (19.6). Novamente, o texto acrescenta que "falavam línguas e profetizavam". Mais uma vez, as línguas e as profecias (e não apenas as línguas)[502] são os acompanhamentos do recebimento do Espírito, mas não há indícios de que eles fossem considerados "provas". Pelo contrário, o *próprio Espírito* é a evidência de uma mudança decisiva na experiência e no compromisso desses discípulos.

Se o próprio Espírito Santo é a evidência em Atos 2, Atos 10-11 e

---

(isto é, exaltando Deus em outras línguas). O texto não aborda a questão mais específica de se as mesmas diversas línguas representadas no Pentecostes também estavam representadas na casa de Cornélio e se cada um dos crentes judeus novamente "os ouviu falar na sua própria língua" (2.6).

[501] Cf., a expressão "o dom de Deus", usada para o Espírito Santo em Atos 8.20 e João 4.10.

[502] Em Atos 2 também, o fenômeno do falar em línguas é identificado no uso de Pedro da citação de Joel como profecia ("vossos filhos e vossas filhas profetizarão"(2.17); "e profetizarão" (2.18) .

Atos 19, a pergunta permanece: "Evidência de quê?" Na casa de Cornélio, a vinda do Espírito é prova de que "aos gentios deu Deus o arrependimento para a vida" (11.18, ver 10.47). Para Pedro, o Espírito simplesmente confirma e leva um passo adiante o que já havia aprendido de uma visão: isto é, "a nenhum homem chame comum ou imundo" (10.28), e "que lhe é agradável aquele que, em qualquer nação, o teme e faz o que é justo" (10.35). Em Atos 2, o Espírito é uma evidência de algo completamente diferente, embora aqui também seja Pedro quem dá a explicação ao afirmar que "isto é o que foi dito pelo profeta Joel" (2.16), e finalmente que Jesus de Nazaré "exaltado pela destra de Deus, e tendo recebido do Pai a promessa do Espírito Santo, derramou *isto* que vós agora vede e ouvis" (2.33). Em Atos 19, o Espírito é evidência de que Deus estabeleceu na Ásia Menor uma nova comunidade de crentes, doze em número como os doze em Jerusalém. Em cada caso, *o próprio Espírito* não um dom particular ou manifestação do Espírito, é a evidência ("evidência inicial", se você quiser) do que Deus está fazendo agora no mundo.

De longe, sempre me pareceu que a força do Movimento Pentecostal residia em sua insistência na realidade empírica, quase tangível, do Espírito Santo. O Espírito de Deus é uma Pessoa, com certeza, mas antes de tudo o Espírito é Poder, poder que pode ser sentido, ouvido e às vezes visto. Se você tem o Espírito Santo em você, você o conhecerá, e outros o conhecerão também. Esta é, creio eu, uma visão profundamente fiel ao livro dos Atos, embora possa ser difícil de ser comparada com a experiência cristã atual. Se isto é uma afirmação justa da crença Pentecostal, então a doutrina da "evidência inicial" é na verdade um sutil compromisso dessa crença. Por quê? Porque a doutrina da "evidência inicial" pressupõe que o Espírito é exatamente o oposto do que as narrativas nos Atos implicam – isto é, que o Espírito em si é um "algo" interior, invisível, que deve ser inferido a partir de um fenômeno externo audível – a capacidade de um indivíduo falar pelo menos uma vez em línguas estrangeiras ou ininteligíveis.

Nesta medida, o Pentecostalismo norte-americano, por exemplo, adquiriu uma compreensão pietista do Espírito que é inconsistente com seu próprio caráter distintivo. A tradição evangélica vê o Espírito Santo como uma realidade interior e invisível conhecida por seus "frutos" geralmente definidos por um apelo a Gálatas 5.22-23: "Mas o fruto do Espírito é: amor, gozo, paz, longanimidade, benignidade, bondade, fé, mansidão, temperança". Aquele Pentecostalismo, na medida em que está preocupado com "evidências iniciais", vê o Espírito Santo da mesma maneira, exceto que o Espírito interior e invisível é conhecido por seus "dons", ou melhor, por um dom em particular, o dom de línguas. Embora às línguas seja dado lugar de destaque como "evidência inicial" do batismo do Espírito, os outros dons, bem como o "fruto do Espírito", são também reconhecidos como sinais válidos da obra do Espírito na vida dos indivíduos. Essas observações sugerem que algumas vertentes do Pentecostalismo têm em comum com a tradição evangélica uma tendência bastante estranha ao Novo Testamento de interiorizar e (por mais estranho que pareça) "espiritualizar" o Espírito Santo. No livro de Atos, o Espírito não precisa de nenhuma "evidência" (inicial ou qualquer outra) para nos conduzir a ele. O próprio Espírito é a evidência da realidade de Deus e da ressurreição e senhorio de Jesus Cristo.

Se há um problema com o uso da palavra "evidência" nas interpretações pentecostais de Atos, não há menos problema com a palavra "inicial". A frase "evidência *inicial*" nos leva a esperar uma preocupação com a primeira obra do Espírito na vida de indivíduos ou grupos. Este é de fato o caso nas narrativas de Atos, mas não na maioria das versões da teologia Pentecostal. As línguas são normalmente consideradas pelos Pentecostais como o sinal físico não do primeiro, mas do *segundo* estágio do ministério do Espírito na vida do crente. A primeira etapa, tanto na teologia Pentecostal quanto na teologia evangélica, é a regeneração, ou o novo nascimento, e a maioria dos grupos pentecostais que eu conheço *não* exige línguas como evidência inicial de que uma pessoa é "nascida de novo". Tudo o que é necessário é a confissão voluntária de Jesus como Senhor, na tradição de Romanos 10.9-10. As línguas pertencem mais frequentemente ao segundo estágio (como os Pentecostais entendem), o "batismo do Espírito Santo". Somente quando (como às vezes acontece) os dois estágios são transformados em um único estágio, as línguas de fato ocorrem em conexão com a iniciação cristã.

No livro de Atos, porém, as línguas ocorrem em conexão com *o primeiro* recebimento do Espírito por parte de um grupo. A experiência de Pentecostes em Atos 2 é o cumprimento da promessa de Jesus de que "Mas recebereis a virtude do *Espírito Santo, que há de vir sobre vós*" (At 1.8), uma declaração implicando que eles ainda não tinham o Espírito quando Jesus falou essas palavras. A exegese Pentecostal tende a argumentar que os discípulos já tinham o Espírito Santo desde o dia da ressurreição de Jesus, mas não a plenitude ou o poder do Espírito até cinquenta dias depois. Isso só é possível através de uma harmonização bastante forçada de Atos com João 20.22, onde Jesus soprou sobre seus discípulos e disse: "Recebei o Espírito Santo". A questão há muito discutida da relação entre Atos 2 e João 20 não vai ser resolvida aqui. Ainda assim, há uma sutileza para a solução pentecostal desta dificuldade que, a meu ver, um forasteiro, parece tanto artificial como contrária ao gênio da própria tradição Pentecostal. A iniciação cristã no Novo Testamento está ligada ao "batismo", um banho ritual de uma vez por todas na água. A aplicação do mesmo termo ao recebimento do Espírito Santo por um indivíduo ou grupo sugere que esse "batismo" também ocorre no momento da conversão ou da iniciação na comunidade cristã, não em algum tempo posterior indefinido. Embora o Pentecostalismo moderno pretenda se basear diretamente nos relatos dos Atos, sua doutrina da "evidência inicial" difere daquela das narrativas de Atos em dois aspectos: primeiro, em sua ênfase na "evidência do Espírito" e não no "Espírito como evidência"; segundo, ao divorciar a "evidência inicial" da iniciação cristã, de modo que ela não é verdadeiramente "inicial".

A "EVIDÊNCIA INICIAL" EM PAULO

A Validação do Ministério

A ideia de "evidência inicial" pode ser encontrada ainda mais cedo que o livro de Atos nas cartas de Paulo. Logo no início de 1Tessalonicenses, a primeira carta de Paulo e a escritura cristã mais antiga que possuímos, o apóstolo declara que "o nosso evangelho *não foi a vós somente em palavras, mas também em poder, e no Espírito Santo, e em muita certeza*" (1Ts 1.5). Em um contexto semelhante em 1Coríntios, ele afirma: "E eu estive convosco em fraqueza, em temor, e em grande tremor. E a minha palavra, e a minha pregação, *não consistiram em palavras persuasivas de sabedoria humana, mas em demonstração de Espírito e de poder*, para que a vossa fé não se apoiasse em sabedoria dos homens, mas no poder de Deus" (1Co 2.3-5).

A aparente equiparação entre o Espírito Santo e o poder nestes dois textos[503] lembra Lucas-Atos (por exemplo, Lc 24.49 e At 1.8), mas Paulo não faz menção explícita de falar em línguas em conexão com os começos de

---

[503] Ver, ex., G. D. Fee, *The First Epistle to the Corinthians* [A Primeira Epístola aos Coríntios], NICNT (Grand Rapids: Eerdmans, 1987), p. 95; C. K. Barrett, *The First Epistle to the Corinthians* [A Primeira Epístola aos Coríntios], (New York: Harper & Row, 1968), pp. 65-66; F. F. Bruce, *1 and 2 Thessalonians* [1 e 2 aos Tessalonicenses], Word Biblical Commentary 45 (Waco, Tex.: Word Books, 1982), p. 14.

seus ministérios em Tessalônica ou em Corinto[504]. A "demonstração" ou "evidência" (grego: *apodeixis*) do Espírito a que ele se refere provavelmente deve ser entendida como a realização de milagres ou curas, e é possível que os milagres já estejam implícitos pela palavra "poder" em si (em grego: *dynamis*). Os milagres estão mais claramente visíveis em 2Coríntios 12.12, onde Paulo olha para trás em seu ministério coríntio e afirma: "Os sinais do meu apostolado foram manifestados entre vós, com toda a paciência, por sinais, prodígios e maravilhas".

No que se refere à "demonstração" ou "evidência" mencionada em 1Coríntios 2.4, Gordon Fee considera "possível, mas não provável, dado o contexto da 'fraqueza', que reflete os 'sinais e maravilhas' de 2Coríntios 12.12.[505] No entanto, não há nada incompatível em Paulo entre a "fraqueza" e a realização de milagres. A "fraqueza" (grego: *astheneia*) mencionada em 1Coríntios 2.3-4 é, se é alguma coisa, ainda mais visível no contexto de 2Coríntios 12.12: "De um assim me gloriarei eu, mas de mim mesmo não me gloriarei, senão nas minhas *fraquezas*" (2Co 12.5); "Três vezes orei ao Senhor [...]. E disse-me: A minha graça te basta, porque o meu poder se aperfeiçoa na *fraqueza*. De boa vontade, pois, me gloriarei nas minhas *fraquezas*, para que em mim habite o poder de Cristo. Pelo que sinto prazer nas *fraquezas*, nas injúrias, nas necessidades, nas perseguições, nas angústias, por amor de Cristo. Porque, quando estou *fraco*, então, sou forte" (12.8-10; cf. v. 11 b, "[...] ainda que nada sou"). Os contextos das duas passagens não são tão diferentes afinal.

O termo "evidência" é apropriado em conexão com as referências de Paulo a seu ministério coríntio, tanto em 1Coríntios 2.4 (onde a palavra *apodeixis* poderia ser assim traduzida), e em 2Coríntios 12.12 (onde a palavra *sêmeia*, normalmente traduzida "sinais", carrega uma conotação semelhante). Embora nenhum termo comparável seja usado em 1Tessalonicenses 1.5, o contraste entre o evangelho de Paulo e um evangelho "apenas em palavra" sugere um apelo implícito à "evidência" também. Além disso, a evidência a que Paulo apela nestas passagens é "evidência inicial", na medida em que se

---

[504] Fee, *First Corinthians* [Primeira aos Coríntios], p. 95, argumenta que as línguas estão implícitas aqui em conexão com a conversão dos coríntios, mas o debate de Paulo das línguas em Corinto (1Co 12-14) é como um dom espiritual para a adoração, acompanhamento da conversão ou como prova para o batismo do Espírito. O debate sobre as línguas em Corinto ocorre no contexto não da iniciação cristã, mas do culto comunitário e do ministério mútuo. Todos foram "batizados em um só corpo" (1Co 12.13), mas nem todos falam em línguas.

[505] Fee, *First Corinthians* [Primeira aos Coríntios], p. 95.

tem em mente fenômenos ocorridos quando ele foi à Tessalônica e Corinto, respectivamente. Onde difere da doutrina da "evidência inicial", como ensinada no Pentecostalismo moderno, é que ela tem a ver com a validação de um movimento ou de um ministério, não com a experiência religiosa dos indivíduos. O ministério de Paulo nessas cidades era válido porque sua mensagem "não foi a vós somente em palavras, mas também em poder, e no Espírito Santo" (1Ts 1.5). Consequentemente, aqueles que receberam sua mensagem "não como palavra de homens, mas (segundo é, na verdade), como palavra de Deus" (1Ts 2.13; cf., 1Co 2.4-5). Da mesma forma, ele afirmou que quem desconsiderou seus mandamentos "não despreza ao homem, mas sim a Deus, que nos deu o seu Espírito Santo" (1Ts 4.8).

Aqui Paulo parece ter aplicado a si mesmo a promessa que Jesus havia dado a seus seguidores imediatos de que "quem vos ouve a vós, a mim me ouve; e quem vos rejeita a vós, a mim me rejeita" (Lc 10.16; cf., Mt 10.40; Jo 13.20). O "poder" do evangelho de Paulo, expresso em "muita certeza [...] com gozo no Espírito Santo" (1Ts 1.5-6), e provavelmente também na realização de milagres (2Co 12.12), funcinou como evidência de sua própria autoridade como "apóstolo de Jesus Cristo", uma autoridade sinalizada no início de nove das cartas atribuídas a si no Novo Testamento. Além de 2Coríntios 12.12, Paulo é muito reservado sobre basear sua reivindicação de autoridade apostólica na realização de milagres. Ele está mais inclinado a basear-se na "revelação" dada por Jesus Cristo (Gl 1.12, 16; 2.1), mas mesmo neste sentido ele não está disposto a falar explicitamente sobre visões ou revelações reais que tenha tido (cf., 2Co 12.1-6). Quando ele menciona "*sinais* do meu apostolado" em 2Coríntios 12.12, parece estar fazendo uma concessão mínima e relutante para o que os cristãos da época – certamente em Corinto – estavam esperando.

O antigo padrão do que deveria ser a expectativa do cristão primitivo sobre o que deve caracterizar um ministério verdadeiramente apostólico é provavelmente refletida em Hebreus 2.3-4, com sua referência a uma salvação "começando a ser anunciada pelo Senhor" e "foi-nos depois confirmada pelos que a ouviram, testificando também Deus com eles, por sinais, e milagres, e várias maravilhas, e dons do Espírito Santo, distribuídos por sua vontade". Uma lista posterior dos mesmos tipos de expectativas é ecoada no que finalmente foi anexado ao Evangelho de Marcos, onde Jesus é representado como prometendo que "estes sinais seguirão aos que crerem: em meu nome expulsarão os demônios; falarão novas línguas; pegarão nas serpentes; e, se beberem alguma coisa mortífera, não lhes fará dando algum; e imporão as mãos sobre os enfermos, e os curarão" (Mc 16.17-18). Nesta passagem, duas diferenças são visíveis: primeiro, a lista de "sinais" é mais específica (e mais longa); segundo, os "sinais" parecem ser realizados não pelos apóstolos, mas por "aqueles que creem" (nos oito versículos precedentes está claro que os apóstolos *não* creem!). Quem é responsável pelo fim mais longo de Marcos parece ter aplicado as promessas a determinados movimentos proféticos ou carismáticos pós-apostólicos, não aos apóstolos ou àqueles que seguiram os apóstolos. Nos dias de Paulo, porém, e na Carta aos Hebreus, os "sinais" são ainda os "sinais de um apóstolo", dados para validar os ministérios daqueles que viram Jesus. Paulo reivindica esses sinais com considerável reserva e, no contexto de sua "fraqueza", provavelmente com medo de um fascínio indevido pelo "poder", e as evidências deste poder, entre as congregações de Tessalônica e Corinto.

É importante reconhecer que, na opinião dos escritores do Novo Testamento, incluindo Paulo, a "evidência inicial" que valida os ministérios dos apóstolos e profetas poderia ser falsificada. Falsos profetas e falsos messias são mencionados fazendo "sinais e prodígios" (Mc 13.22a), e de acordo com Paulo até o anticristo vem com "todo o poder, e sinais e prodígios" (2Ts 2.9-10), ou com "grandes sinais" de acordo com o livro de Apocalipse (13.13-15). Milagres, mesmo extravagantes, não provam nada. Eles podem "[enganar] se for possível, até os escolhidos" (Mc 13.22b), mas a suposição é que isso não é possível. Os "eleitos" são definidos como eleitos precisamente por sua resistência a tais "evidências" (cf., Mc 13.23). Os milagres do anticristo não enganam os verdadeiros crentes, mas apenas "os que habitam na terra" (Ap 13.14), "para os que perecem, porque não receberam o amor da verdade para se salvarem" (2Ts 2.10). A validade das provas sempre depende em parte da predisposição daqueles a quem se destina. Pelo fato de Paulo saber disso, ele dá a atenção primária em suas cartas aos Tessalonicenses e aos Coríntios à disposição de seus leitores em relação a ele e à sua mensagem, e não à evidência "objetiva" de milagres ou revelações que acompanharam seu ministério quando veio pela primeira vez até eles.

A Validação da Experiência Cristã

Se Paulo, por vezes, menciona a "demonstração do Espírito e de poder" em conexão com a validação do seu ministério (1Co 2.4), ele menciona evidências de qualquer tipo em conexão com a experiência religiosa pessoal dos crentes, ao invés dele mesmo ou de outros? Provavelmente, o que mais se aproxima disso é Romanos 8.14-16:

Porque todos os que são guiados pelo Espírito de Deus esses são filhos de Deus. Porque não recebestes o espírito de escravidão, para outra vez estardes em temor, mas recebestes o espírito de adoção de filhos, pelo qual clamamos: Aba, Pai. O mesmo Espírito testifica com o nosso espírito que somos filhos de Deus.

Aqui, como no livro de Atos, a ênfase principal não está nas "evidências" apontando para o Espírito, mas no Espírito como evidência de outra coisa – neste caso, evidência de que indivíduos ou comunidades pertencem a Deus de uma maneira especial. Embora o Espírito testifique com as palavras: "Aba, Pai!" a oração-Aba não é vista como uma evidência do batismo do Espírito ou do Espírito, mas como evidência de uma relação com Deus como Pai (cf., Gl 4.6, "E, porque sois filhos, Deus enviou aos nossos corações o Espírito de seu Filho, que clama: Aba, Pai").

Que seus leitores tenham recebido o Espírito Santo, Paulo não tem dúvida, e sua suposição é que eles também não têm dúvidas. Ele assume isso como um axioma: "se alguém não tem o Espírito de Cristo, esse tal não é dele." (Rm 8.9). Se eles têm uma dúvida, tem a ver com a sua esperança para o futuro. Portanto, ele escreve para assegurar-lhes que "E, [isto é, presumindo] se o Espírito daquele que dos mortos ressuscitou a Jesus habita em vós, aquele que dentre os mortos ressuscitou a Cristo também vivificará o vosso corpo mortal, pelo seu Espírito que em vós habita" (Rm 8.11). O Espírito residente é uma base firme na qual ele pode assegurar-lhes não só que eles são filhos de Deus, mas "herdeiros de Deus e coerdeiros de Cristo", visto que "com ele padecemos, para que também com ele sejamos glorificados" (Rm 8.17). Esse pensamento é desenvolvido em Romanos 8.18-39. Em nenhuma parte de toda a discussão Paulo expressa a menor dúvida de que seus leitores "têm" o Espírito de Deus em todos os sentidos possíveis; não há a menor dúvida de que eles sabem disso (ver, por exemplo, v. 23, "nós mesmos, que temos as primícias do Espírito", v. 26, "o Espírito ajuda as nossas fraquezas [...] o mesmo Espírito intercede por nós com gemidos inexprimíveis", v. 27, "e é ele [o Espírito] que segundo Deus intercede pelos santos"). Nenhuma "evidência" é necessária para provar isso a Paulo, a Deus, ou aos próprios leitores. Paulo usa a confiança pressuposta de seus leitores na presença e no ministério do Espírito para assegurar-lhes um destino eterno e seguro com Deus através de Jesus Cristo (Rm 8.28-30, 35-39).

Num contexto bastante diferente, Paulo apela à certeza dos Gálatas de terem recebido o Espírito Santo para convencê-los a confiar na fé e não na lei vivendo a vida cristã: "Só quisera saber isto de vós: recebestes o Espírito pelas obras da lei ou pela pregação da fé? Sois vós tão insensatos que, tendo começado pelo Espírito, acabeis agora pela carne? Será em vão que tenhais padecido tanto? Se é que isso também foi em vão. Aquele, pois, que vos dá o Espírito e que opera maravilhas entre vós o faz pelas obras da lei ou pela pregação da fé?" (Gl 3.2-5). Aqui como em Romanos, o recebimento do Espírito por parte dos leitores é um *datum*, o pressuposto de toda uma série de questões retóricas. Nenhuma "evidência" é necessária, e Paulo não oferece nenhuma.[506] Mais uma vez o Paulo assume que seus leitores receberam o Espírito, que eles sabem disso, e que, consequentemente, sabem exatamente o que foi dito.

"INICIAL – E CONTÍNUA – EVIDÊNCIA" EM JOÃO

Nenhum grupo de escritos do Novo Testamento está mais interessado em evidências do que o Evangelho e três "epístolas" tradicionalmente atribuídas a João, o apóstolo. O Evangelho segundo João constrói a história de Jesus em torno de uma série de "sinais" (grego: *sêmeia*), através dos quais ele deu evidência de sua identidade e missão. Às vezes, os "sinais" levavam as pessoas à fé genuína em Jesus, às vezes não. Perto do final da primeira metade do Evangelho, o autor conclui: "E, ainda que tivesse feito tantos sinais diante deles, não criam nele" (Jo 12.37). Porém, perto do fim do livro, depois das aparições de ressurreição em Jerusalém, ele acrescenta para o benefício de seus leitores: "Jesus, pois, operou também, em presença de seus discípulos, muitos outros sinais, que não estão escritos neste livro. Estes, porém, foram escritos *para que creiais que Jesus é o Cristo, o Filho de Deus*, e para que, crendo, tenhais vida em seu nome" (Jo 20.30-31). Os sinais do Evangelho de João podem levar à fé genuína (2.11; 4.54; 6.26), ou à fé questionável (2.23; 3.2; 6.2, 14; 7.31; 9.16; 10.41; 11.47), ou a nenhuma fé como um todo (4.48). Em dois casos específicos (2.18, 6.30), os pedidos de evidência tangível sob a forma de um "sinal" são assumidos como motivados pela incredulidade.

---

[506] Os "milagres" são mencionados no v. 5 não como evidência da obra do Espírito, mas simplesmente como seus acompanhamentos, assim como em 2Coríntios 12.12 e (implicitamente) em 1Coríntios 2.4 e 1Tessalonicenses 1.5. Ao apelar à experiência religiosa dos Gálatas, Paulo não pode deixar de apelar indiretamente à validade de seu próprio ministério entre eles.

No entanto, para os leitores do Evangelho, os "sinais" realizados por Jesus são evidências decisivas de que ele é de fato "o Cristo, o Filho de Deus".

É talvez por causa dos "sinais" que o autor escolheu apresentar seu testemunho sobre Jesus Cristo na forma de uma narrativa evangélica. Nos escritos "joaninos" que não são evangélicos (isto é, 1, 2 e 3 João), os sinais não são mencionados, mas o autor ainda está preocupado com a "evidência" – evidência não da identidade de Jesus, mas da realidade da salvação cristã. Embora o autor de 1 João não tenha uma palavra específica para "evidência", ele apresenta neste trabalho uma série de características ou "testes" pelos quais a vida de Deus é reconhecida em indivíduos ou comunidades. Robert Law escreve que

> A vida, de acordo com a concepção joanina, é a essência ou princípio animador que está subjacente a todo o fenômeno da experiência cristã consciente e não pode ser objeto de consciência direta. Sua posse é uma questão de inferência, sua presença certificada apenas pelos seus efeitos apropriados [grifos meus]. Pode ser testado simplesmente como vida, pela evidência dessas funções – crescimento, assimilação e reprodução – que são características de todo tipo de energia vital.507

Os três "testes de vida" que Robert Law propõe são justiça, amor e convicção.[508] Os crentes podem ter certeza de que têm a vida de Deus se obedecerem aos mandamentos de Jesus (exemplo: 1Jo 2.3-4), se eles amam um ao outro – o que equivale a mesma coisa – e se eles creem que Jesus Cristo "veio em carne" (exemplo: 1Jo 4.2). Em alguns casos, o autor de 1João introduz a frase "por isso sabemos", ou algum equivalente, a fim de tornar explícita a noção de "evidência". O número de tais exemplos varia dependendo do que se considera um apelo explícito à "evidência". A lista a seguir é bastante completa e, em geral, apóia a proposta da Law:

---

[507] Robert Law, *The Tests of Life: A Study of the First Epistle of St. John* [Os Testes da Vida: Um Estudo da Primeira Epístola de S. João], 3ª ed. (Edinburgh: T. &T. Clark, 1914), p. 208.

[508] Law, *Tests*, pp. 208-77. Para o meu próprio resumo e desenvolvimento da tese de Law, ver G. W. Barker, W. L. Lane, e J. R. Michaels, *The New Testament Speaks* [O Novo Testamento Fala], (New York: Harper & Row, 1969), pp. 413-25 (reimp. como "Reflections on the Three Epistles of John" [Reflexões Sobre as Três Epístolas de João] em *A Companion to John*, ed. M. J. Taylor [New York: Alba House, 1977], pp. 257-71).

E nisto sabemos que o conhecemos: se guardarmos os seus mandamentos (1Jo 2.3).

Filhinhos, é já a última hora; e, como ouvistes que vem o anticristo, também agora muitos se têm feito anticristos, por onde conhecemos que é já a última hora (1Jo 2.18).

Nisto são manifestos os filhos de Deus e os filhos do diabo: qualquer que não pratica a justiça, e não ama a seu irmão não é de Deus (1Jo 3.10).

Conhecemos o amor nisto: que ele deu a sua vida por nós, e nós devemos dar a vida pelos irmãos (1Jo 3.16).

E nisto conhecemos que somos da verdade e diante dele asseguraremos nosso coraçõe (1Jo 3.19).

E nisto conhecemos que ele está em nós: pelo Espírito que nos tem dado (1Jo 3.24).

Nisto conhecereis o Espírito de Deus: Todo o espírito que confessa que Jesus Cristo veio em carne é de Deus; e todo espírito que não confessa que Jesus Cristo veio em carne não é de Deus (1Jo 4.2-3). Nisto conhecemos nós o espírito da verdade e o espírito do erro (4.6).

Nisto se manifestou o amor de Deus para conosco: que Deus enviou seu Filho unigênito ao mundo [...] Nisto está o amor: não em que nós tenhamos amado a Deus, mas em que ele nos amou e enviou seu Filho para propiciação pelos nossos pecados (1Jo 4.9-10).

Nisto conhecemos que estamos nele, e ele em nós, pois que nos deu do seu Espírito (1Jo 4.13).

E vimos, e testificamos que o Pai enviou seu Filho para Salvador do mundo [...] E nós conhecemos, e cremos no amor que Deus nos tem. Deus é amor e quem está em amor está em Deus, e Deus nele (1Jo 4.14,16).

Nisto conhecemos que amamos os filhos de Deus: quando amamos a Deus e guardamos os seus mandamentos. Porque este é o amor de Deus: que guardemos os seus mandamentos; e os seus mandamentos não são pesados (1Jo 5.2-3).

Estas coisas vos escrevi, para que saibais que tendes a vida eterna e para que creiais no nome do Filho de Deus (1Jo 5.13).

O "teste da justiça" da lei pode ser claramente visto nos ítens 1, 3 e 11; seu "teste de amor" nos ítens 3, 4 e 11; seu "teste de convicção" nos ítens 7, 8,[509] 10 e 12. Isso deixa os tópicos 2, 5, 6 e 9. O primeiro destes (2) está um pouco afastado de todo o resto, na medida em que a "evidência" em questão (isto é, a presença de "muitos anticristos") não é apresentada como evidência de "vida" ou de "conhecer a Deus", mas simplesmente como uma afirmação profética: "É a última hora" (1Jo 2.18). No caso do item 5, não está completamente claro qual é a evidência. Provavelmente as palavras: "Por isso saberemos", em 1João 3.19, pretendem referir-se ao versículo 18: "Meus filhinhos, não amemos de palavra, nem de língua, mas por obra e em verdade".[510] Se assim for, então o 5 é um exemplo do "teste do amor".

Isto deixa os itens 6 e 9, em que a evidência de Deus habitando nos crentes e dos crentes habitando em Deus é dito ser o Espírito que Deus tem dado (1Jo 3.24; 4.13). Aqui as categorias de Law são difíceis de aplicar. Isso deve ser considerado um teste de justiça, de amor ou de convicção? O que está claro, em todo caso, é que 1João está firmemente na tradição do livro de Atos e das cartas de Paulo, onde o próprio Espírito é evidência de alguma coisa. Mais uma vez, a suposição do autor é que seus leitores tenham o Espírito e saibam que o têm. Porque a mútua habitação de Deus (ou Cristo) e do crente é um tema joanino notável (cf., por exemplo, Jo 6.56; 14.20, 23; 15.4-7; 17.21; 1Jo 2.24, 5:20), não é de surpreender que o habitar seja a realidade invisível da qual o Espírito é a evidência externa. Em 1João, como em toda

---

[509] O ponto (8) não é que a vida dos crentes é testada pelo seu amor uns pelos outros, mas que o amor de Deus para os crentes é provado por seu ato de enviar o Filho ao mundo – um objeto de fé cristã.

[510] Ver a discussão em R. E. Brown, "The Epistles of John" [As Epístolas de João], *Anchor Bible*, 30 (Garden City, N.Y.: Doubleday, 1982), p. 454.

a parte do Novo Testamento, não se trata de "evidências do Espírito", mas de "o Espírito como evidência".

No entanto, em 1João há uma outra questão a ser seguida. Assim que escreveu o 6: "E nisto conhecemos que ele está em nós, pelo Espírito que nos tem dado" (1Jo 3:24), o autor continua: "Amados, não creiais em todo o espírito, mas provai se os espíritos são de Deus, porque já muitos falsos profetas se têm levantado no mundo" (4.1). Isto introduz o ítem 7 da lista precedente: "Nisto conhecereis o Espírito de Deus: todo o espírito que confessa que Jesus Cristo veio em carne é de Deus; e todo o espírito que não confessa que Jesus Cristo veio em carne não é de Deus; mas este é o espírito do anticristo, do qual já ouvistes que há de vir, e eis que já agora está no mundo" (4.2-3). Aqui parece que o autor, afinal de contas, introduz "evidência" ou um "teste" do Espírito. Se o Espírito é evidência de algo (ou seja, a realidade da mútua habitação), então o Espírito, por sua vez, é posto para a prova da fé cristã (isto é, a confissão de que "Jesus Cristo veio na carne").

É justo dizer, com base nessa passagem, que a "evidência inicial" da obra do Espírito no crente é o credo ou confissão cristã? Não exatamente. O autor de 1João propõe uma prova da profecia cristã, não da experiência cristã. O problema não é a validade do recebimento do Espírito por parte de qualquer indivíduo, mas a validade de certas declarações dadas como manifestações do Espírito. Um teste doutrinário específico é necessário porque "muitos falsos profetas se tem levantado no mundo" (4.1). Existe um "espírito do erro", bem como um "espírito da verdade" nas comunidades cristãs (4.6), e o autor de 1João deseja que os leitores sejam capazes de dizer a diferença.[511] Como os próprios leitores estão preocupados, no entanto, a suposição do autor é que a experiência do Espírito deles seja auto-autenticação.

O pensamento de 1João 3.24 é repetido em 4.13: "Nisto conhecemos que estamos nele, e ele em nós, pois que nos deu do seu Espírito." Quanto ao ítem 9, mais uma vez, o Espírito não é algo a ser testado, mas é em si um dos testes. A questão colocada em conexão com 3.24, no entanto, ainda não foi respondida: nas categorias de Robert Law, a evidência do Espírito é uma evidência de justiça, de amor ou de crença? A terminologia de 1João 4.13 é ligeiramente diferente daquela de 3.24, e a diferença é instrutiva:

---

[511] Paulo havia proposto um teste similar para se proferir profecias em 1Coríntios 12.3: "Portanto, vos quero fazer compreender que ninguém que fala pelo Espírito de Deus diz: Jesus é anátema! E ninguém pode dizer que Jesus é o Senhor, senão pelo Espírito Santo" (cf., a discussão precedente dos falsos profetas e profecias em 2Tessalonicenses 2, Marcos 13 e Apocalipse 13).

> E nisto conhecemos [...] pelo Espírito que nos tem dado (1Jo 3.24)
>
> Nisto conhecemos que estamos nele [...] pois que nos deu do seu Espírito (1Jo 4.13).

Em primeiro lugar, o teste é o Espírito; no segundo é a *outorga* do Espírito. O autor imediatamente lembra a seus leitores que "o Pai enviou seu Filho como Salvador do mundo" (4.14), e que "qualquer que confessar que Jesus é o Filho de Deus, Deus está nele, e ele em Deus" (4.15). Provavelmente a outorga do Espírito, nada menos que o envio do Filho, pertence ao que Law descreveu como o teste da convicção.[512]

Entretanto, apesar da utilidade de sua discussão, a conclusão de Law limita muito o papel do Espírito em 1João. Ele afirma que "o Espírito, ao longo dessas passagens, é considerado simplesmente como o inspirador da verdadeira confissão de Jesus."Se fizermos esta confissão, é evidência de que o Espírito em nós é o Espírito de Deus".[513] A dificuldade é que o pensamento da passagem seja paralelo ao de Paulo em Gálatas 4.4-6, onde a afirmação de que "Deus enviou seu Filho" (4.4) é seguida logo pela lembrança de que "Deus enviou aos vossos corações o Espírito de seu Filho, que clama: Aba, Pai" (4.6). O ponto não é que a ortodoxia do credo é "evidência" da realidade do Espírito, mas exatamente o oposto: a posse do Espírito pelo crente é evidência de que Deus deu o Espírito e consequentemente que Deus enviou o Filho ao mundo. O envio do Filho e a outorga do Espírito são dois estágios do mesmo evento redentor. A realidade do Espírito na vida do crente é assumida em vez de provada em 1João (cf., também 2.20,27) e serve como salvaguarda do autor contra qualquer tipo de ortodoxia morta.

---

[512] Law, *Tests*, pp. 258-79. O próprio Law afirma que "a posse do Espírito de Deus – o Espírito que confessa Jesus como o Cristo (4.2) – é a evidência objetiva e infalível de que Deus habita em nós" (p. 263, n. 1).

[513] *Ibid.*, p. 263, n. 1.

CONCLUSÕES: O RASTRO DO VENTO

Esta investigação revelou uma considerável uniformidade entre os escritores do Novo Testamento sobre a experiência cristã do Espírito Santo. No livro de Atos, nas cartas de Paulo e nos escritos atribuídos a João, o Espírito é apresentado como evidência empírica da realidade de Deus e da obra de Deus em indivíduos e comunidades. Como um não Pentecostal, há muito tempo aprecio o testemunho dos Pentecostais e a tradição Pentecostal concernente a essa realidade empírica. Jesus disse a Nicodemos no Evangelho de João: "O vento assopra onde quer, e ouves a sua voz, mas não sabes de onde vem, nem para onde vai; assim é todo aquele que é nascido do Espírito" (Jo 3.8).

Muito apropriadamente, a maioria dos cristãos tem prestado atenção à nota de cautela na declaração de Jesus. Estamos todos muito conscientes de que o Espírito é um mistério e que não sabemos "de onde vem, nem para onde vai". Estamos menos certos de que podemos "ouvir o som dele". A tradição Pentecostal está aqui para nos lembrar da visão e do som do Espírito, os ecos roucos em nosso mundo de "um som, como de um vento veemente e impetuoso" no dia de Pentecostes (At 2.2). O fato de que o resto de nós tenha "espiritualizado" o Espírito até o ponto de não podermos ouvi-lo ou vê-lo, ou nem mesmo ter certeza de sua presença entre nós, não é razão para o Pentecostalismo fazer a mesma coisa. O resto da igreja precisa do testemunho dos Pentecostais sobre a "evidência" que é o Espírito, não a este ou aquele fenômeno apontando para algo interior, invisível ou abstrato. Assim como existe o perigo em outras tradições de reduzir o Espírito à liturgia, à ética, às experiências místicas ou à doutrina, existe um perigo na noção Pentecostal da "evidência inicial" de reduzir o Espírito ao falar em línguas. Mas no Novo Testamento, o Espírito não é redutível a nada. Ele é o que é. Como o vento, o Espírito sopra onde quer que seja.

Uma observação final: sei que é irritante para um não Pentecostal tentar dizer aos Pentecostais como ser mais fiel às suas próprias tradições. É como os Protestantes aconselharem Católicos Romanos a como ser melhores Católicos. O ponto de vista de um estranho pode estar certo ou pode estar errado e, em última análise, isso é para ser determinado pelos iniciados. O que tentei apresentar aqui não é apenas o testemunho do Novo Testamento, mas também o testemunho distintivo (como eu o percebo) do Pentecostalismo para o resto da igreja. Eu aprecio profundamente esse testemunho e – pondo a "evidência inicial" de lado – eu encontro uma correspondência notável entre a perspectiva Pentecostal sobre o Espírito e a do Novo Testamento.

Adendo à Reimpressão de 2008

LÍNGUAS EVIDENCIAIS

Um Ensaio Sobre o Método Teológico

Robert P. Menzies

INTRODUÇÃO

O Movimento Pentecostal está enfrentando uma crise de identidade. Qualquer discussão sobre a doutrina das línguas evidenciais, para ser significativa, deve enfrentar esse fato. Esta crise é o produto de um processo histórico que tem funcionado desde meados deste século em virtude da assimilação do Movimento Pentecostal no Evangelicalismo dominante. Esse processo de assimilação, embora gradual e discreto, tem impactado significativamente a teologia e prática dos movimentos evangélico e Pentecostal. E, embora seja o Movimento Pentecostal que agora se encontra em uma encruzilhada estratégica de autodefinição, a direção que ela toma inevitavelmente impactará o mundo evangélico mais amplo. O ensaio que se segue pretende descrever a origem e a natureza desta crise de autoidentidade, esboçar as questões centrais que emergiram, particularmente no que se refere às línguas evidenciais, e sugerir como poderíamos enfrentar construtivamente estes desafios.

I. DESENVOLVIMENTOS HISTÓRICOS

As raízes teológicas do Movimento Pentecostal estão firmemente plantadas no movimento Holiness do século XIX e no reavivalismo norte-americano. Este solo fértil alimentou as afirmações fundamentais que caracterizam a teologia Pentecostal e a abordagem da Escritura que lhe dá suporte.

Essas afirmações teológicas foram, por várias razões, produzidas isoladamente de outros setores da comunidade cristã. No entanto, com o advento da

Segunda Guerra Mundial; isso mudou rapidamente. Os Pentecostais frequentemente se encontravam próximos de seus irmãos evangélicos e novas relações foram desenvolvidas, promovendo uma atmosfera de abertura. O Movimento Pentecostal rapidamente começou a se identificar com o mundo evangélico mais amplo. As faculdades bíblicas pentecostais incluíam livros produzidos por eruditos evangélicos; seus alunos invadiram seminários evangélicos, além do fato de que instituições evangélicas e publicações impactaram o caráter das igrejas pentecostais e influenciaram significativamente a perspectiva dos leigos. Agora, quase um século após sua gênese, o Movimento Pentecostal encontra-se em um novo ambiente porquanto o revivalismo norte-americano deu lugar ao Evangelicalismo moderno. Os principais dogmas da Teologia Pentecostal permanecem os mesmos, mas a maneira como nós Pentecostais nos aproximamos da Escritura – a hermenêutica que apóia nossa teologia – tem sido significativamente alterada. A hermenêutica do Evangelicalismo tornou-se nossa hermenêutica.

A hermenêutica evangélica recém-adotada suporta a maioria das doutrinas teológicas que os Pentecostais consideram prestimosas – aquelas que compartilhamos com nossos irmãos evangélicos[514]. Contudo, esta mudança hermenêutica representa um desafio muito real àquelas doutrinas distintivas do Pentecostalismo. Especificamente, refiro-me à crença Pentecostal de que o Batismo no Espírito é uma experiência subsequente (ou distinta) à conversão e que a glossolalia representa sua evidência física inicial. Estas doutrinas cardeais, formuladas antes da assimilação do Movimento Pentecostal na comunidade evangélica abrangente, baseiam-se numa abordagem da Escritura que não é inteiramente compatível com a nova hermenêutica moldada pelo Evangelicalismo. Assim, os ministros Pentecostais frequentemente encontram-se adotando uma teologia que se baseia em uma abordagem da Escritura que (se não eles próprios) uma parcela significativa dos membros de sua congregação já não aceita como válida. Isso não significa que a teologia pentecostal esteja errada, mas sugere que não podemos simplesmente confiar no legado do passado se esperamos oferecer apoio bíblico confiável às nossas posições teológicas. O contexto – e, de fato, o próprio caráter do

---

[514] Embora os Pentecostais representem um subgrupo diverso dentro do Evangelicalismo, para o propósito deste artigo nós distinguiremos entre Pentecostais (assumindo sua identificação com valores evangélicos tradicionais) como aqueles que afirmam um batismo no espírito subsequente à conversão que está associado com línguas e Evangélicos como aqueles que não subscrevem este ponto de vista.

Movimento Pentecostal – mudou, e devemos lidar com as tensões que essa mudança produziu.

Há então uma necessidade de rearticular nossa teologia pentecostal, e fazê-la de uma maneira que aborde as questões urgentes do nosso novo contexto. Quais são essas perguntas? Ou para indicar o problema de forma diferente, por que as respostas antigas não são adequadas para o presente? A esta questão nos voltamos agora.

II. LIÇÕES DO PASSADO

A. A inadequação de padrões de duas fases. A doutrina das línguas evidenciais está indissociavelmente ligada à nossa compreensão do batismo no Espírito como uma experiência subsequente à conversão (ou logicamente distinta). Antes de podermos falar de evidência, devemos primeiro estabelecer a validade da experiência que pretendemos validar. A questão fundamental, então, é esta: qual é a natureza do dom pentecostal (At 2.4)? Para o Evangélico, a resposta a esta pergunta foi moldada em grande parte pelo livro influente de James Dunn, *Baptism in the Holy Spirit* [O Batismo no Espírito Santo]. Dunn afirma que a outorga pentecostal do Espírito é o meio pelo qual os discípulos entram na nova era e experimentam as bênçãos da nova aliança. Assim, o evangélico equipara o batismo do Espírito com a conversão. Em contraste, os Pentecostais insistem que o Espírito veio sobre os discípulos no Pentecostes, não como a fonte da existência da nova aliança, mas sim como a fonte de poder para um testemunho eficaz.

Por essa razão, os Pentecostais descrevem o batismo como uma experiência (pelo menos logicamente, se não cronológica) distinta da conversão que desencadeia uma nova dimensão do poder do Espírito: é uma dotação de poder para o serviço.

Embora o caráter fundamental dessa questão dificilmente possa ser questionado, é precisamente aqui que enfrentamos nosso primeiro obstáculo. Simplificando, as tentativas tradicionais de oferecer apoio bíblico para a nossa doutrina de subsequência não são mais viáveis em nosso novo contexto. Eles falham em falar a linguagem do Evangelicalismo moderno. De fato, há mais de vinte anos, James Dunn apontou a falha metodológica característica dos argumentos pentecostais tradicionais. A crítica de Dunn visava especificamente os argumentos para uma subsequência baseada numa confusão de João 20.22 com a narrativa de Lucas em Atos, mas tem implicações mais amplas:

> O erro comum [...] é tratar o NT (e até mesmo a Bíblia) como um todo homogêneo, de qualquer parte do qual os textos podem ser desenhados sobre um tema escolhido e enquadrados em um quadro e sistema que é muitas vezes basicamente extrabíblico.

De acordo com o consenso acadêmico prevalecente, Dunn sugeriu que havia uma abordagem melhor. Deveríamos então

> Tomar cada autor e livro separadamente e [...] esboçar o seu ou suas ênfases teológicas particulares; somente quando se configura um texto no contexto do pensamento e da intenção de seu autor [...] Só então o teólogo bíblico pode sentir-se livre para se deixar o texto interagir com outros textos de outros livros.[515]

Dunn prosseguiu afirmando que esse método "sempre é suscetível a dar a imagem mais verdadeira do pensamento bíblico do que o primeiro". E eu concordo. Dunn pode ser criticado por aplicar inconsistentemente seu próprio método, mas seu método é sólido e tem sido amplamente adotado dentro de nosso contexto evangélico. A lição a ser aprendida é a de que devemos levar a sério a perspectiva teológica de cada autor bíblico se quisermos fornecer respostas convincentes. Nenhuma outra abordagem à teologia bíblica servirá. Assim, a questão central então não é se podemos encontrar algum padrão de dois estágios no Novo Testamento; mas sim quais são as implicações das perspectivas pneumatológicas dos vários autores do NT (tomadas em seus próprios termos e compreendidas em seu próprio contexto) para nossa compreensão do dom pentecostal?[516]

---

[515] James D. G. Dunn, *Baptism in the Holy Spirit* [Batismo no Espírito Santo], (London: SCM Press, 1970), p. 39.

[516] Quando me refiro "aos autores do NT" ou "seus perspectivos", eu não estou de modo algum minimizando ou diminuindo o papel do Espírito Santo como Aquele que inspirou esses autores a escreverem a Palavra de Deus. Com esta terminologia, eu simplesmente reconheço a beleza e a riqueza da Bíblia, e mais especificamente, o Novo Testamento. Na Bíblia, Deus escolheu revelar-se a nós inspirando pessoas reais, que viviam em um contexto histórico e cultural específico e que enfrentavam e tratavam de assuntos reais, para escrever Sua palavra. Assim, quando me refiro à teologia ou perspectiva de Lucas ou de Paulo, entendo que isto é totalmente coerente com uma visão elevada da Escritura. Eu afirmo com todo o coração que a Bíblia é a palavra divinamente inspirada, infalível e autoritativa de Deus.

B. O Problema do Antecedente Histórico. Uma vez que a questão fundamental sobre a natureza do dom pentecostal foi abordada, o tema em questão entra em foco: qual é a natureza da relação entre este dom e as línguas? É claro que o Pentecostal afirma que o "falar em línguas" é "a evidência física inicial" do batismo no Espírito. No entanto, mais uma vez, os argumentos tradicionais oferecidos em apoio a essa posição não foram convincentes. Esses argumentos geralmente se concentram nos cinco episódios de Atos (At 2, 8, 9, 10, 19), onde se afirma que a *glossolalia* acompanhou o batismo do Espírito. Novamente, a Bíblia é tratada como um todo homogêneo e os textos são organizados em conjunto com pouca consideração pela intenção do autor ou esquema teológico global. As dificuldades desta posição foram destacadas por muitos, principalmente Gordon Fee. Fee declara que esta abordagem finalmente não consegue convencer porque é incapaz de demonstrar que Lucas pretendia apresentar nas narrativas-chave de Atos um modelo normativo para a experiência cristã. O problema é, na verdade, duplo. Primeiro, a evidência não é uniforme: Se Lucas pretendia ensinar as línguas evidenciais como normativas, por que ele não apresenta consistentemente as línguas como o resultado imediato do batismo no Espírito (exemplo, At 8.17; 9.17s)? Lembre-se, a questão-chave não é se Paulo ou os Samaritanos realmente falaram em línguas; mas sim, por que Lucas não mencionava explicitamente as línguas se era sua intenção estabelecer o padrão? Em segundo lugar, mesmo quando as línguas estão ligadas ao batismo do Espírito, é duvidoso que essa conexão seja feita para apresentar as línguas evidenciais como uma doutrina normativa. Em outras palavras, é difícil argumentar, simplesmente com base na repetição de eventos (precedente histórico), que Lucas pretendeu ensinar a doutrina. É necessário mais para estabelecer a teologia normativa.

Aqui também as observações metodológicas de James Dunn são úteis. Em vez de se concentrar em passagens isoladas na tentativa de estabelecer um padrão normativo (como vimos, esta abordagem está destinada ao fracasso), devemos antes procurar reconstruir a perspectiva teológica (neste caso, pneumatológica) do autor e avaliar sua relevância para a questão em apreço. Esta abordagem extrairá necessariamente todo alcance do trabalho do autor bíblico (no caso de Lucas, a amplitude de seu trabalho em dois volumes), na tentativa de elucidar sua perspectiva teológica. Depois que as perspectivas dos autores bíblicos relevantes foram reconstruídas com fidelidade, podemos então juntá-las para formar uma perspectiva bíblica holística.

Vale ressaltar aqui que o valor de uma passagem para avaliar a perspectiva teológica de um autor não pode ser reduzido a sua "intenção primária". Uma passagem deve ser entendida em termos de sua configuração e intenção originais, mas a carga teológica pode transcender sua "intenção primária". Cada peça de evidência deve ser levada a sério à medida que procuramos reconstruir a perspectiva teológica do autor bíblico.

Um foco exclusivo na "intenção primária" de um autor ou "intenção de ensinar" muitas vezes leva a uma forma de visão de túnel que ignora as implicações de um texto individual para a perspectiva teológica do autor. Esta miopia é ilustrada no tratamento de Fee do episódio samaritano em Atos 8.4-17.[517] Ele argumenta que esta passagem é, em última instância, irrelevante para as discussões sobre a doutrina de subsequência, pois a "intenção primária" de Lucas repousa noutro lugar. Agora, (desnecessário) a principal intenção da narrativa, como Fee sugere, pode ser o de salientar que a expansão do evangelho além dos limites do judaísmo tinha "aprovação divina e apostólica." E, eu concordaria, é improvável que Lucas conscientemente procurou ensinar aqui que o dom do Espírito é normalmente separado da fé salvadora. No entanto, isso não nos permite ignorar as claras implicações da narrativa para a pneumatologia lucana. Na verdade, o fato de que Lucas separa o dom do Espírito da fé salvadora revela claramente sua perspectiva pneumatológica distintiva.[518] Além disso, essa separação refuta a interpretação comumente aceita do dom na perspectiva lucana como "o clímax da conversão-iniciação".

A lição a ser aprendida é a de que para elucidar a perspectiva teológica de um autor bíblico específico, devemos lidar com todas as evidências relevantes. Um exame de passagens isoladas ou um levantamento da "intenção primária" dessas passagens não cumprirá com esse propósito. Outra questão-chave surge

---

[517] Gordon Fee, *How to Read the Bible for All its Worth* [Como Ler a Bíblia por Todo o seu Valor (Grand Rapids: Zondervan, 1982), pp. 94-6; ver também Fee, *Gospel and Spirit* [O Evangelho e o Espírito], p. 97.

[518] Em outras palavras, a maneira pela qual Lucas narra esses eventos revela que sua pneumatologia é diferente da – embora (eu acrescentaria) complementar – de Paulo. Uma visão elevada da Escritura não descarta diferenças teológicas entre vários autores bíblicos. Em vez disso, sugere que as diferenças que existem são "diferenças em desenvolvimento harmonioso ao invés de contradições irreconciliáveis" (I. H. Marshall, *"An Evangelical Approach to 'Theological Criticism'"* [Uma Abordagem Evangélica à "Crítica Teológica"], *Themelios* 13, 1988, p. 83). Sugiro, portanto, que uma visão elevada da Escritura exige, não que Lucas e Paulo tenham a mesma perspectiva pneumatológica; mas sim que a pneumatologia distintiva de Lucas é finalmente reconciliável com a de Paulo, e que ambas as perspectivas podem ser vistas como contribuindo para um processo de desenvolvimento harmonioso.

então: o que uma análise cuidadosa do texto do autor bíblico revela sobre sua perspectiva teológica? Aqui, uma variedade de ferramentas – se elas ajudam a elucidar o significado histórico do texto[519] – pode e deve ser empregada. Durante anos, a erudição evangélica tem sido judiciosa na utilização e benefício da história, redação e várias formas de crítica literária.[520]

C. A Falácia da "Intenção de Ensinar". Um foco nas perspectivas teológicas dos vários autores bíblicos inevitavelmente levanta uma questão adicional, que raramente tem sido expressa pelos Pentecostais: Como podemos unir tudo? Isso nos leva ao campo da teologia sistemática.

A diferença entre as abordagens da teologia bíblica e sistemática tem sido engenhosamente apresentada por G. B. Caird. Ele descreve a tarefa da teologia bíblica como uma de ouvir o diálogo dos autores bíblicos sentados em uma mesa redonda.[521] Na teologia bíblica, ouvimos a sua discussão. Em contraste, na teologia sistemática, frequentemente começamos com a agenda e as questões de nosso cenário contemporâneo. Trazemos as questões prementes de nossos dias ao texto bíblico e, à medida que lidamos com as implicações que emergem do texto para nossas perguntas, buscamos respondê-las de uma maneira consistente com o testemunho bíblico. Nós simplesmente não nos sentamos passivamente, ouvindo a discussão na mesa redonda. Em vez disso, trazemos nossas perguntas para o diálogo e escutamos as várias respostas ditas. Em última análise, procuramos integrar essas respostas em uma resposta coerente.

Eu sugeriria que a questão relativa à relação entre as línguas e o batismo do Espírito seja uma questão de teologia sistemática. Esse ponto tem sido largamente ignorado pelos Pentecostais e evangélicos. Esta omissão resultou, por um lado, em nossa incapacidade de apresentar um caso convincente; e, por outro, em uma destituição cavalheira de nossa posição pelos Evangélicos. Desnecessariamente tentamos demonstrar que Lucas pretendia ensinar as

---

[519] Note a preocupação com o significado histórico expresso no excelente livro de hermenêutica escrito por William W. Klein, Craig L. Blomberg e Robert L. Hubbard, Jr., *Introduction to Biblical Interpretation* [Introdução à Interpretação Bíblica] (Dallas: Word, 1993), p. 133; eles definem significado textual como: "o que as palavras e as estruturas gramaticais desse texto revelam sobre a provável intenção de seu autor / editor e a provável compreensão desse texto por seus leitores pretendidos".

[520] Veja o artigo de Donald John no capitulo 9 deste livro.

[521] A abordagem de Caird é resumida; L. D. Hurst, "New Testament Theological Analysis" [Novo Testamento Análise Teológica], em ed. Scott McKnight, *Introducing New Testament Study* [Introdução ao Estudo do Novo Testamento (Grand Rapids: Baker, 1989)], p. 145.

línguas evidenciais. No entanto, "a questão do que constitui a "evidência inicial" de uma pessoa que recebeu o "batismo no Espírito" simplesmente não é levantada no Novo Testamento".[522] Ou seja, nem Lucas, nem qualquer outro autor bíblico se propõem deliberadamente a demonstrar que "línguas" é a evidência física inicial daquela experiência de capacitação (e dimensão da atividade do Espírito) que os Pentecostais chamam apropriadamente de "batismo no Espírito Santo". Contudo, esta conclusão não significa necessariamente "tornar a doutrina inválida" nem indicar que as questões associadas à doutrina são inadequadas.[523] Não é apenas legítimo, mas muitas vezes necessário, colocar as nossas perguntas ao texto ou (como Caird enfaticamente expressou) para o diálogo na mesa redonda.

Identifiquei três questões cruciais que devemos abordar se quisermos nos comunicar efetivamente em nosso contexto, moldado como é pelo Evangelicalismo moderno. Cada pergunta destaca uma fraqueza nas abordagens pentecostais passadas e esclarece nossa tarefa para o futuro. Elas podem ser resumidas sob a forma de imperativos:[524]

> 1. Em vez de tentar encontrar um padrão de dois estágios no NT, combinando textos de vários autores, devemos procurar elucidar a pneumatologia distintiva de Lucas e demonstrar como isso necessariamente afeta nossa compreensão do dom pentecostal.
>
> 2. Em vez de tentar encontrar um padrão de línguas evidenciais a partir de textos isolados em Atos,[525] devemos analisar cuidadosamente todas as informações relevantes do texto do autor bíblico (utilizando todas as ferramentas disponíveis) para tentar descobrir sua perspectiva teológica distinta?
>
> 3. Em vez de tentar demonstrar que os autores bíblicos pretendiam ensinar as línguas evidenciais, devemos lutar com as

---

[522] Veja o artigo de Larry Hurtado no capítulo 11 deste livro.

[523] *Idem.*

[524] Isso não tem a intenção de denegrir nossos antepassados. Em vez disso, é simplesmente um reconhecimento de que cada geração deve abordar as novas e urgentes questões do seu contexto.

[525] Observe o apelo frequentemente feito a 1Coríntios nas discussões de Atos 9: Paulo falou em línguas, não foi?

implicações que emergem das perspectivas dos vários autores bíblicos para nossa pergunta relativa à relação entre as línguas e o batismo do Espírito?

Passemos agora à discussão dessas tarefas.

III. ENFRENTANDO O FUTURO

A. A Pneumatologia distintiva de Lucas. Nós observamos que para a questão da subsequência (a base para qualquer entendimento pentecostal de línguas), a questão-chave é: qual é a natureza do dom pentecostal (At 2)? É muito claro que Lucas desejava que seus leitores entendessem que esse dom (qualquer que fosse sua natureza) estivesse disponível – e de fato, deveria ser experimentado por – todos. Praticamente todos os evangélicos aceitam esse fato. Porém os evangélicos, embora reconhecendo que a habilitação divina é proeminente na narrativa, afirmam que este aspecto do relato de Lucas é simplesmente um reflexo de sua ênfase especial. Supõe-se que Lucas e Paulo compartilhavam essencialmente a mesma perspectiva pneumatológica e, portanto, dimensões soteriologicas mais amplas da obra do Espírito também são entedidas como estando presentes. O caráter universal do dom pentecostal é então facilmente explicado: todos devem experimentar o dom porque é o meio pelo qual as bênçãos da nova aliança são mediadas. Alguns podem (ou, novamente, não podem) receber dons adicionais de poder para testemunhar.

Contudo, se pode ser demonstrado que Lucas considera a obra do Espírito exclusivamente em termos carismáticos ou proféticos (isto é, sem relação com temas soteriológicos como a justificação, a purificação, a santificação),[526] então não é possível associar o dom pentecostal com a Conversão ou a salvação. De fato, ao colocar o relato do Pentecostes dentro da teologia distinta do Espírito de Lucas, os Pentecostais podem argumentar com força considerável que o Espírito veio sobre os discípulos no Pentecostes, não como a fonte da existência da nova aliança, mas como a fonte de poder para o testemunho eficaz. E uma vez que o dom pentecostal é de caráter carismático

---

[526] Roger Stronstad, *The Charismatic Theology of St. Luke* [A Teologia Carismática de S. Lucas], [Peabody, Mass.: Hendrickson, 1984]), e Eu (*Empowered for Witness: The Spirit in Luke–Acts* [Capacitado para Testificar: O Espírito em Lucas-Atos], [Sheffield: Sheffield Academic Press, 1994]) defendemos esta posição.

em vez de soteriológico, ele deve ser distinguido do dom do Espírito que Paulo associa à iniciação da conversão. Aqui, então, é um forte argumento para uma doutrina de subsequência – isto é, que o batismo no Espírito (no sentido Pentecostal ou lucano) é logicamente distinto da conversão. A distinção lógica entre conversão e batismo no Espírito é um reflexo da teologia distinta de Lucas acerca do Espírito.

Note que este argumento não se baseia na analogia bíblica ou no precedente histórico. Não procura demonstrar que os discípulos haviam recebido o Espírito, pelo menos da perspectiva de Lucas, antes do Pentecostes. Nem é dependente de passagens isoladas do livro de Atos. Pelo contrário, a partir do escopo completo do trabalho em dois volumes de Lucas, o argumento se concentra na natureza da pneumatologia lucana e, a partir desse quadro, procura entender o caráter do dom pentecostal. O julgamento de que o dom é distinto da conversão está enraizado na função do dom: ele fornece o poder para o testemunho, não a justificação ou a purificação. O caráter universal do dom estabelecido na narrativa de Lucas, em vez de precedente histórico, é a base para seu caráter normativo. Sugiro que este tipo de abordagem, que segue de fato a metodologia de Dunn (e a do Evangelicalismo moderno) de maneira consistente, nos permite articular de maneira convincente uma teologia pentecostal em sua totalidade.

B. A Tarefa Sintética. À medida que nos movemos mais especificamente para a questão das línguas evidenciais, enfrentamos o desafio sistemático delineado acima. Somos chamados a identificar as implicações que emergem das várias perspectivas teológicas dos autores bíblicos para nossa pergunta sobre a relação entre as línguas e o batismo do Espírito. Em outra parte esbocei como seria esse tipo de empreendimento.[527]

Argumentamos que a doutrina pentecostal das línguas evidenciais é uma inferência apropriada tirada do caráter profético da pneumatologia de Lucas (mais especificamente, o dom pentecostal) e a afirmação de Paulo sobre o caráter edificante e potencialmente universal da manifestação privada de línguas. Meu argumento pode ser resumido da seguinte forma:

1. Paulo afirma que a manifestação privada das línguas é

---

[527] Ver cap. 13, "Línguas Evidenciais," em R. Menzies, *Empowered for Witness* [Capacitado para Testificar].

edificante, desejável e universalmente disponível. Em suma, todos devem falar em línguas.

2. Lucas afirma que o dom pentecostal está intimamente ligado ao discurso inspirado, do qual o discurso de línguas é uma forma proeminente, possuindo um caráter exclusivamente evidencial.

3. Portanto, quando se recebe o dom pentecostal, deve-se esperar que se manifestem línguas, e esta manifestação é um sinal demonstrativo de que alguém recebeu o dom.

Além disso, poderíamos acrescentar que, embora a doutrina das línguas evidenciais seja formulada na linguagem moderna e aborde preocupações contemporâneas, ela está ligada a um processo de desenvolvimento doutrinário que se estende até a era apostólica. A questão que ela aborda, sem dúvida, acompanhou a expansão da igreja entre os gentios e parece ser inevitável para aqueles que tentariam reconciliar a linguagem-dom de Paulo com o dom pentecostal de Lucas. A doutrina nos chama a manter um sentido bíblico de expectativa, pois nos lembra que a manifestação de línguas é parte integrante do dom pentecostal, edificante e universalmente disponível. Acima de tudo, a manifestação de línguas é um poderoso lembrete de que a Igreja é, em virtude do dom pentecostal, uma comunidade profética habilitada para uma tarefa missionária.

Minha própria tentativa de aplicar esta metodologia à questão das línguas evidenciais é claramente apenas um começo. Espero, entretanto, que sirva para encorajar outros a prosseguir o que eu acredito ser um curso frutífero.

C. Afirmações centrais. Tentei apontar várias questões (em grande, parte hermenêuticas) que serão importantes para nós ao enfrentar o futuro e tentar rearticular nossa teologia. Nosso objetivo, é claro, é fazê-lo de uma maneira que seja fiel ao texto bíblico e relevante para nosso cenário contemporâneo. Ao refletirmos sobre como podemos melhor rearticular nossa teologia, inevitavelmente nos confrontaremos com o fato de que o texto impõe limites ao que podemos dizer. Com isto em mente, pode ser útil, como forma de concluir esta seção, delinear as várias afirmações frequentemente encontradas no Movimento Pentecostal. As afirmações listadas abaixo se afastam daquelas que (em minha opinião) são mais fundamentais e claramente apoiadas nas Escrituras para as que são menos. Quais dessas afirmações são consistentes com o testemunho bíblico e os elementos essenciais de nossa herança pentecostal?

> 1. O Batismo no Espírito (isto é, o dom pentecostal) é uma experiência de capacitação logicamente distinta da conversão.
> 2. As Línguas são um dom disponível para cada cristão.
> 3. As Línguas são um dom que é desejável para cada cristão.
> 4. As Línguas são a prova ou evidência de que alguém foi batizado no Espírito.
> 5. As línguas sempre ocorrem no momento em que se é batizado no Espírito, assim, sem línguas, não se pode ser batizado no Espírito.

Eu estaria interessado em sua própria avaliação e sugestões sobre como poderíamos fornecer apoio bíblico para essas posições. Talvez as afirmações listadas aqui possam servir para estimular a discussão sobre onde a metodologia descrita anteriormente pode nos levar.

IV. CONCLUSÃO
UMA ESTRATÉGIA PARA O FUTURO

Para concluir, gostaria de esboçar uma estratégia para abordar a questão das "línguas". Esta estratégia ultrapassa as considerações metodológicas acima mencionadas e sugere medidas concretas que poderíamos tomar para tratar da questão de forma significativa.

Primeiro, devemos enfatizar que o batismo no Espírito (no sentido lucano) é uma habilitação missiológica (poder de testemunho) distinta da conversão. Não podemos e não devemos permitir que nossa contribuição ao mundo evangélico mais amplo seja reduzida simplesmente à questão das línguas. Os Pentecostais estão levantando duas questões cruciais (qual é a natureza do dom pentecostal e qual é a relação entre este e o falar em línguas?), e ambas precisam ser ouvidas. A questão sobre a natureza do batismo no Espírito é logicamente anterior à questão de sua relação com as línguas, mais significativa para a vida da igreja e (eu diria) mais claramente apoiada nas Escrituras.

Em segundo lugar, devemos reconhecer as limitações, bem como os pontos fortes, da linguagem da "evidência física inicial". Todas as formulações teológicas são produto de seres humanos e, portanto, para melhor ou para pior, são tentativas humanas de se chegar a um acordo com o significado da Palavra de Deus. Todas essas formulações estão sob o julgamento da Palavra de Deus. A expressão "evidência física inicial", como todas as formulações teológicas, têm suas limitações. O foco em "evidências" pode facilmente levar a uma confusão do dom com o sinal. O dom pentecostal não são as línguas. É antes uma capacitação que permite ao seu destinatário participar efetivamente da missão de Deus. A manifestação das línguas é uma evidência da dimensão pentecostal da obra do Espírito, mas não o dom em si. Um foco desordenado em "evidências" pode resultar em cristãos que, olhando para o passado distante, podem se lembrar do momento em que "conseguiram", mas para quem a dimensão pentecostal de poder para testemunhar é atualmente desconhecida.[528]

Em terceiro lugar, precisamos enfatizar a relevância de nossa doutrina das línguas evidenciais. Para muitos de nossos pastores e povo, a doutrina parece ser simplesmente irrelevante. No entanto, acredito que a doutrina é muito promissora. A "evidência inicial" pode de fato ser uma formulação humana, mas capta bem o sentido da expectativa exigido por Lucas e Paulo: as línguas – o discurso é parte integrante do dom pentecostal, edificante e universalmente disponível; assim, quando se recebe o dom, alguém esperaria manifestar as línguas. Além disso, a manifestação das línguas é um poderoso lembrete de que a Igreja é, em virtude do dom pentecostal, uma comunidade profética habilitada para uma tarefa missionária. Isto, é claro, não esgota o significado teológico da *glossolalia*. Frank Macchia ofereceu uma direção bastante útil aqui e espero que outros o ajudem a estabelecer a trilha.[529]

Em quarto lugar, precisamos salientar o fato de que o falar em línguas não é um emblema de santidade nem significa que se tenha entrado num grau mais elevado de maturidade espiritual. Num nível popular, somos frequentemente culpados de cair nesta armadilha dos coríntios. Se pudermos ser mais claros sobre este ponto, muitas barreiras de resistência podem cair.

Em quinto lugar, precisamos incentivar a produção de literatura em vários níveis, especialmente os eruditos, sobre este e outros tópicos relacionados. Esta reunião representa um desabrochar maravilhoso, mas devemos estar conscientes de que não haverá soluções rápidas. Isto não substitui um

---

[528] A expressão "sinal de acompanhamento" é uma possível alternativa útil.
[529] Frank D. Macchia, "The Question of Tongues as Initial Evidence: A Review of Initial Evidence" [A Questão das Línguas como Evidência Inicial: Uma Revisão da Evidência Inicial], editado por Gary B. McGee, *Journal of Pentecostal Theology* 2 (1993), pp. 117–27.

programa consistente de estudos e precisa vir de uma variedade de fontes (indivíduos e instituições), e ser disponibilizada através de uma ampla gama de publicações e fóruns de debate. Aqui é onde um periódico teológico é especialmente importante. O desafio que temos diante de nós é claro: devemos influenciar o mundo evangélico maior ou ele nos influenciará! Em suma, se quisermos ter um impacto sobre isso e especialmente sobre a próxima geração, devemos produzir artigos e livros que falem o idioma de nossos dias e que forneçam uma forte base teológica para nossas doutrinas. Levará tempo, esforço e encorajamento das instituições, mas nossa voz pode ser ouvida.

carisma
EDITORA

2ª edição | 2019
Papel do miolo | Pólen 70g/m²
Papel da Capa | Triplex 250g/m²
Tipografia | Electra 10pt
Impressão | Gráfica Monalisa